KB120911

우리들의
셰익스피어

우리들의 셰익스피어

안치운·호영송 지음

WILLIAM SHAKESPEARE

책세상

들어가는 말

《우리들의 셰익스피어》를 쓰는 마음

이 책의 제목에 대해 먼저 밝히는 것이 순서일 듯하다.

"셰익스피어 서거 400주기"에 맞추어 이 책을 쓰면서, 저자들은 나름의 고심을 했다. 작가 셰익스피어는 영어권 작가를 뛰어넘고 그의 시대의 작가를 뛰어넘은 인물이다. 영어권인 그 고향 사정이나 정서에만 매이는 작가가 아니다. 또한 지난 4세기를 풍미해온 많은 작품들의 늠름한 저작자이다. 한편에는 버나드 쇼처럼 그를 대작가로 보기 거부하는 독설가도 있었다. 아무리 위대한 작가일지라도 예술의 세계에서 만장일치식의 독재적 군림은 할 수 없다는 증거기도 하다.

아무튼 여러 생각을 거쳐 '우리들의 셰익스피어'라는 제목을 붙였다. 이 제목은 집필 방향에도 영향을 미쳤다. 즉 셰익스피어에 대해 친근하게 "나의" 또는 "우리의"라는 느낌을 갖는 사람들을 염두에 두고 쓴 것이다. 혹시 호사가라면 메이나드 맥의 Everybody's Shakespeare라는 책 제목을 연상할 수도 있을 것이다. 그러나 제목이 닮은 점 외에 공통점은 별로 없을 것이다.

"나의" 또는 "우리의" 셰익스피어라고 말하고 싶은 사람들은 많을 것이다. 나라마다 또는 문화권마다 셰익스피어를 사랑하고 흠모하는 사람들이 있다. 그것은 보편적인 교양이라는 문제를 염두에 둘 때 다행스럽기도 하다. 이 책의 저자들은 꼭 셰익스피어 애호가라고만 할 수는 없다. 그렇지만 셰익스피어를 하나의 영향력 큰 교양 자원으로 인정하고 있으며, 그 작가에 대해 나름대로 의견을 갖고 있다.

독일 문학의 대표적 작가이자 〈파우스트〉를 쓴 괴테는 셰익스피어에 대해 이렇게 말했다.

"셰익스피어는 떠오르는 우리 독일문학이 최고의 이상으로 삼을 가치가 있다."

그 당시 독일문학의 자존심이라 할 괴테에게 어떤 편견은 없었을 것이다. 셰익스피어가 한 언어권을 넘는다는 말의 힘 있는 근거이기도 하다.

일본은 동양 최초로 이미 서양의 문화를 받아들이기도 했지만, 1997년 치바현에 "셰익스피어 마을"을 건설했다. 이것은 관광자원 하나를 늘인 일이 아니다. 셰익스피어는 영국이나 서양만의 작가가 아니며, 동양의 애호 작가이기도 하다는 실천적인 선언이기도 한 것이다.

그러나 일방통행식의 예찬을 경계하려는 마음이 저자들에게는 있다. 셰익스피어를 지나치게 숭배하는 것에 대해 극작가 버나드 쇼는 바돌라트리bardolatry라는 단어까지 만들어 비꼬았다. 우리는 그를 비꼴 재간도 없는 데다가, 한 작가에게 무작정 함몰되어서는 안 된다는 생각도 분명하다.

부드러우면서 엄격한 태도를 견지하는 문제의식을 가진 연극 평론가 안치운과, 젊은 시절 무대배우를 마음먹었으며 연극에 대한 좋은 의미의 딜레탕트인 호영송은, 역설적으로 이 세대의 셰익스피어적 가치를 규명하는 적절한 콤비네이션일는지도 모른다. 마치 '소설의 아버지' 세르반테스(그가 셰익스피어와 같은 날 운명했다는 것은 미묘한 느낌을 갖게 한다)의 '돈 키호테와 산초 판사' 콤비네이션처럼.

우리 사회가 갖는 셰익스피어에 대한 보편적 정서를 존중하고, 또 그가 갖는 고전적 가치와 그것에 도전하려는 현대성은 무엇인가를 규명하려는 것은 의미 있는 일일 것이다. 이 책을 작업하면서 연극의 본질을 주로 이야기할 때는 대체로 행복했다. 그러나 셰익스피어가 가진 특성들이 우리의 현실과 먼 거리에 있음을 인식할 때는 더러 아쉽기도 했다. 그럴 때 그냥 지나치지 않고 섣부르지만 의견을 내세우고, 연극을 통한 이상을 말하는 것은 즐거운 일이었다.

한국 연극계는 초창기인 20세기 초부터 셰익스피어에 대해서 특별한 인식을 품고 있었다. 당시에 셰익스피어는 한국 연극계에 충분히 그 모습을 드러낸 것은 아니었지만, 연극 자체가 지니는 스펙트럼이 크고 다채롭다는 의미에서 동경의 대상이기도 했고 존경의 대상이기도 했다. 설령 한국 연극이 셰익스피어를 제대로 음미하고 수용할 단계가 훨씬 나중인 1990년대에야 오게 되었다는 사실에도 불구하고, 셰익스피어의 중요성이 깊이 인식되기 시작했다는 것은 다행이었다. 어떤 문화권에서는 셰익스피어 전문 극단이나 배우가 존재한다는 사실을 인식하는 것이 연극을 진정으로 가치 있는 문화 장르로 인식하게 하는 과정이기도 하다.

가령, 1960년대에만 해도 배우 이해랑李海浪이 〈오셀로〉의 이아고로 출연하여 대단한 성가聲價를 올렸다는 이야기가 일종의 전설처럼 알려지고 있었다. 그런데 이제는 과장이나 거품을 걷어내고 실증적으로 연극계의 진정한 전통에 추가할 것은 추가하고 정리할 것은 정리하는 일이 필요하다. 셰익스피어를 통해서 바로 배워야 할 것은 배우고, 허튼 것은 탐하지 않는 것이 중요하다. 셰익스피어를 절제된 감각과 계산 방식으로 받아들이는 지혜를 발휘해야 한다. 베르톨트 브레히트나 아서 밀러 등의 다른 작가에 대해서도 마찬가지이다.

이 책의 대주제인 '셰익스피어 정신'에 진지하게 마주하려는 자세는 우리 연극계 공통의 과제일 것이다. 연극계 또는 영문학 분야 등에서 연구하고 노고하는 여러 분들의 충고와 진지한 바로 잡음이 있기를 감히 바란다. 가능하면 서울대 이경식 교수, 동국대 김 한 교수, 순천향대 이현우 교수, 상명여대 전세권 교수, 그리고 1960년대 연극의 기수 김성옥 배우 등과 이 책의 의미를 나누고 싶다.

2021년 1월

연극평론가 안치운

작가 호영송

차례

1부 호영송

2부 안치운

1부

호영송

1964년은 특별한 연극의 해였다

셰익스피어 탄생 400주년 기념 페스티벌

1964년은 특별한 해였다. 적어도 우리 한국 연극을 위해 열정을 기울이는 사람들에게는 최고의 한 해였다.

한국에서 특별한 꿈을 꾸고 새로운 가치의 실현을 꿈꾸는 사람들에게는 4·19의 감격만큼이야 못하겠지만, 1964년의 감격은 본원적인 인간적 요소를 갖춘 드라마를 안겨주었다. 할리우드에서 생산된 〈우리 생애 최고의 해〉라는 영화가 크게 어필한 적도 있지만, 1964년은 적지 않은 이 나라 사람들에게 또 하나의 '우리 생애 최고의 해'였을지 모른다. 다만 그때의 감격과 약진을 아는 이들이 하나둘 우리 곁에서 사라지고 있을 뿐이다.

> 별이 총총한 하늘이, 갈 수 있고 가야만 하는 길들의 지도인 시대, 별빛이 그 길을 훤히 밝혀주는 시대는 복되도다.
>
> -게오르그 루카치, 《소설의 이론》에서

단독 저서만 140권에 이르는 문학평론가 김윤식은 "본질과 현상" 2016년 여름호에 기고한 글에서 루카치의《소설의 이론》을 인용한다.

그리고 김윤식은 탄식한다. "그런 시대는 없다"고!

그런 식으로 본다면 1964년 같은 아름다운 때가 한국 연극계에 다시 오기는 어려울지 모른다. 그렇다면 그 특별한 때는 잘 기록되어야 할 필요가 있다.

나는 그해의 꿈이 얼마나 아름다운지 잊지 않고 지금까지 되새기는 많지 않은 사람 중의 하나이다. 숫자를 가지고 말해보자. 1960년에 4·19가 있었고, 그 1년 뒤에 5·16이 있었다. 그때 한국의 경제는 지금 세대가 이해하기 어려울 만큼 상황이 나빴다. 연극계의 궁핍은 더 말할 나위 없었다. 극장다운 극장이 거의 없었다. 내가 입학한 동국대학교 연극학과는 당시에 전용 소극장을 갖고 있었는데, 이것이 자랑이 될 정도였다. 객석은 겨우 86석뿐이었다. 그런데 지금은 그 86석이 '겨우'라는 느낌이지만 1960년대 초에는 똑 떨어진 기분도 드는 탐나는 공연장이었다. 좁은 무대의 천장에는 조명등이 수십 개 매달려 있었는데, 이것이 전국에서 눈을 씻고도 더 찾아낼 수가 없는 시설이었고, 학생들이 으스대는 자랑거리이기도 했다.

이런 상황에서 한국 연극은 꿈을 꾸고 "셰익스피어 탄생 400주년 페스티벌"을 이루어냈다. 국내외 누구의 지원도 없는 자발적인 잔치였다. 물론 많은 단체가 참가한 것도, 관객을 많이 동원했던 것도 아니었다. 그럼에도 한국 현대 공연의 역사에서 이 페스티벌은 중요한 가치를 지닌다. 당시 그 잔치를 치러낸 대부분의 사람들은 지금 증언하기가 불가능한 상태이거나 작고한 사정이다. 그러니 이를 직접 보았던 입장에서는 증언을 남겨야 한다는 사명감이 든다.

1964년에 서울에는 공연장다운 공연장이 딱 두 군데 있었다. 그뿐 아니었다. 거의 평생을 연극에 몸바쳐온 연기자도 출연료를 받아 생활할 형편이 아니었다. 1980년대에 산울림 소극장을 운영한 연출가 임영웅은 종종 이런 말을 했다.

“나는 지금 독립운동하는 것처럼 연극 활동을 하고 있습니다.”

그래도 그는 오랫동안 국영방송의 피디로 일했고, 대학 교수인 부인 오증자의 맞벌이 수입이 있었기에 연극인 중에는 비교적 여유 있는 생활을 했다. 이런 여유 덕에 꽤 좋은 위치에 연극 전용 소극장을 마련할 수 있었다. 그는 자기가 선호하는 작가들의 작품을 상연할 수 있었고, 원로 연극인으로서 발언권도 가지게 되었다. 그러나 그는 종종 자신이 불우한 연극인의 한 사람임을 강조했다.

박완서 여사는 그 당시 한국문학을 대표하는 작가였는데, 매스컴이나 평단은 박 여사에게 존경심 어린 기사를 쓰곤 했다. 내가 그 극장의 초대권이 있어서 박완서 여사를 모시고 연극을 보러 갔던 적이 있다. 마침 극장에 있던 그 연출가는 우리를 매우 반기며 고마워했다. 나는 임영웅 씨가 내게 준 초대권을 적절히 사용한 것 같아서 기분이 좋았다. 그런데 그것으로 끝난 게 아니었다. 공연이 끝난 뒤 연출가는 맥주를 대접하겠다고 했고 원로 작가는 연극계의 대표적인 연출가의 호의를 받아들였다.

임영웅 씨는 그 맥주 타임에 "한국에서 연극하려면 일제 때 우리 선배들이 독립운동하듯이" 과단성이 있어야 한다는 말을 했다. 의외였다. 나는 이 표현에 재미있는 면도 있다고 느꼈지만, 한편으로는 형편이 좋지 못한 많은 젊은 연극인들이 저런 말을 어떻게 들을지 생각했다.

1962년 봄에 나는 대학생이 되었다. 내가 다니던 동국대학교는 중구 필동 언덕에 있었다. 거기에 대학본부로 쓰이던 건물이 있었는데, 그 건물은 한쪽에서 보면 2층 건물이지만 다른 쪽에서 보면 5층인 기묘한 모양이었다. 그 5층 건물의 한쪽 끝 1층에 한국에서 매우 특별한 시설을 갖춘 깜찍한 소극장이 있었다. 특별한 시설이라는 것은 천정에 웬만한 극장 무대의 조명시설보다 우수한 설비가 빼곡이 들어차 있음을 가리킨다. 무대장치를 담당하던 김정환 교수가 그 조명시설을 가리키면서 "아마 지금의 국립극장 조명시설보다 나을지 모른다"고 할 정도였다. 20평쯤 되는 무대 앞에는 초록빛의 객석 86석이 층계식으로 놓여 있었다. 객석 뒷켠에 길쭉한 방이 있었는데, 거기서 무대를 바라보며 드라마 진행에 맞추어 조명을 조절하고 효과음을 내는 기계장치가 있었다.

그 시절 서울에는, 아니 한국을 통틀어도 제대로 된 연극을 공연할 만한 극장이 거의 없는 지경이었다. 명동 중심에 자리한 대한민국의 국립극장(2009년 재개관한 현재의 명동예술극장)은 전형적인 프로시니엄 아치 무대가 있고 총 3층의 객석을 합쳐 1200석쯤 되는 대극장이었다. 이 극장에 서는 배우는 맨 뒤에 앉은 관객에게까지 대사가 잘 전달되어야 한다는 압박감에 시달리기도 했다. 그 시절 무대배우로 입신하려는 연기자에게 무대 발성 기술을 닦는 것은 무엇보다도 중요했다. 그래서 탁성보다는 또렷한 음성이 더 잘 전달된다는 면에서 이진수 같은 배우는 큰 자부심을 가졌다. 1934년에 건설된 이 극장은 중세 서양 양식이었는데, 한국전쟁의 포화 속에서도 파괴되지 않고 남아 있었던 것을 많은 사람들이 다행으로 여기곤 했다.

고려대학교의 여석기 교수는 오랫동안 영문학을 가르쳤으나 젊은 시절부터 연극에 대한 사랑이 컸다. 그는 1962년 드라마센터의 개관작품인 〈햄릿〉의 새 번역자로 참여했으며 1971년 캐나다 밴쿠버에서 열린 "세계 셰익스피어 학회"에 참가했을 만큼 연극을 깊이 사랑한 사람이었다. 그는 셰익스피어가 어느 문화 속에서나 뿌리 내릴 수 있는 활착력活着力을 가진 작품들을 쓴 대작가임을 알았다. 특히 그는 극작가 셰익스피어와 자신과의 인연을 농담처럼 즐겁게 이야기했다.

"그의 작품이 우리나라에 정식으로 들어온 게 1922년인데, 내가 태어난 것도 그 해니까, 결국 우리는 동갑나기인 셈이죠? 하하하."

주말 오후가 되면 여러 사람들이 극장 앞에서 서성거리곤 했다. 극단 "광장"의 주재자이기도 한 연출가 이진순 씨도 자주 보이곤 했다. 그는 이북 사투리가 약간 남아 있었다. 그 외에도 연극배우 장민호 씨, 중앙대학교의 양광남 교수, 극단 "자유극장"의 대표 김정옥 교수, 연출가이며 동국대학교에서 연극을 가르치는 이해랑 교수 등을 그곳에서 볼 수 있었다.

그들은 더러 담배를 피웠다. 당시에는 담배가 해롭다는 인식이 거의 없었고, 남성들에게는 보편화된 기호품이었다. 다른 기호품보다 경제적 부담이 크지 않고, 다른 이와 담소를 나누며 피우기도 좋았다. 그래서 무대 또는 방송 배우들 중에서도 애연가들이 적지 않았다. 관객들도 상연을 기다리거나 친지와의 약속시간까지 담배를 물고 대화를 나누곤 했다.

1960년대의 일간지들은 페이지 수가 적어 얇았으며, 그중에도 연극 기사는 더 적었다. 그래서 언론사의 문화부 담당 기자는 연극계에서 반가운 손님으로 대우받기도 했다. 1960년대에 한동안은 주말마다 발행되는《주간한국》이 연극 관련 기사를 자주 써주는 매체였다.《주간한국》은 삼국지, 수호지 등을 만화 극화로 실어 인기를 끌었는데, 연극에 지면을 후하게 할애해주어 연극인들에게 인기가 많았다. 개중에는 최정호 교수가 집필하는 "논 플러스 울트라(이 이상은 없다)"가 세계의 유명한 공연을 연재로 소개하여 큰 인기를 모으기도 했다.

많은 사람들이 이 극장 앞에서 시간을 보내거나 누군가를 기다리고 있었다. 그런 가운데는 이 국립극장 무대 또는 소속 극단의 신작 연극에서 중요한 배역을 맡아 출연하는 사람도 있었고, 과거의 명성을 다시금 확인하게끔 해주는 이름 있는 배우도 있었다. 우리에게 무척 친숙한 탤런트 최불암은 처음에 연극배우로 출발했다. 그는 극단 "자유"의 〈따라지의 향연〉으로 단박에 혜성 같은 존재가 되었다. 당시는 스마트폰과 SNS가 없던 시절이었지만, 명동의 한 공연이 성공하자 그의 이름은 금세 유명해졌다. 명동 한복판의 극장에서 혜성 같이 데뷔하는 일이 1960년대나 1970년대에는 불가능한 일이 아니었다. "실험극장" 대표를 역임한 연극배우 김동훈과 김성옥도 이 '명동 시대'가 낳은 연극인이었다. 연극 연출가로 잘 알려져 있지만 또한 무대배우라는 자부심을 품고 살았던 이해랑도 1964년, 〈오셀로〉의 이아고 역을 다시 맡아 지난날의 명성을 확인시키려 했다.

당시 극장 앞 공간은 주로 연극계 인사들이 선후배나 친지들을 만나는 장소기도 했다. 지금은 앉을 수 있는 자리가 마련되어 있지만, 1960년대나 1970년대에는 그런 배려가 없었다. 물론 배우들은 극장 안에서 분장 시간에 늦지 않게 신경을 써야 했지만, 출연하지 않는 경우에는 남의 집 잔치에 온 것처럼 홀가분하게 극장 앞을 서성거렸다.

연극만이 아니라, 무대 예술계의 총아 같은 사람들이 이 극장 앞에 서성거렸기에 무대 예술에 관심이 많은 이들에게는 당대의 문화계 유명 인사를 가까이에서 볼 수 있는 좋은 기회이기도 했다. 김금지나 김용림 등 여성 연기자와, 최불암이나 오지명 같이 나중에 TV 스타가 된 이들도 명동 한복판에서 종종 목격되었다. 출연자들은 물론이고 연출 파트의 사람들도 상연 시간을 앞두고 미리 와서 이곳을 서성댔다. 이 장소는 연극인들이 약속을 잡기에 가장 좋은 곳이기도 했다. 연극인들뿐 아니라 일반인들에게도 이 극장은 명동에서 가장 유명하고 친밀감 있는 편리한 장소였다. 지금은 명동성당이 명동의 '랜드마크'라 할 수 있지만, 그때는 이 극장이 명동에서 가장 잘 알려진 장소였다.

여하튼, 전쟁의 상흔이 선명한 1950년대부터 궁핍에서 벗어나지 못한 1960년대 초반까지 아름다운 꿈을 꾸게 해주는 공간은 별로 없었다. 고전음악감상실 "르네상스"에 연극인, 영화인, 음악인, 미술인, 문학인, 국악인들이 모여들던 때가 있었다. 비좁은 곳이었지만, 그때는 좋은 음악을 들을 시설이나 공간이 거의 없었던 가난한 시대였다.

그런 시대에 명동은 문화를 향유할 수 있는 거의 유일한 동네였고, 명동 복판의 이 극장은 마치 슈베르트의 연가곡 '겨울 나그네'의 〈보리수〉와 같았다. 그래서 이 극장은 우리나라 연극의 중심이 되기도 했지만, 자매 예술의 설 자리 노릇도 했다. 아름다운 첼로 예술의 개척자였던 서울대학교 전봉초 교수의 "바로크 합주단"의 정기적인 첼로 연주회가 열리기도 했다. 유명한 바리톤 오현명이나 베이스 바리톤 이인영의 독창회도 개최되곤 했다. 오페라 〈토스카〉나 〈라 보엠〉, 〈춘희〉 등의 화려한 무대가 펼쳐졌고, 한편으로는 송범이나 주리의 발레, 고전무용으로 유명한 김백봉의 한국 전통무용이 펼쳐지기도 했다. 이곳이 서울시의 중심 문화시설이자, 국가 문화예술의 핵심 무대 구실을 도맡아 했던 것이다. "모든 길은 로마로 통한다"는 말처럼, 명동의 국립극장 무대는 모든 무대 예술가들의 꿈의 목표이며 지향점이 되기도 했다.

8·15 해방 전에는 광화문에 있던 부민관이 연극무대로서 활용되었다. 하지만 1948년 대한민국 정부가 수립되고 부민관이 국회의사당으로 사용되면서 명동 소재의 시 공관 겸 국립극장이 극장으로서의 거의 모든 짐을 지게 된 것이다. 이를 안타깝게 여긴 사람들이 새로운 무대와 극장을 마련하려 하는 과정에서 드라마센터 같은 극장도 생겨나게 되었다.

명동의 극장 건물은 세월이 흘러 다른 기업체에 매각되어 사용되다가, 이를 다시 사들여 명동예술극장으로 복원하게 되었다. 이 복원 사업은 2009년 6월 아름다운 결실을 거두었고, 취지대로 공연예술 본연의 사업에 역점을 두고 운영되고 있다.

다시 1964년의 연극계로 돌아가자.

1964년이 셰익스피어 탄생 400주년이라는 것은 이미 아는 사람은 아는 일이었다. 애초에 이것이 실효 있는 공론으로 일어선 것은 바로 여석기 교수의 집에서 열린, 연극을 사랑하는 젊은 학생들 모임에서였다. 여 교수의 셰익스피어 사랑은 그냥 혼자 아끼고 좋아하는 정도로 끝나지 않았다.

새로 선 명동예술극장의 사장을 두 차례 역임한 연극 행정가 구자흥 씨는 이렇게 말했다. "이미 오래된 일이고 당시 저도 새파란 연극지망생이어서 의욕은 앞서는데 무엇을 어찌해야 할는지 잘 몰랐어요.

이제나마 당시 자료를 잘 정리할 필요도 느끼고요. 연극 여건이 오늘날은 상상하기도 어렵게 궁색하던 그 시절, 그 '1964년'에 셰익스피어 페스티벌을 한 것은 의미가 있지요. 그 무렵 나는 "실험극장"에 관계했는데, 이낙훈 선배님이 미국에서 공부하고 돌아와서 〈리어왕〉의 주연 배역을 맡아서 하던 게 아주 인상적이었어요. 지금은 그 분이나 김동훈 선배님도 안 계시고, 참 아쉽네요. 그 당시엔 영상 기록 보존 같은 것을 할 때도 아니고, 기껏해야 인쇄된 공연 프로그램 정도를 찾아보면 어딘가 남아 있겠지요."

지금도 공연 프로그램은 소홀히 할 수 없는 자료지만, 그 1960년대나 1970년대에 공연 프로그램은 공연의 중심 자료였다. 기록으로서 종으로나 횡으로 전해지는 것은 거의 그것뿐이었다. 하지만 그런 것도 체계적으로 수집하고 관리하는 일이 잘 되고 있는 것은 아니다.

1964년 3월, 대학교 2학년이 된 한 연극학도에게 셰익스피어 탄생 400주년 페스티벌은 마치 자기 집 잔치처럼 설레는 일이었다. 꿈의 섬에 배를 대고 올라갈 수 있는 좋은 기회 같기도 했다. 애독했던 소년소설 〈15소년 표류기〉의 소년들이 섬을 자기들의 땅으로 알고 기뻐하던 장면이 떠오르기도 했다. 섬은 연극이었고, 그 멋진 배는 바로 셰익스피어였다.

그래서 그는 가장 시적인 작품이라는 〈맥베스〉를 텍스트로 했다. 셰익스피어를 높이 평가하는 시인인 괴테가 셰익스피어의 모든 작품 중에서 최고로 꼽는 작품이기도 하다.

그런데 대학에서 연극을 전공하는 학생이 셰익스피어라는 크고 멋진 배에 승선하기는 어려웠다. 현실은 냉정하다. 그래서 그 학생이 생각해낸 방법은 학교에서 학구적으로 셰익스피어를 두드려보는 것이었다. 그것이 곧 〈맥베스〉 '발췌극'이었다. 발췌극의 좋은 선례를 본 일도 없었다. 다만 모차르트의 오페레타 〈여자는 다 그렇다네〉를 신진 성악가들이 중요한 장면을 골라 일종의 발췌극 형태로 공연하는 것을 본 기억을 더듬어보았다. 무엇보다도 나의 발췌극 공연이 상업적 공연과는 달리 학구적인 공연이기를 원했다.

1막 7장: 맥베스가 던컨 왕을 죽이려는 야욕과 음모의 시간

2막 1장: 맥베스가 피로 얼룩진 단검의 환상으로 괴로워 함

3막 5장: 맥베스가 '단명한 촛불'을 가리켜 허망한 인생을 통찰하고 탄식함

장군 맥베스의 야심과 고뇌, 그리고 극의 성격과 전개를 효율적으로 잘 드러낼 3개 장면을 잘 표현하도록 하자며 마음을 다독였다. 그야말로 맥베스 극의 노른자위였다. 그래도 충분히 휴지pause를 살리고 장면전환을 여유 있게 하면 30분 가까운 시간을 잡을 수 있었다. 연출은 1년 선배 이형배 씨가 맡았다.

그리고 거의 모든 연극을 통틀어도 매우 비정한 여인으로 각인될 맥베스 부인의 캐릭터! 그녀의 역할은 야심 있는 연기자라면

누구나 욕심낼 만한 배역일 것이다. 따라서 패기와 뛰어난 연기력이 필요했다. 그러나 현실에서 그런 여성 연기자는 찾기가 어려웠고, 도전적이고 의욕적인 신인 연기자를 찾으려 했다. 누군가 우소연이라는 여대 신입생을 추천했고, 키가 좀 작은 우소연은 눈을 동그랗게 뜨고 열심히 도전했다. 그 젊은 연기자는 이내 대사를 다 외우며 의욕을 보였다. 연출자 외에도 따로 2년 선배인 전학주 씨가 외롭고 겁 없는 젊은이들을 도왔다. 그의 역할이 매우 중요했다. 마치 한국말이 서툰 사람을 대하듯, 단어 하나하나를 또박또박 발음하도록 가르쳤다. 그는 평소 매우 차분하고 사색적인 사람이었다. 그는 한국어의 문장, 단어 하나하나를 똑똑 끊어서 발음하게 하면서 연기자에게 조금도 싫은 표정을 보여주지 않는 인내력을 발휘했다. 그는 소극장 안에서 다른 학생들에게 비속어를 쓰는 일도 없었다. 그는 연극대학이 연기학원과 구별되는 모습을 보였다. 나는 그 인상적인 상급생을 통해서, 무대에서 연극적으로 말하는 것은 평소에 모국어를 통해 감정이나 의견을 전달하는 것과는 전혀 다르다는 것을 알게 되었다. 그것은 좋은 경험이었다.

"백성희·장민호 극장"으로도 알려진 연극배우 장민호는 그 목소리만으로도 큰 복을 받은 사람이었다. 그는 평소에 마치 마이크를 사용하는 것처럼 약간 쇳소리가 섞인 아주 매력적이고 강한 발성을 할 수 있었다. 한번은 그가 도스토예프스키 원작의 〈죄와 벌〉에서 주인공 라스콜리니코프 역을 맡았는데, 공연을 앞두고 명동의 국립극장 무대에서 연습을 하고 있었다. 연출자인 이해랑은 "민호!

여긴 이렇게 다시 해봐. 옳지! 그래 좋아" 하는 식으로 장민호만을 데리고 일대일 연습을 하고 있었다. 당대 최고로 알려진 연극연출가와 최상의 무대배우로 알려진 두 연극인을 나는 흥미 있게 지켜보았다. 그 당시에는 잘 몰랐지만 나중에 돌이켜보니, 그런 시간이 우리나라 연극을 위한 의미 있는 시간이었다.

나는 대학에서 이해랑 선생에게 연기수업을 받고 있었기에 그런 무례한 틈입을 허락받을 수 있었다. 내가 연극영화학과에 지망하고 입학시험을 보러 갈 때는 실기 과목은 명시되어 있었지만 시험이 어떤 식으로 진행되는지는 아무런 세부 지침도 안 나와 있었다. 그래서 나는 혹시나 하고 성악곡 한 곡을 준비해두었다. 그런데 실기 시험은 의외였다. 얼떨떨한 중에도 시험관 중 한 사람이 이해랑 선생님인 줄은 알았다. 사진을 통해 알려진 얼굴이었다. 우리는 한 사람씩 불려 시험장에 들어갔는데, 선생님은 나를 그냥 덤덤히 쳐다보다가 자신의 팔 하나를 머리 위로 쳐들더니 나에게도 그렇게 해보라고 했다. "팔을 이렇게 올려 봐."

참 의외였다. 시험이라면 그것은 너무 싱거운 과제였다.

나는 그러나 그 평범한 과제가 어떤 의미를 갖는지도 모른다고 생각했다. 그때 시험장 안에 시험자는 나 혼자였으므로 다른 누구와 의논하거나 다른 이의 동작을 볼 수도 없었다. 나는 순간적으로 그 별난 과제에 응해야 했다. 감히 무슨 반문도 할 수 없었다. 나는 순간 내 눈을 크게 부릅뜨고 오른팔을 있는 힘을 다 주어 치켜 올렸다. 내가 토를 달자면, 그것은 한 장수가 선두에 서서 과감한 진격 명령을 내리는 비장한 장면 같은 것이었다. 무슨 아이디어에 의한 것도 아니고 거의 본능적으로 그런 동작을 했다.

그런데 이 선생님은 빙긋 웃는 듯하며 "됐어!"라고 했다. 그게 내가 치른 실기 시험의 전부였다. 나중에 합격 성적이 좋았다는 후문을 들었는데, 그게 좋은 점수를 받은 것이려니 생각하긴 했다. 그게 이해랑 선생님과의 첫 대면이었다.

당대 최고의 연출가와 무대배우가 다른 사람들의 틈입 없이 오로지 작품 연습에 열중하고 있었다. 나중에 혹시 그 연습이 끝나고는 모르겠지만, 그 옆에는 맥주 한 잔 놓이지 않았다. 나는 바로 이런 순간을 통해서 많이 느끼고 배웠다. 나는 그들이 연극의 장면에 진지하게 정진하던 그 모습이 현대극 발전의 보이지 않는 밑받침이 되었다고 믿는다. 당시엔 무대극의 출연료조차 지불되지 않던 시대였다.

내가 그때 느낀 것이 또 있었다. 장민호의 특이한 발성이었다. 평소에도 약간 쇳소리가 나는 음성이었지만 마치 그는 이동식 마이크(물론 당시에는 그런 것이 있지도 않았다)를 사용하는 듯했다. 아무튼 그것은 말도 안 된다. 연극무대에서 마이크를 사용하다니?

결국 그 연습이 종료된 후에 나는 이해랑 선생에게 궁금했던 것을 물었다.

"선생님, 연극에서는 마이크를 사용하지 않는 것으로 알고 있는데요?"

"음, 그런데?"

"장민호 선생님은 방금 마이크를 사용하고 계시지 않았나요?"

"민호가 마이크를 사용하다니?"

"저는 분명 그렇게 들었어요. 라스콜리니코프가 내면의 소리로 말하는 부분 말이죠."

"오. 그건 호 군이 잘못 들은 거지."

나는 퍽 송구스러웠다. 말도 안 되는 질문을 한 것이다. 아마도 이것은 내가 학교에서 한 질문 중에, 또는 스승에게 드린 질문 중에 제일 우스꽝스러운 것이었으리라.

"민호의 소리가 좀 특별하긴 해."

배우 장민호는 그 타고난 음성 자체로 라스콜리니코프의 내면의 고뇌와 갈등을 묘하게 표현하고 있었다. 이해랑 선생님이 내게 그런 대답을 한 것 같지는 않다. 그분은 오히려 피식 웃기만 했을 것이다. 그런데 내가 멋쩍어서 그렇게 생각했으리라. 그런데 이 선생님은 거의 언제나 "민호, 민호" 한 것으로 기억한다. 그분의 말버릇 중 하나는 "저어, 거시기"이다. 무슨 고유명사나 다음 말이 생각나지 않으면 "저어, 거시기"라고 했다. 그리고 제자나 손아랫사람을 호칭할 때는 "아무개 군" 또는 그냥 아무개라고 했다. 배우 장민호 씨를 존칭 없이 부를 사람도 몇 없었을 것이고, 이해랑 선생에게 그런 호칭으로 불리는 걸 싫게 여길 사람도 많지 않았을 것이다. 그러니 장민호 씨가 이런 호칭에 더욱 연습을 열심히 했을 것은 틀림없다.

발췌극 공연의 복장은 현대적인 일상복으로 하기로 했다. 곧 나는 평소에 입는 신사복을 입었다. 나는 평소에 그 옷을 아꼈는데, 당시에는 양복을 새로 맞추는 것은 큰 부담이 되어서 아버지가 남대문 시장에서 헐값에 사준 것이었다. 바지와 상의가 모두 회색인 모직 양복이었는데, 웬만큼 추운 날에도 코트 없이 그 차림으로 견딜 만했다. 물론 레이디 맥베스 역도 현대적인 평상복을 입었다. 특별한 무대 장치도 없었다. 그래도 당시의 사정을 생각하면 조명만은 좋은 장면을 보여줄 수 있을 듯했다. 소수의 인물이 등장하고 액션이 많지 않은 만큼, 인물 위주로 집중 조명해달라고 조명 담당자에게 특히 부탁했다.

〈맥베스〉 발췌극은 단 1회짜리 공연이었다. 공연이라기보다도 시연회에 가까웠다. 그러나 나의 첫 공연은 오래도록 많은 것을 생각하게 했다. 어쨌든 나에겐 그 무렵부터 한동안 '맥베스'라는 싫지 않은 별명이 붙어 다니기도 했다.

내 개인적인 이야기는 중요하지 않을 것이다. 이 책은 셰익스피어를 말하려는 책이다. 그러므로 셰익스피어를 말하자.

나는 셰익스피어의 대사를 '리딩'(연극대본 읽기를 가리키는 연극용어)하고 밤새워 혀에 붙이는 과정에 그가 쓴 무대 대사를 수도 없이 읽고 연습했다. 그런 과정에서 "야, 참! 이래서 셰익스피어로구나!" 하고 깊이 감탄하고 감동했다.

"나는 '이제부터는 잠을 이루지 못한다. 맥베스는 잠을 죽였다!'라고 하는 소리를 들은 것 같소."

〈맥베스〉 2막 2장에서 맥베스가 살인을 권하는 아내에게 하는 대사이다. 이 대사 이후로 놀랍고 아름다운 시가 이어지는데, 우리말 공연에서는 원문의 향기도 연기자들의 연기력도 전하기 어려웠을 것이다. 순천향대학교 영문과 이현우 교수는 그의 저서 《한국 셰익스피어 르네상스》의 제7장 〈한국의 소리와 셰익스피어〉에서 시로 된 영문을 한국어로 전달하는 어려움을 세세하게 다루고 있다.

그러나 나는 여기서 셰익스피어의 솜씨를 감탄한다. 나는 자신의 살인 행위를 이렇게 고백하는 것을 본 일이 없다. 아니 그렇게 쓴 극작가를 본 일이 없다. 소포클레스 같은 뛰어난 고전작가도, 아서 밀러 같은 수준 높은 현대 작가도 그런 대사를 쓰지는 못했다.

나는 감동했고 잠을 자지 못해도 피곤을 느끼지 않았다.

"맥베스는 잠을 죽였다!"

자신의 심각한 번민을 이렇게 표현할 수 있는 사람은 장군이라기보다 시인이라고 할 만하다. 장군 맥베스가 던컨을 죽이고 왕권을 찬탈한다는 것은 그렇다고 해도, 시인의 혼을 가진 맥베스가 권력욕으로 살인을 한다니! 이런 모순이 어디 있나? 이를 잘 표현할 연기술은 어찌해야 얻을 수 있을까? 그러나 나는 그저 연극무대 초년생이자 막막한 진취적인 연극학도에 지나지 않는다. 그러나 도전해야 성장도 있고 고민도 있다. 나는 나의 무모한 도전을 합리화하고 미화하기만 했다.

"맥베스는 잠을 죽였다!"라는 대사 한 줄로는 인자한 던컨 왕을 잔인하게 죽인 야심가 맥베스의 고뇌, 고통의 참맛을 아는 살인자의 번민이 생생하게 살아나지 않는다. 나중에야 떠오른 생각이지만, 노련하거나 연구가 깊은 지도교수를 모시지도 않고 자문 역으로라도 관객으로 초대하지도 않은 게 실책이었다. 참고로 당시의 우리 대학 분위기를 말한다면 교수들은 비교적 권위적이어서 쉽게 말을 붙이고 청하기가 어려웠다. 청했으면 기특하게 여기고 응했을지 모르나, 아마도 된통 야단만 맞고 무모한 도전은 하지 못하게 가로막지 않았을까?

그 당시로는 드문 일이지만, 미국 유학에서 돌아온 지 얼마 안 되는 패기 있고 의욕적이던 L교수가 S대로 옮겨간 것도 권위적인 학내 분위기와 상관이 있었다고 생각한다. 그 교수는 60년대 초에 많은 연극인이 촉망하던 극작가였는데, 옮겨간 곳은 연극학과도 아닌 신문방송학과였다. 결과적으로 그는 전근한 이후로 거의 극작품을 못 냈다. 내가 훗날 사석에서 만나서 신작을 볼 수 없음을 안타까워하자 이렇게 말했다.

"이 사람아. 내가 신작 희곡을 쓰면 가위 들고 덤비는 데가 여섯, 일곱 군데야."

이것은 내가 증언한다는 점에서 자세히 말해 두고 싶다. L교수는 그의 연구실에서 내게 말했다. "보안사, 중정, 문공부, 서울시 공연기획실, 그리고……."

나는 구체적으로 그의 어떤 작품의 어떤 부분이 문제였는지는 따지지 못했다. 다만 나는 당시에 한 문학잡지의 편집자였고,

받은 원고를 사후 검열에서 문제가 되지 않도록 해야 하는 입장이어서 그분의 말에 토를 달 이유는 없었다. 그가 고인이 된 지금 설령 과장이 있었다 해도 그것을 추궁할 수야 없는 것이다.

나의 도전에 대해 내가 들은 조언으로는 당시 우리 대학에서 시극詩劇 시간을 담당하던 장호(본명 김장호, 산악연맹 이사) 교수가 수업시간에 배우의 표현 행위와 관련하여 나의 표정 연기에 대해 짧은 코멘트를 한 것이 전부였다.

"고뇌를 표현할 때 흔히 찡그리거나 담배를 피우거나 한숨 쉬는 식으로 표현하는 경우가 많은데, 그런 것과 달리 두 눈을 감고 머리를 좌우로 젓는 것은 배우의 인물 성격화 과정을 보여주는 것이라 할 수 있지요."

내가 연극에 대해 좀 더 폭넓은 시각을 갖게 된 것은 드라마센터의 〈햄릿〉 공연과 극단 "신협"의 〈오셀로〉 공연을 통해서였다. 드라마센터가 1962년에 개관 기념 첫 공연의 작품으로 정한 것은 셰익스피어의 〈햄릿〉이었다. 새 극장에서 열리는 새로운 느낌의 연극! 당대의 가치관으로는 한 극장의 개관 기념작으로는 당연한 것이기도 했다. 더욱이 주연배우는 햄릿으로 대표적인 연극배우 김동원과 더블 캐스트된 최상현이었다. 그는 후리후리한 키에 얼굴 윤곽이 심각해 보였고, 소수의 연극 애호가들에게 신선하고 지성적인 연기로 인상을 준 드문 무대배우였다.

그리고 특기할 만한 일이 있었다. 한국 연극사가 미시사적 시각으로 현대 연극을 다룬다면, 이런 장면들에도 놓칠 수 없는 가치가 있을 것이다. 〈햄릿〉 극에서 단역이라 할 인물인 로젠 크란츠와 길덴스턴 역을 맡은 김성옥, 김동훈이라는 두 신인 배우가 연극계에서 새삼스런 주목을 받게 된 일이 있었다. 대본상에서 이 둘은 붙어 다니며 수작을 벌이곤 한다. 그런데 그 동작이나 말투가 극의 흐름을 윤활유처럼 부드럽게 만들어주는 것인데, 이것은 셰익스피어가 처음부터 계산에 넣은 것인지 아닌지는 단언하기 어렵다. 셰익스피어 시대의 무대에서 이런 소소한 면까지 배려할 수 있었는지는 단언하기 어려운 것이다. 아무튼 노련한 연출가나 재치 있는 연출자라면, 이 인물들을 통해서 연극 진행의 활기를 찾게 될 것이다.

실제로 이 〈햄릿〉 공연에서 이 단역배우들은 연극에 활기를 불어넣었다. 그것은 대단했다. 훗날에 유명한 연기자가 되는 김성옥과 김동훈이 어찌나 생기 있고 재치 있게 움직였는지, 관객들이 극의 흐름은 생각하지 않고 그들이 다음엔 언제 등장하는지 기다릴 정도였다. 또 등장하게 되면 관객들은 옆자리의 친구에게 눈짓을 보내며 좋아하기도 했다. 심지어는 박수를 치는 일도 있었다. 연출가는 고개를 끄떡이며 이를 더욱 드러나게 하였다.

이 연극에서 비록 단역이었지만 인상적인 어필을 한 김동훈은 드라마센터의 뮤지컬 드라마 〈포기와 베스〉의 주연배우로 발탁되었다. 대단한 비약이었다. 김동훈과 함께 주목을 받던 또 한 명의 신인 배우 김성옥은 〈포기와 베스〉에서 스포팅 라이프 역을 맡아 역시 무대를 '누볐다'. 그가 "엉덩춤이 난다!"라고 노래하며 엉덩춤을 추듯 무대를 가로지르면 여기저기서 킥킥 웃기도 하고 박수 소리도 나왔다. 그는 1964년에 오현경과 함께 국립극단 배우가 되었다. 보이지 않게 위계 의식이 강한 연극계에서는 파격적인 인사 조치였다. 이런 사실을 보면 연극계에 기회는 열려 있었다고 생각한다. 보수적이라고 여겨지던 연극계의 지도자들 중에서도 실력 있는 신진에게 문을 열어줄 준비가 되어 있었던 것으로 볼 수 있지 않은가? 최불암 씨가 〈따라지의 향연〉에 성공적으로 등장한 이후 와락 커버린 것도 그렇게 설명할 수 있을 것이다. 여배우 여운계 씨도 〈밤으로의 긴 여로〉의 단역을 맡은 이후 좋은 여성 연기자를 찾던 연극계에서 팔을 벌려 환영했는데, 이것도 연극계가 신인에게 문을 활짝 열고 기다렸다는 반증이 될 것이다.

아무튼 전남 목포 출신의 김성옥은 서울에 상경해서 빠르게 각광을 받았다. 그는 "셰익스피어 탄생 400주년 기념 페스티벌"에서 국립극단 참가작 〈베니스의 상인〉의 샤일록 역을 맡았다. 이 배역은 신진 연기자에게는 엄청난 행운이었다. 다른 어떤 배역보다도 신인이 연기 능력을 선배와 연극계에 어필시키기 좋은 역이었다. 신입사원이 단걸음에 대기업의 중역이 된 것에 비유할 수 있을 만한 일이었다. 앞서 밝혔듯이 60년대에는 명동 국립극장에서 좋은 연극이 상연되면 문화계의 이목이 전부 쏠리다시피 했다. 최불암이나 김성옥, 김동훈 등이 상큼하게 인정받은 이유도 거기 있었다.

〈햄릿〉이 드라마센터의 개관 기념 공연이 된 것은 무명의 연극학도인 내게도 약간은 행운이 되었다. 왜냐하면 문화계 전체의 스포트라이트를 받는 '드라마센터'의 소장이 문화계 전체의 유명 인사이자 동국대학교 연극영화학과의 주임교수인 유치진 교수였기 때문이다. 그는 이 기념 공연의 공식적인 연출자였다. 그런데 그 연극의 실제 연출자는 동국대학교 연극영화학과의 연기 담당 이해랑 교수였다. 그래서 짧지 않은 연습 기간 동안 나는 드라마센터를 자유롭게 출입할 수 있었다. 연습 장면을 자유롭게 보면서 보고 들은 것이 내게는 소중하게 여겨졌다. 그리고 당시 연극계의 여러 상황을 이해하는 데 유익했다.

이를테면 이런 식이다. 연극 연습에서는 그 전날 연습 때는 없었던 장면이 새로 설정되기도 하고, 별로 우습지 않은 일을 우습게 확대하여 보여주기도 한다. 물론 이것들은 원래의 극본을 벗어난 내용은 아니며, 공연자들에 의해 다듬어지고 연극의 흐름에 새로운 활력을 주기도 한다. 나는 이를 대선배들의 연습 과정을 지켜보며 터득하게 되었다. 이는 학교 수업이나 선배들의 입담을 통해서 배우기 어려운 것들이었다.

나는 이런 경험을 통해서 셰익스피어가 어린 시절에 극단에서 터득한 것이 많았으리라고 짐작하게 되었다. 셰익스피어는 자신이 쓴 극의 어떤 부분은 나중에 잘려나가 공연에서는 살지 못할 것을 미리 내다보며 집필을 했으리라는 어떤 연구자의 지적이 있는데, 그는 공연의 메커니즘을 알고 있는 것이다. 하나의 공연은 극본과는 또 달리 연극을 위한 제작 과정의 실제에 맡겨지는 것이다. 특히 대사 한줄 한줄이 능숙한 언어로 쓰였다 해도 그대로 상연하면 문제가 생기게 된다. 상연 시간이 길어지고 관객은 생리적으로도 그 연극을 받아들이기가 어려웠을 것이다. 더욱이 오랜 극단 운영 경험을 가진 셰익스피어는 이런 사정을 잘 알고 있었을 테니 신축성 있는 태도를 취했을 것이다.

또 하나 고려할 점이 있다. 셰익스피어 당시의 공연장 사정을 보면, 그리 고상한 연극 대사를 음미할 분위기는 아니었다. 한 연구자의 글을 보면 의외이며 흥미롭기도 하다.

> 빽빽이 들어찬 관객들은 소란스럽고 다양했다. 떠돌이 부랑아, 소매치기, 창녀, 술주정뱅이 관객들을 위시한 부산한 관객들은 공연 중에 먹고 마셔댔고, 배설하러 드나드는가 하면 관극 도중에 마음껏 웃거나 울며 한껏 감정의 고삐를 풀어놓기가 일쑤였다.[1]

물론 셰익스피어의 극은 때로는 비교적 좋은 환경에서 공연되는 경우도 있었다. 극장이나 공연 시스템이 갖추어진 18~19세기의 유럽 상류사회에서는 비교적 정숙한 분위기가 마련되었다. 그렇지만 상류층 관객이라 해도 인간의 인내력은 한정된 법이다. 소설가 에드가 앨런 포는 사람의 집중력은 한 시간, 또는 길어야 두 시간을 넘지 못하기에 긴 작품은 적절치 못하다 했다. 그 자신은 긴 작품을 하나도 쓰지 않았다. 최고의 예술적 감동은 한 시간 정도 안에 벌어져야 한다는 주장이다. 연극 공연도 이를 무시할 수 없을 것이다. 더욱이 현대인의 생활은 늘 시간의 구애를 받는다. 현대인은 무엇에 긴 시간을 바치기 어려워하는 것이다. 공연문화에 익숙한 사람들은 현장에서 이 점을 잘 알고 있다. 한 시간 이내에 읽는 단편소설조차 길다고 미니 픽션을 쓰는 작가들이 늘고 있다. 그러나 예술작품 생산자가 창작물의 흥행과 시간에 대한 강박에 얽매이는 것은 문제가 있다.

이런 논리에 따르면 셰익스피어의 아름답고 멋진 대사들도 지리한 것으로 간주될 것이다. 어찌해야 할까? 그것은 현장의 분위기에 적절히 대응할 수 있는, 또한 '예술의 예술다운 본질'을 옹호할 수 있는 엘리트들이 스스로 실로 적절한 임기응변의 대응을 하도록 맡기는 것이 최선이지 않을까?

셰익스피어는 언제까지 위대한 작가인가?

셰익스피어에 대한 엉뚱한 의문

"셰익스피어는 정말로 위대한 작가인가?" "셰익스피어는 앞으로도 계속 위대한 작가일까?"

이와 같은 의문들은 발칙한 생각에 뿌리를 두고 있을지도 모른다. 그러나 미리 밝혀두고 싶다. 셰익스피어에 대한 책을 쓰는 사람으로서 어떤 선입견에 사로잡혀 있지 않다고. 그리고 셰익스피어를 일방적으로 찬양하고 싶지 않다고. 당연한 일이다.

정말 발칙한 책들도 있긴 하다. 마크 트웨인의《셰익스피어는 죽었나?(Is Shakespeare Dead?)》는 다분히 도전적인 책이다. 또 다소 황당한 이런 제목의 책도 있다.《베이컨이 셰익스피어다(Bacon is Shakespeare)》.

문벌 좋고 배운 것 많은 사람들이 "가문도 내세울 것이 없고 학벌도 없는 셰익스피어 따위가 이런 걸작들을 쓴다는 것은 말도 안 된다. 그러나 당대의 유능한 인물인 프란시스 베이컨 정도라면 그런대로 가능성이 있지 않을까?"라는 생각으로 시기심 반半, 체면치레 반 하면서 셰익스피어가 가상의 인물이라는 주장을 하는 것이다. 토머스 칼라일이나 에머슨 같은 영국과 미국의 석학들도 이런 견해를 가졌다. 유명한 〈주홍글씨〉의 작가 너새니얼 호손도 바로 이 편에 섰던 모양이다.

그러나 결국 진실이 거짓을 이기는 게 진리의 역사인 듯하다. 조선왕조 숙종 때의 인현왕후가 요사스런 장희빈을 이긴 실화와 비슷하다. 어진 인현왕후가 악한 장희빈을 이겨낸 것처럼, 온후하며 정직한 셰익스피어가 출세를 위해 은인을 역적으로 몰아 죽게 한 베이컨을 이겼다. 이런 면에는 동서가 따로 없고 시대의 격차도 뛰어넘는 듯하다.

나는 오래전에 이상한 의문을 가지고 있었다. 1980년대 초에 나는 상당히 이름 있는 한 방송 프로그램을 맡아 드라마를 쓰고 있었는데, 극을 집필하던 중에 실로 가당치 않은 생각이 떠올랐다. 너무도 가당치 않아서 다른 누구에게도 말할 수 없었다. 지금 이 지면에서 처음 밝히는 것은 내가 입이 아주 무거워서가 아니다. 내가 그런 가당치 않은 말을 하면 사람들이 혹시 나를 우습게 여길까 두려웠기 때문이다. 그러니까 나는 세심하다기보다는 그저 소심한 사내였던가 보다. 나는 작가 이외의 무슨 별난 존재는 아니다. 그래서 실생활에서는 우스운 발상도 하고 터무니없는 의문에 사로잡히기도 한다.

얼른 말하자. 더 신중히 하다가는 영영 이 일을 이야기하지 못할 듯싶다.

"셰익스피어가 지금 세상에 살고 있다면 그는 무엇을 할까? 작가를 지금 세상에서도 할까?"

그가 다른 일에 종사한다면 내가 말하고 말고 할 필요도 없는 일이다. 궁금한 것은 이것이다. 셰익스피어가 지금 세상에도 작품을 쓰는 사람이라면, 그는 무엇을 쓰고 있을까?

혹시 나처럼 방송국 일을 하지는 않을까? 나는 일주일에 최소 2회 정도는 담당 피디와 만나는 입장이었고, 나는 그와 격의 없이 대화를 나누었으나 나의 부질없는 이야기를 꺼내지는 못했다. 혹시라도 그가 속으로 "그 잘난 라디오 드라마를 쓰는 주제에 자기를 위대한 셰익스피어를 견주어 말하는 거야, 뭐야?" 할지도 모른다는 두려움이 있었다. 여러 피디 중 당시의 그 피디는 매우 의욕적이고 긍정적인 사람이긴 했지만, 그럴수록 스스로 주책바가지 소리 들을 이야기는 하지 말아야겠다고 생각한 것이다. 내가 쓰는 드라마는 약간 코믹 터치였다. 길로 비유하자면 약간 경사진 길이다. 식사한 뒤 산책길에 나서는 것처럼, 약간 건들건들하는 기분으로 걷는 것이다. 물론 정장 차림은 아니다. 그리고 등장인물들은 일상 잡사를 가지고 이러쿵저러쿵하는 것이다. 내가 쓰는 한 장면 한 장면의 끄트머리에는 웃음 트렁크가 설정되어 있다. 트렁크 라인은 듣는 사람의 웃음을 유인하는 장치이다. 흔히 코믹 터치 오락물에는 이런 설정이 있다.

나의 지인이 한번은 내게 일러주었다. "버스를 타고 가는 중에 그 드라마가 방송되고 있었는데, 마침 등교 중이던 여학생들이 그

걸 들으며 '까르르 까르르'하고 웃음판이 되더군요"라고 전했다.

그러나 그렇다고 해서 내가 셰익스피어를 떠올려 "셰익스피어가 지금 한국에 있다면 무엇을 쓰고 있을까?"라고 생각하는 것은 아무래도 잘못 비약한 것이다. 공상가에게 무슨 세금이나 벌금을 물릴 수야 없는 일이고 감방 같은 곳에 가두어 둘 수도 없는 노릇이다. 그래도 셰익스피어가 여기 살고 있다면 무엇을 쓰겠는가? 때는 신군부가 큰 권력을 잡고 세상을 좌지우지하던 시기였다. 그러니 제아무리 셰익스피어라고 해도 쓰고 싶은 것을 맘대로 쓸 재간은 없을 것이고 그렇다고 성질머리를 부리다가 감옥에 갈 것으로 보이지도 않는다. 따지자면 그는 영국의 왕권 시대에 태어나 활동하고 작가로 산 인물이니, 한국의 군사 정권에 적응 못하란 법도 없으리라. 내 공상은 그 정도에서 멎었다.

실상 셰익스피어 시대에는 극작가란 직업이 인기 직종이 아니었다. 인기 직종이란 말도 존재하지 않았을 것이다. 분명한 것은 당대의 극작가란 직업은 별 볼 일 없는 것 중의 하나였다는 점이다. 그런 가운데서도 셰익스피어는 딴 직업을 찾아서 기웃거리지 않고 극작에 정진했다. 하는 일에 재미와 보람을 느껴서 그랬는지, 다른 수가 없어서 그랬는지는 알 수 없으나 그는 계속 그 일을 했다. 결국 그의 희곡들이 재미있다는 평판을 얻자 그는 제법 어깨를 펴고 다닐 수 있게 된 듯하다. 셰익스피어는 인복이 있어서인지 연극을 좋아하는 왕을 만났다. 이것은 엄청난 행운이었다. 영화 〈셰익스피어 인 러브〉에도 엘리자베스 여왕이 극장을 방문하는 장면이 나온다. 그 뛰어난 여왕은 더러 연극을 친히 보았다. 격려를 해주기도 했을 것이다. 셰익스피어는 여왕이 친히 보는 연극의 작가라는 점에서 사회적 위치도 높아지고 극단 경영도 잘할 수 있게 되었다. 게다가 1603년 엘리자베스 여왕의 뒤를 이은 제임스 1세 왕은 선왕보다도 더 연극을 지원했다.

여기서 우리는 셰익스피어가 훌륭한 작가라고 인정하더라도 따지고 넘어갈 일이 있다. 이미 나는 내가 작가임을 밝혔다. 나는 훌륭한 작가는 못 된다. 그러나 한 가지 장점이라도 말한다면, 동시대 많은 작가들이 창작에 대해 시큰둥해지고 별 의욕을 못 느끼는 나이에 이르러서도 지적 호기심이 강하게 끓어올라, 과연 셰익스피어의 작가로서의 유능함이나 위대함이 무엇인가를 밝히고 싶어 한다는 것이다. 그러니 의의는 있으리라고 생각한다.

처음부터 셰익스피어 숭배자가 되거나, 이론가로서 분석적 방식에만 익숙하다면 그의 장점을 제대로 알기 어려울 것이다. 드라마와 희곡, 소설과 시, 또는 소설의 극화 작업, 전기 작업 등을 해본 경험은 다른 작가를 이해하는 데 도움이 될 것이다. 거기에 연극 지망생으로서 연기 수련 과정까지 경험해본 경우는 많지 않을 것이다. 나는 20대에 "평생 연극을 하느냐? 평생 문학을 하느냐? 그것이 문제로다!" 하고 번민하기도 했다. 그래서 직장생활 대신 방송국에서 드라마를 쓰게 되었을 때, 아마 이게 팔자일지도 모른다고 중얼거렸고, 추계예술대학에서 희곡을 가르치고(그중에 당연히 셰익스피어를 강의하는 시간도 있었다) 연극을 말하게 되자 매우 신바람이 났다. 더욱이 셰익스피어 같은 무대배우 경험을 가진 극작가를 이해하는 데는 내가 유리하지 않을까? 내가 무슨 박사학위는 못 가졌지만 장점도 있는 것 아닐까? 나는 매사 긍정적인 태도로 살아오는 작가이기 때문에 셰익스피어의 긍정적 인생을 이해하는 데도 꽤 적합할지 모른다.

평범한 작가인 내 이야기를 이렇게 길게 늘어놓는 것은 독자를 짜증나게 하는 일일지 모른다.

더욱이 최근에 있었던 일에 대해 말하자면, 평생 문학만 생각하다시피하고 힘든 길을 걸어온 문학인들에게는 한 대중가수에게 노벨문학상이 주어지는 일도 유쾌하기는 어렵다. 긍정적으로 보려 하지만, 유력한 후보라던 〈노르웨이의 숲〉을 쓴 일본 소설가 무라카미 하루키, 〈대필 작가〉를 쓴 미국의 필립 로스 등의 실망 어린 표정들이 잠시 떠오른 것도 사실이었다.

아마도 셰익스피어가 현대에 활동하는 작가라면 우선 표절 문제에 대해 좀 확실한 인식을 할 필요가 있을 것이다. 만일 그것을 거부한다거나 무심한 태도를 취하는 이라면, 그는 표절 작가라는 공격에서 자유롭지 못할 것이다. 아니, 더 이상 창작 활동을 하지 못하고 어딘가로 잠적해야 될 것이다.

셰익스피어의 대표적인 희극 작품인 〈베니스의 상인〉은 당대 이탈리아의 지오바니 피오렌티노가 편찬한 소설집《일 페코로네》에 실린 소설에서 소재를 취했다.

조금 다른 관측도 있다. 토머스 데커라는 사람이 쓴 〈베니스의 유대인〉과 비슷한 면이 있다는 것이다. 그런데 당시만 해도 저작권 의식이 확립되지도 않았고 원작자가 자기의 권리를 적극 주장하지도 않아서 어물쩡 넘어갔던 듯하다.

셰익스피어의 희극 중 가장 오랜 것으로 알려진 〈12야夜〉는 그야말로 표절 작품의 전형일지 모른다. 이 작품은 〈속은 자들〉과 줄거리 등이 비슷한 면이 많다. 그런데 작품을 도둑맞은 작가도 자신이 피해자임을 호소하지 않았던 듯하다. 그 이유가 저작권에 대한 인식 자체가 박약하거나 존중되지 않는 당대 사회의 분위기 탓이라면 어쩔 수 없다.

이런 이상한 사정에 대해서 이경식 서울대 영문과 명예교수는 이렇게 쓰고 있다.

"이렇게 이탈리아, 프랑스, 영국에서 많이 읽히고 무대에 오른 이야기를 소재로 하여 셰익스피어는 〈12야〉를 엮어낸 것이다."

그런데 이경식 교수의 다음 이야기에도 귀를 기울이자.

"그러나 앤드류가 올리비아에게 구혼하는 일이나 세자리오에게 결투 신청을 하는 일, 마리아, 페스테, 토비 등이 말볼리오를 계략에 빠트려 우스운 꼴로 만드는 일 등의 곁 이야기는 주로 셰익스피어의 독창적인 것이 많다."

대작가라고는 하지만, 그것도 다작을 했고 많은 작품이 걸작으로 알려진 셰익스피어의 경우에는 더 신중히 접근하여 그의 독창성은 무엇인가를 따져보아야 한다. 그렇다. 셰익스피어는 당대 여러 군소 작가와 어깨를 함께하기도 하며 당대 이야기 소비자들에게 다가선 것이지만, 뭔가 특별한 것이 그에겐 있었으리라. 이것이 무엇인지를 우리가 밝혀내면 그것은 지켜보는 우리보다도 "인도를 내줄지어정 셰익스피어는 내줄 수 없다"고 하는 그 소중한 극작가의 승리가 된다!

바로 이 점이 셰익스피어의 강한 어트랙션이다. 그것은 피부의 윤기, 콧날이나 엉덩이 곡선의 아름다움에 견줄 수 없는 것이다. 나는 오랫동안 연극학도로서, 그리고 애호가로서, 학생들에 대한 강의자로서, 한 겨레의 언어로 시와 소설과 수많은 드라마를 쓴 작가로서, 또 여러 논문과 저서를 읽고 생각한 저자로서 여기 말하고 싶다.

셰익스피어는 행운을 가지고 일했다. 처음엔 그게 행운인지도 몰랐으나 틀림없는 행운이었다. 그는 아름다운 시도 썼으나 무엇보다 그의 많은 희곡이 어필하는 진정한 힘이 당대를 넘어 큰 마력적 힘으로 큰 교향악을 이루었는데, 그것은 오선지에 그려진 음표와는 다르게 소리 내고 읽혔다.

살아 부지할 것인가, 죽어 없어질 것인가,
그것이 문제다
가혹한 운명의 돌팔매와 화살을 받고,
참는 것이 장한 정신이냐?
아니면 조수潮水처럼 밀려드는 환난을 두 손으로 막아,
그를 없이 함이 장한 정신이냐?[2]

이 세상에 이렇게 멋진 대사를 말하는 희곡은, 또는 무대 공연은 그 이전에 없었다. 소포클레스의 그리스 비극에서도 없었다. 몰리에르나 괴테, 20세기의 셰익스피어라고 높임받은 브레히트도 이런 장엄하며 호소력 강한 대사는 쓰지 못했다. 셰익스피어는 그 시대의 극작가지만 또한 행운의 극작가이다. 그 전 시대는 그런 착상을 못했을 테고 그 이후의 작가들은 그런 장면이나 대사를 표절이기 때문에 쓸래야 쓸 수 없었다. 셰익스피어는 다른 작가에게 평생의 저작들의 원작자라는 명예를 통째로 빼앗길 뻔한 적도 있었으나 무사히 지킬 수 있었다. 이렇게 사후에도 행운이 계속된 것으로 보아, 그는 죽음조차 초월한 어떤 존재의 가호를 받는 행운의 예술가이다.

〈햄릿〉 3막 1장의 이 대사는 워낙 유명해서 누가 가로챌래야 가로챌 수도 없지만, 그의 대사들이 아름답고 호소력이 강하여 사람들은 〈햄릿〉을 셰익스피어 하면 우선 떠오르는 강렬한 작품으로 기억했던 듯하다. 실상 〈햄릿〉에서는 중요한 등장인물이 거의 다 죽고 칼바람이 무대를 넘나드는 바람에 심약한 관객은 죽음의 멀미를 느낄 정도다. 이렇게 칼바람 넘치는 연극이 어찌해서 대표작으로까지 평가받나? 여기에 이 작품의 독특한 힘이 있다. 바로 존재론적으로 사색하고 고뇌하는 왕자님을 통해서 이 작품은 구원받는다. 햄릿은 고뇌의 연속이다 싶게 고뇌하고 고뇌한다. 너무 고뇌하다보니 원수를 칼로 찌를 수 있는 절호의 기회도 놓친다. 행동부터 하고 보는 관객이라면 미칠 지경이 될 것이다. 바로 이 점이 〈햄릿〉의 특성이고 이 연극의 힘도 여기에서 나온다. 우리가 화내고 싶으면 화내고, 욕하고 싶으면 욕하고, 쳐들어가고 싶으면 쳐들어가는 단순한 방식의 삶에는 고뇌도 없고 지혜도 없다. 문화나 문명도 자리 잡기 어렵다. 셰익스피어는 철학자는 아니었지만 인간 세상이 그저 권력 잡아 호령하는 식으로 돌아갈 수 없다는 것을 그의 작품으로 보여주었다. 아마 그의 라틴 문학에 대한 소양에서 얻은 지혜인지 모른다. 이경식 교수는 셰익스피어가 세네카에게서 큰 영향을 받았음을 주장했는데, 과연 그럴는지도 모른다.

작가의 비범한 모습은 〈리어 왕〉의 바보 광대의 등장과 그 역할을 통해서도 잘 보인다. 특히 리어 왕과 바보 광대를 나란히 세우고 그들이 주고받는 대사가 바보가 왕을 비웃거나 꾸짖게 하는 데서는 감히 누가 말릴 수도 없는 경지에 간다. 민주주의 내세우고 사는 세상이지만, 바보에게 주는 '언론의 자유'는 정말 부럽고 놀라울 지경이다.

잠깐 인용해본다.

광대: 제가 달걀 가운데를 깨트려서,

노른자를 먹어버리면 두 개의 왕관이 남지요.

당신이 왕관 한가운데를 쪼개서 두 조각을 주어버렸을 때,

당신은 당신 나귀를 등에 짊어지고 진창을 걸어가는 꼴이 됐지요.

당신이 당신의 황금색 왕관을 주어버렸을 때, 당신의 대머리 속에는

별로 지혜가 들어 있지 않아요. 이 말을 하는 제가 어리석다고 생각

되면,

그렇게 생각하는 맨 첫 번째 녀석부터 회초리를 맞아야겠죠.

바보가 이렇게 가치가 추락한 적도 없었지.

현명한 분들께서 죄다 바보가 되셔서

그분들의 지혜를 어떻게 써야 할지를 모른 채

행동거지가 아주 어리석어지셨으니.

리어 왕: 얘야, 넌 언제부터 그리도 노래로 가득 차게 됐니?

광대: 아저씨. 당신이 딸들을 엄마로 삼은 담부터 노래를 이용하게 됐지요.

그때 당신은 딸들에게 회초리를 쥐어주고 바지를 내리셨지요.

그때 저들은 별안간 넘 기뻐서 울었구요,

난 슬퍼서 노랠 불렀지요.

저 위대하신 왕께서 바보들 사이에 끼어들어가

까꿍 나 찾아보라,

숨바꼭질을 하셨으니까요.

제발이지, 아저씨, 당신의 바보에게 거짓말하는 법 가르쳐줄 선생 좀 붙여줘요.

거짓말하는 법 배우고 싶어 죽겠어요.

리어 왕: 이 녀석, 너 거짓말하면 짐에게서 회초리 맞을 줄 알아라.

광대: 당신과 당신 딸들은 어떤 족속인지 기이하기 짝이 없어요.[3]

위의 대사는 리어 왕이 왕의 권위를 통해 얼마나 바보 같은 짓을 저질렀는지 잘 드러내고 있다. 평화로운 한 나라가 멍청한 한 임금에 의해 기이하고도 한심한 상황에 빠져들었음을 죄다 말해준다. 그리고 왕의 바보 같음은 물론이고, 그 딸들에 대해서도 말해주고 더 나가서 이 비극이 대체 어떻게 돼먹은 것인지 짐작하게 해준다. 말하자면 플롯이 간단치 않은 이 연극의 상황이 축약되어 드러난다. 작가의 의도가 아주 효과적으로 전달되고 있는 것이다. 이것은 작가 셰익스피어의 능숙한 극작술을 보여주는 것이다.

그의 다른 작품 〈12야〉에도 페스테라는 올리비아의 하인이 광대 노릇을 하고 있는데, 〈리어 왕〉의 바보 광대의 등장이 워낙 적절하고 극적이어서 이것이 적절한 효과인지 의심스러워 보인다. 리어 왕과 바보 광대는 그 등장 자체의 그림이 말해주는 것이 크다. 이것은 학교 교실에서 또는 무슨 교육과정을 통해 전해질 수 있는 게 아니다. 재능이 뛰어난 셰익스피어가 젊은 날 극단과 많은 연극 공연 사이에서 숨 쉬고 살다 보니 이런 극작술을 터득하게 된 것으로 보인다.

여기서 중요한 것은 그가 당대에 떠돌아다니는 소재(줄거리)들을 완전히 자기 것으로 써먹었다는 것이다. 곧 그 연극에 맞는 극적 효과를 창안해내고 타고난 언어 구사력을 활용하여 깊은 인상을 남길 만큼 좋은 대사로 빛을 내곤 한 것이다.

"살아 부지할 것인가, 죽어 없어질 것인가"가 인상적이고 정말 큰 호소력을 갖는 것은 그저 대사가 근사해서가 아니다. 그것은 존재론적인 철학의 핵심에 닿는다. 20세기의 주요한 철학자 사르트르의 대표적 저서의 제목도《존재와 무》다. 곧 존재론의 핵심이 거기 담겨 있다. 한 문장 한 문장은 철학의 언어로 치장되고 논리적인 발전을 따라 나아가지만, 그 핵심은 바로 '존재being'와 '없음nothingness'이다. 셰익스피어는 바로 그 존재론을 무심코 극장에 와서 그저 좀 재미난 궁정 극을 보려는 관객들에게 기대 이상의 주제와 놀라움을 던져준다. 이는 좋은 의미의 당혹스러움이며 놀라움이다. 연극의 참 본질이 관객의 잠자던 머리를 깨워주는 것이라 할 수 있다.

셰익스피어가 활동하던 당대는 문예부흥 시대의 시작이었다. 실감하기 어렵겠지만, 갈릴레오가 태어나던 해에 그는 태어났다. 또한 세르반테스가 죽던 해 그가 죽었다. 대단한 과학의 천재와 같은 시대에 호흡했고, 대단한 흡인력을 가졌던 또 하나의 문학적 거인과 같은 시대를 살고 걸작을 썼던 것이다. 셰익스피어가 그가 살았던 시대에 역할한 것은 그저 '하나의 놀라움'이 아니라 '또 하나의 놀라움'이었다. 그런데 그의 시대는 어둡고 음산하기도 했다. 그가 고향에서 런던으로 왔을 때는 큰 희망도 품고 변화에 대한 기대가 컸을 것이다. 그런데 웬걸, 런던은 불결했고 그 때문에 쥐도 많았다. 그래서 페스트를 피해 지방으로 피난을 가야 되는 일도 있었다. 셰익스피어는 연극은커녕 살기 위해 시골로 피난 가기도 했다. 당시 사람들은 쥐가 페스트를 옮긴다는 것을 모르고 미신에 휩싸이기도 했다.

이 경우에도 중요한 것은 셰익스피어가 굴복하지 않고 연극의 길을, 극작가의 길을 계속 걸어갔다는 것이다. 그에게 좌고우면左顧右眄의 순간은 없었다. 당대에 그의 직업은 존경받거나 돈을 많이 버는 직업은 아니었다. 그가 인생의 초기에 시인으로 인정받고 싶어 했던 것은 그가 소네트 시집에 바친 열정으로 짐작된다. 그러나 그 정도로는 극작가의 길을 우회하거나 회피한 것으로 볼 수 없다. 마침내 그는 극작가로서 성공하고 극단 운영에서 안정되고 큰 성과를 올려 대단한 위세의 여왕 앞에서 작품을 상연하는 기쁨도 누리고 사회적 선망도 받았다. 그리고 고향에 넓은 땅을 사고 은퇴 준비를 하기에 이르렀다.

그가 다른 극작가에게 온정을 베풀었다는 사실도 그의 온화한 성품과 함께 기억해두는 게 좋을 듯하다. 그가 극단을 이끌던 시절인 1608년 즈음에, 그는 점차 자신의 작품을 내놓는 일을 줄이고 대신 다른 극작가들에게도 기회를 주었다. 이것이 그의 창작력이 고갈되고 있었다는 증거인지 또는 다른 작가들에게 선심을 베풀려 한 것인지는 모른다. 어쩌면 둘 다일 수도 있다. 벤 존슨이 희곡 작품 〈사람은 타고난 성격대로〉를 써서 셰익스피어의 극단에 냈을 때, 이것이 부적절하다고 퇴짜를 맞을 판이었는데, 극단을 이끄는 셰익스피어가 나서서 무난히 상연되게 했다. 보통 이런 경우에 결정권자는 딴청을 피우기도 쉬운데 상연을 하게 기회를 준 것은 미덕인 듯하다. 이런 일화는 큰 성공을 거둔 사람의 여유를 말해주는 것인지도 모른다. 벤 존슨은 셰익스피어가 죽던 해에 계관시인으로 임명되었는데, 이런 정황을 보면 벤 존슨이 형편이 옹색하긴 했어도 솜씨 없는 문인은 아니었던 것 같다.

극작가 셰익스피어에 대해서 "공부가 모자라는 무식한 작가가 〈햄릿〉, 〈맥베스〉 등의 걸작들을 쓸 수 있겠느냐?"고 의심을 하고 그의 명성을 뒤집어버리려 한 일들이 한때 꾸준히 벌어진 것은 헛된 우월주의의 추악한 면을 보는 일 같기도 하다. 반면에 그에 대한 지나친 우상화 현상이 영국에 퍼진 것은 반동 현상이었을 것이다.

일반적으로 셰익스피어의 위대한 점은 첫째로 단순하면서도 큰 보편성을 얻고 있다는 점이다. 그가 살았던 시대는 바로 영국이 전 세계를 지배하던 엘리자베스 여왕 시대다. 그러니까 영국인의 콧대가 매우 높아지고 교만해진 것도 이 시대와 상관있을 것이다. 그런 시대에 살았고 더욱이 여왕 앞에서 공연도 했던 그 작가는 인종이나 국가를 초월한 보편적인 정서를 본질적으로 지니고 있었고 그의 작품 소재 선택이나 극의 줄거리 전개에서도 그것을 지키고 있다. 그가 한창 활동하던 시대에 유럽 중심의 제국주의가 세계로 팽창했음에도 그의 작품은 군색한 대국주의 논리에 매이지 않고 있다. 그는 편견에 매이는 일이 없었다. 종종 그의 비극들에 왕과 왕족, 장군, 정복자들이 등장하는 것을 보면 그가 상류층에 너무 구애받은 것 같기도 하지만, 그의 희극들에는 서민이나 서민적 감수성을 갖는 계층이 자주 등장한다. 그리고 바보 광대를 통한 귀족 계급이나 왕실에 대한 거의 직접적인 풍자나 힐난도 볼 수 있다.

셰익스피어의 놀라운 언어 사용은 단순한 말재주나 말장난이 아니고 현실을 정확히 재현한 본질적인 접근과 연결되어 있다는 것이다. 우리는 흔히 언어가 현실과 사물을 그대로 재현할 수 있다고 쉽게 믿고 있지만 실제는 언어상의 기표와 기의 사이의 불안정한 대응 관계에서 생겨나는 간극에 의해 수시로, 아니 대부분 배반당한다고 볼 수 있다. (중략) 우리가 언어 사용에서 낭패감을 느낄 때 셰익스피어는 우리의 뒤통수를 치며 우리를 놀라게 한다. 〈햄릿〉에서 햄릿 왕자의 7개의 독백을 살펴보면 그의 언어가 그를 둘러싼 미묘한 내적 심리(의식) 사이에서 상상을 뛰어넘는 언어와 사유의 영역으로 우리를 어떻게 이끌어가는지 알 수 있다. 헤겔은 셰익스피어를 "자아의 가장 자유로운 예술가로서 가장 풍요롭게 언어를 사용했다"고 지적했다.[4]

셰익스피어의 장점은 많지만, 무엇보다도 그가 영어에 미친 큰 영향을 부인할 수 없다. 셰익스피어 시대는 출판 과정이 거칠고 정착되지 못한 면이 있었고, 아직 영어라는 언어도 발음이나 철자법, 구문syntax 등에서 과도기적인 단계에 있었다. 그런데 고등학교 과정 정도만 다닌 이 사람이 놀라운 일을 한 것이다. 게다가, 추측이지만, 길지 않은 생애에서 한창 젊은 시절의 공백(8년간에 걸친 행방불명 시기)은 이 작가에 대한 의구심을 갖게 만드는 것 같다. 셰익스피어의 모든 작품이 어느 다른 사람의 것일지 모른다는 의문 제기가 그것이다.

아무튼, 이것은 보편적인 의미에서 하는 말이지만, 셰익스피어의 명예도 그렇고 그의 작품들의 수명도 그렇고 영구적인 보장은 없다.

그의 걸작들은 어레인지를 하거나 시대에 잘 맞는 드레스를 걸치게끔 거의 강요받기도 한다. 시대 변화에 따른 새로운 해석을 내릴 수밖에 없다는 것이다. 헨릭 입센의 명성 높은 문제작 〈인형의 집〉의 노라는 그냥 가출을 하는 게 아니다. 새로운 시대의 연극은 노라가 남편을 권총으로 쏘기도 한다! 이것이 시대에 맞는 형식이라는 것이다. 마찬가지로 셰익스피어의 작품들은 시대의 잔인한 변화에 의연하게 맞서려 하지만 매우 어려운 일이다. 근년의 서울 공연에서는 〈햄릿〉의 클로디어스 왕이 새로운 연출가의 어레인지에 의해서 현대식 복장을 한 경호원의 경호를 받는다. 그 연출 의도의 타당성은 어떻든간에 경호원들의 거동이 연극에 참으로 도움이 되고 있었는지 의문이 들게 한다. 그런가 하면 셰익스피어 서거 400주년을 기념하는 〈로미오와 줄리엣〉의 한 공연은 출연하는 무희(여배우)들의 경쾌하며 빠른 몸동작으로 현란한 느낌이 든다.

"2000년대의 모든 것(공연)은 빠르고 경쾌해야만 하는 것인가?"

이렇게 현대라는 시간의 흐름에 담긴 셰익스피어 극은 영문학의 한 고전이자 연극사의 중요한 대문자大文字인 셰익스피어 극에 대해서 새삼스럽게 본질적인 문제성을 생각해보게 한다.

그 누구라 해도 역사 앞에서 예외가 될 수 없고 아무리 천재적인 작가의 업적이라 해도 영구히 가치를 인정받으란 보장은 없다. 따라서 시대의 변화를 뛰어넘을 특권은 특히 예술의 세계에서는 있을 수 없다. 가령 그리스의 비극작가 소포클레스의 〈오이디푸스 왕〉이 20세기에 한국 서울 드라마센터 무대에서 공연된다면 그 공연 행위 자체로 이미 특별한 의의를 갖는 것이다. 거기에 무슨 비전秘傳의 연출이 있을 수 없고, 연기를 활성화시키거나 무슨 제약을 하는 처방이 있을 수 없다. 그 연출자와 극단의 자유로운 선택과 연기자나 악보 담당자(그리스 극에는 코러스가 등장하니까)의 야심찬 기획이나 의도는 존중하며 허용되지만, 그 밖의 제약은 있을 수 없다. 셰익스피어 극 공연도 연출자나 극단의 자유로운 의지와 출연진의 구애받지 않는 토의, 그리고 그 결과를 겸허하게 수용하는 과정이 있을 것이다. 그런데 그 연극을 보는 관객 또한 자유로운 입장에서 판단한다. 이 경우 셰익스피어 극이 갖는 특유의 전통이나 한국 연극의 흐름, 예술적 해석의 문제 등이 혼재하여 각축하는 일이 있을 것이다.

심지어 로런스 올리비에가 출연한 〈햄릿〉 영화의 장면들까지도 그 혼재에 한몫하며 끼어들 여지가 있다. 필자가 연기 공부를 하던 1960년대에는 올리비에에 관한 재미있는 이야기가 있었다. 그가 맡은 햄릿 왕자의 연기 장면을 잘 보면, 그 턱이 돌아갈 때 15도, 15도, 15씩 돌아간다는 것이었다. 나는 그게 올리비에가 분석적이고 과학적인 연기를 한다는 뜻을 좀 과장해서 누가 그렇게 말을 만들었는지 어쨌는지는 잘 모른다. 다만 1960년대만 해도 영국이나 독일은 연극하는 사람들에게는 낙원으로 생각되었다. 우리 연극학과 학생들에게 스테이지 무브먼트를 강의하던 김유하 교수는 스웨덴에서 유학을 했는데, 그 하숙집의 주인 남자는 왕년의 무대배우였다. 종종 자기 집에서 친지들을 초대하여 〈햄릿〉 극 등 젊어서 하던 배역을 되살려 연극대사도 들려주어, 김 교수는 어깨 너머로 눈요기를 많이 했노라고 했다. 그렇게 한 동강 한 동강 서양연극 이야기 듣는 것이 연극 이야기에 목말라하던 사람들에게는 맑은 샘물 같이 받아들여졌다.

우수한 배우 로런스 올리비에는 귀족의 작위까지 받았는데, 그것도 주로 셰익스피어 극에 대한 공로를 인정받아서였다. 이런 이야기들은 연극을 사랑하고 동경하는 젊은이들에게는 복음福音이기도 했다.

지금 이 책은 셰익스피어에 대한 찬사를 나열하려는 책으로 보일지 모른다. 그러나 이 책은 그렇게 일방통행식의 찬사를 나열하려는 의도가 없다. 오히려 위대하다는 그 작가가 한국의 현대극에 어떤 영향을 끼친 것인지 알아보는 계기로 만들어야 한다고 믿는다. 그래서 셰익스피어의 위대성은 불가침의 것인가 생각해보려는 것이기도 하다. 가령 기업이나 전자제품에 대한 큰 꿈을 꾸는 사람에게는 빌 게이츠에 대한 모든 이야기가 복음처럼 들리기는 하겠지만 빌 게이츠가 그의 미래를 열어주는 모든 것일 수 없는 것과 마찬가지다. 다만 셰익스피어가 그것을 위한 하나의 과정인 것만은 부인할 수 없을 것이다.

모든 분야의 발전과 모험은 바로 그런 마니아들을 필요로 한다.

이것은 중요한 무엇인가를 생각하게 한다. 그냥 흐리멍덩하게 좋아하고 동경해서는 부족하다. 에베레스트가 저 위에 존재하고 있어도 그냥 높은 산 하나가 거기 있는 것으로 끝난다. 몸살하며 떠나고 싶어 하고 험한 산길을 신나게 올라가는 등산가가 있어야 한다. 그래야 저 높은 에베레스트는 정복된다. 또한 저 하늘의 새를 바라보면서 잠시 부러운 느낌으로 쳐다보는 것으로는 부족하다.

"새에겐 날개가 있고 내겐 날개가 없으니까, 새는 날고 나는 날 수 없는 것이야!" 하고 체념해버리는 사람들만 있었으면 비행기는 영원히 만들어질 수 없었다. 라이트 형제 같은 비행 마니아들이 거기 있었다. 그 결과 우리는 비행기를 타고 근사한 여행도 할 수 있게 된 것이다. 모든 분야에 마니아가 있다.

나는 1960년대에 20대 젊은이였고, 연극의 마니아였다. 나는 연극을 사랑하면서도 또한 시를 사랑했다. 나는 어떤 밤엔 대본을 읽고 대사를 암송하느라고 잠을 떠밀었다. 어떤 날은 새벽까지 시를 쓰느라고 잠을 밀어내기도 했다. 그러다가 20대의 중간에 병역의무 때문에 논산으로 달려가야 했다. 연극과 시는 스톱되었다.

그런데 나중에, 나라의 대통령을 지내던 한 사람이 "군대 가서 썩는다"는 표현을 써서 많은 남자들의 '부글부글'의 계기가 되기도 했다. 그 보도를 보고 34개월이나 '썩고 나온' 나는 한동안 할 말을 잃었다. '썩어?' 나는 입대 전에 명동 "카페 테아트르"에서 그 무렵 야심에 찬 무대배우 추송웅 씨로부터 "우리 극단 한번 같이 해봅시다!"라는 제안을 받았다. 그가 나와 함께 지명한 내 선배이자 친구 송성한 씨가 있었다. 아뿔싸! 송 씨는 36세에, 추 씨는 45세에 요절했다.

"셋이 한번 해봅시다!"라고 하던 추 씨의 음성은 아직도 내 마음 갈피에 남아 있다. 송 형과 나는 동국대였고 추 씨는 중앙대였는데, 그는 그런 학별도 염두에 안 두었다. 젊은 순수의 의기가 "찌르르"하고 통했다. 나는 지금도 그런 기회를 살리지 못하고 연극의 길을 가지 못한 아쉬움을 안고 있다. 나는 예민한 시심詩心도 잃고 같이 극단 한번 해보자는 근사한 제안도 군대에서 '썩느라고' 놓친 셈이다. 시와 연극, 이것은 나의 큰 명제였고 400년 전에 태어난 어떤 사람도 바로 시와 연극을 부여안았다! 나에겐 남모르는 훌륭한 고민이기도 했다. 그런데 이제 나는, 셋 중에 혼자 살아서 이 글을 기록하고 있다.

나는 군대에서 보낸 3년이 썩기만 한 것은 아니라고 여러 번 생각해왔다. 그중 매우 중요한 것은 바로 몸! 인간의 조건 중 몸이 차지하는 것이 매우 중요하다. 예수도 사람의 '몸을 빌려' 베들레헴에서 출생한 것을 깊이 새긴다. 나는 제대하고 혼자 산을 타기도 하며 운동을 열심히 했다. 군대에서 나는 내가 어쩔 수 없이 '잘 썩었다'고 생각한다. 일반적으로 썩는 것은 반생명적인 것인데, 그러나 썩음에서 모진 생명의 힘도 단련되는 것이라는 생각도 해본다.

뿌리나 나무의 그루터기는 죽음이 아니라 생명의 시작이다.

다시 본론으로 가자. 결론을 내자. 이번 막을 내리자.

셰익스피어는 물론 극작가로 큰 능력을 입증했으며, 유능한 소네트 시인으로도 알려졌다. 그런데 그가 극작가로 대성하려고 했다는 증거는 보이지 않는다. 그가 창작을 위해 대단한 취재 의욕을 바탕으로 유명한 사극들을 쓴 것은 무척 잘 알려진 사실이다. 그리고 재미있는 희극들을 포함한 37편의 희곡을 쓰는 과정에서, 자기도 모르게 작품 세계의 폭을 크게 넓혔다. 종종 창작 일에 몰리는 작가는 창작의 실제 과정 중에 무의식적으로 강박관념에 쫓기게 된다. 그래서 선의든 악의든, 머릿속이나 손에서 잘 풀리는 방향으로 나가는 일종의 관성의 법칙에 지배받는다.

극작가 셰익스피어도 극단 운영의 짐도 지고 일에 몰리다 보면 '이지 고잉easy going의 상태' 속으로 빠져들 수밖에 없었을 것이다. 그러다 보면 막연히 상상하며 찾던 출구가 보일 수 있고, 또는 평탄한 길에 들어서서 달리게 된다. 이 위대한 작가도 그런 상태 속에서 암중모색도 했을 것이고 크든 작든 오아시스 같은 것을 만나 쾌재를 불렀을 것이다. 문학사를 보면, 어떤 시인이 우연히 상스러운 단어를 쓰고서 의외로 시의 언어를 확장시켰다는 긍정적 평가를 받는 일도 있다. 바로 이런 식으로 작가 세계의 폭을 넓히기도 한 극작가가 셰익스피어인 것 같다. 〈햄릿〉이나 〈맥베스〉, 〈리어 왕〉 같은 비장의 극치 같은 드라마를 보다가 그의 희극들, 특히 로망스라고 지적되는 그의 희극들을 보면 때로는 한 작가가 썼다고 보기 이상할 정도로 다른 세계가 느껴진다. 그런 것까지도 좋다. 근친상간을 중요한 모티브로 나타내는 〈페리클레스〉에 이르면 거의 현기증이 날 정도이다. 중요한 것은 셰익스피어가 이러한 창작을 통해 새로운 가능성을 연극인들이나 관객들에게서 인정받고 자신감을 얻어서 '좀 더, 좀 더' 이런 극을 써나갔다는 것이다. 그런데 이런 드라마들의 대사는 거의 외설적인 느낌마저도 든다. 보는 이의 고리탑탑한 윤리의식 때문은 아닐 것이다. 관객보다도 극작가의 앵글이 너무 큰 변화를 보이는 까닭이다. 마치 소포클레스의 비극이 끝나기가 무섭게 아리스토파네스의 희극이 올려지는 것처럼 보는 이가 그 편차를 극복하기 어렵다.

비극과 희극은 일정한 미학적 거리를 갖는다. 그런데 셰익스피어의 작품은 그런 장치 없이 뒤죽박죽으로 주어지고 작품을 대하는 감상자의 입장에서는 당혹감을 어느 정도 스스로 이겨내야 한다. 연극에 깊은 소양을 가진 전문가는 그런 능력을 갖겠지만 그렇지 못한 사람들에게는 얼마간 블랙아웃 같은 결과가 올지도 모른다.

출판에서는 비극과 희극을 따로 편찬한 임기응변을 보이는 편집자도 있는데 극단의 공연자도 이를 참고할 수 있을 것이다. 종종 집필량이 많은 작가나 시인 중에서는 같은 서재 공간에서도 책상을 따로 하여 집필을 하는 이가 있다고 한다. 이것은 생산자의 경우에도 집필 대상에 따른 어떤 변화, 곧 심정적으로 어떤 멈춤 같은 것이 필요함을 감지하게 한다. 하기야 한편이 희극적 요소와 비극적 요소를 겸비하는 트레지코메디tragicomedy도 있긴 하지만 그건 상업적 드라마의 경우다.

그런데 우리는 그가 서재에서 유능한 작가였지만 연극인으로도 유능했음을 잊어서도 안 될 것 같다. 여기서 연극인의 유능이라 함은 무대 연기자의 능력도 있지만 그보다는 극단을 운영하는 유능한 경영자라는 점임을 강조해두고 싶다. 한국에서는 누군가의 표현을 빌리자면 "독립운동하듯" 지혜와 담력을 갖추어야 하는 게 연극인의 중요한 자질이 될는지 모른다. 연출가 이해랑은 한국전쟁 직후에 누구의 지원도 받을 수 없는 사정이기도 했지만, 그의 집을 팔아 연극을 했다. 그에게는 그 무렵 어린 아들 셋이 있었다. 그는 그런 이야기를 자랑스럽지도 않지만 부끄럽지도 않게, 그냥 담담하게 강의 시간에 말했다. 나에게는 그런 이야기가 스타니슬랍스키의 연출 이론 못지않게 중요하게 흡수되었으며 지금도 종종 증언하고 있다. 예술 그룹의 지도자는 그런 태도를 가져야 한다. 정부나 기업의 지원만 바라보는 이는 참 지도자가 아니다. 그런 희생적 용기가 없으면 개인적인 연구자나 창작자, 연주자가 되는 길을 가야 할 것이다. 20세기 미국의 대표적인 극작가 유진 오닐은 초기에 공연장을 빌릴 돈이 없어서 자동차 차고를 공연장으로 활용했다. 스티븐 스필버그는 그의 첫 영화를 차고에서 돌렸다고도 한다. 다행히 셰익스피어는 그런 지경까지는 안 갔지만, 당시의 명문인 케임브리지 대학엔 갈 형편이 못 되었다. 그리고 그의 창작물은 다행히도 케임브리지 대학을 으스대고 다닌 문인들보다 더 큰 평가를 받았다.

셰익스피어는 위대한 작가이지만 그 위대성은 영구한 것이 아니다. 알렉산더 대왕에게 불과 33년의 세월이 주어졌고 그 명성은 아직 이어져오고 있지만 빛이 꺼지는 일은 보장받지 못했다. 셰익스피어가 산 53년의 인생과 우리가 기념하는 그의 400주기 사이에 있는 것은 너무 긴 시간인지도 모른다. 앞으로 수없이 도전받을 것이다. 미래라는 시간은 인간의 완벽이나 승리를 우습게 여길 것이다. 또한 야심적인 연극인들의 도전이 무슨 반역처럼 일어날 것이다. 이 위대한 극작가는 그러나 어리석은 독재자가 옥좌를 몸부림치며 사수하는 게 추하다는 것을 잘 안다.

> 언젠가 죽어야 할 몸이었다.
>
> 이러한 소식을 한번은 들어야 할 것이었다.
>
> (중략)
>
> 꺼져라, 단명한 촛불아![5]

셰익스피어는 신앙인이었나?

많은 사람들이 셰익스피어가 무슨 신앙을 가지고 있었는지 궁금할 것이다. 그가 신앙인이었다면 가톨릭이었는가 프로테스탄트였는가? 또 그 신앙의 깊이는 어느 정도였을까? 중세 당시에는 악착스런 언론이 없었다. 당시의 매체라고 할 수 있는 극단이나 극장 등도 일반 관객이 궁금하게 여길 문제를 친절하게 소개할 무슨 이유나 방법을 갖지 못했다. 다만 훗날의 작가 연구의 관점에서 한 작가의 신앙생활은 무척 큰 의미를 갖기도 한다. 연구자들은 맥락을 찾아내려고 문헌 자료는 물론 현장을 추적하며 작가의 혈통상의 배경도 살피고 심지어 지리적 산천의 형세까지 살피기도 한다.

셰익스피어 같은 영향력 큰 작가의 경우는 신앙생활을 어떻게 했는가가 중요한 문제가 된다. 무슨 철자법 문제나 누구와의 교류 관계에서 어떤 영향을 주고받았는지보다 신앙 문제가 더 중요한 단서가 될 수 있다. 셰익스피어는 그가 기독교인이라는 교회의 유아 세례 기록도 확인되었다. 그러나 작가가 신앙생활을 어떻게 했는가는 또 다른 문제가 될 수 있다.

그가 기독교인이었다고 하더라도 애매한 점은 남는다. 확신에 가까운 생각을 가지고 있는 사람들이라 할지라도, 실제 생활은 신앙인의 태도를 지키지 못할 수도 있다. 이 극작가가 은퇴 생활을 누릴 무렵, 영문학사의 대 시인 한 사람이 태어났다. 존 밀턴이다. 그는 아버지가 아들을 사제로 만들고 싶어 할 만큼 독실한 크리스천 가정에서 태어났으며 그의 대표작은 〈실락원〉이다. 제목부터 신앙 시인임을 알려준다. 그는 평생 자기의 신앙에 충실한 삶을 살려 노력했다.

그에 비해서 셰익스피어는 자기의 신앙에 대한 확신을 나타내어 보이지 않는다. 오히려 그가 만년에 이를수록 삶 자체에 대해 회의적이거나 부정적인 태도를 취한 것으로 보인다는 연구도 보인다. 이런 해석은 그의 인생관이나 세계관을 주목하는 독자에게는 혼란스런 느낌을 주기도 한다.

독자들은 위대한 작가가 어떤 사상, 특히 어떤 신앙에 대해 어떤 태도를 보였는가에 대해 예민하다. 예술은 오락적 기능을 갖기도 하고, 따라서 예술에 오락적 욕구 외에 더 기대함이 없는 경우는 제외하고 예술의 높은 역할이나 기능을 기대하는 경우는 심각한 한마디 한마디에 의미를 부여하는 경우도 있다.

하나의 좋은 예가 있다. 도스토예프스키나 톨스토이는 19세기 러시아가 낳은 대표적 작가들이다. 그들의 특성은 중요한 신앙 문제에 대해 당당하게 탐구적 태도를 취하고 의연하게 자기들의 신앙의 언어를 내세워 말한다는 점이다. 톨스토이는 〈부활〉 같은 소설을 통해서 그의 신앙관을 잘 보여주고 있으며 〈참회록〉은 소설이 아닌 직접적인 술회 방식(자서전)으로 자기의 처참한 인생관과 세계관의 성립 과정을 말하고 있다. 도스토예프스키는 그의 장편소설 〈죄와 벌〉에서 살인을 저지른 라스콜리니코프를 용서하고 포용해주는 소냐를 통해서 용서와 화해가 무엇인가를 제시하고 있다. 또 〈카라마조프네 형제들〉은 러시아 정교회의 성직자들이 직접 등장하여 생생한 음성을 들려준다. 이 같은 도스토예프스키의 그리스도를 지향하는 고뇌와 결단의 모습은 곽승룡 신부(대전 가톨릭대 총장 역임, 신학박사)의 저서 《도스토예프스키의 비움과 충만의 그리스도》에 잘 드러나고 있다. 도스토예프스키의 그리스도에 대한 고뇌와 결단은 죽음의 선을 넘어서는 생의 체험과 그 체험을 헛되이 넘겨버리지 않으려는 진지한 결단이 있기 때문에 가능한 것이었다. 곽 신부는 '신학자들의 소설가'이기도 한 도스토예프스키의 본질적인 모습에서부터 작품들을 통한 형상화 과정까지를 아우르는 진지한 터치를 하고 있다.

> 무엇보다도 라스콜리니코프의 중심 사상이 있다. 즉 살인 행위는 허용된다는 것이다. 그가 행하는 커다란 반란의 하나는 혼자됨이다. 러시아어에서 라스콜Raskol은 분열을 의미한다. 라스콜리니코프는 그와 같은 사람들의 사회에서 이탈하여 정신적 구축에 대한 유혹으로 빠져들어간다.[6]

〈카라마조프가의 형제들〉에서 조시마가 드미트리에게 머리를 숙이고 인사하는 장면은 이 소설 첫 부분의 절정을 이루고 있다. 여기서 얻어낼 수 있는 시사점은 연장자가 고통에 머리를 숙인다는 것이다. 그러나 조시마의 조아림이 지니고 있는 진정한 의미는 그 자신의 말 속에 들어 있다. 그는 형제인 메르켈에게 다음과 같이 이야기 한다. "종과 주인이 있을 테지요. 그리고 또—, 우리 모두가 다른 사람들에게 너무도 많은 죄를 지었고, 난 그중에서도 가장 많은 죄를 지었소."[7]

19세기 러시아의 작가 도스토예프스키가 그렇게 진지하고 집요하게 종교적인 포즈를 취하는 데 비해서 셰익스피어는 왜 그토록 애매해 보이는 태도를 취하는 것일까? 그것은 영문학과 러시아 문학의 차이와 상관이 있는 것일까? 아니면 두 나라의 문화적 차이와 상관이 있는 것일까?

아무도 이 문제에 쉽게 대답하기 어려울 것이다. 그리 간단하게 답할 수 없고 복합적인 면이 있을 수도 있다. 적어도 한쪽이 다른 쪽보다 우월하다거나 하는 문제는 아닐 것 같다.

어떤 사람이 만년에 이르러, 또는 임종에 이르러 보이는 태도는 관심 있게 지켜보는 이들에게 결정적인 충격을 주기도 한다. 하나의 좋은 예가 있다. 독일의 대시인이며 소설가인 요한 볼프강 폰 괴테. 그는 당대의 기독교 교회에 껄끄러운 태도를 취한 듯하고 교회에 대해서도 냉담했던 듯하다. 그러나 그가 임종을 맞아서 "좀 더 빛을!"이라고 말했다는 작은 일화가 알려지자, 역시 그는 긍정적인 인생을 산 인간이라고 보게 된다. 그는 세속화된 교회에 대해서 비판은 하지만 하나님에 대한 신앙을 말소하는 예술가는 아니었다는 것이다. 그 반면에 단편소설의 3대 작가로 일컫는 모파상은 "세상은 역시 너무 어둡다!"라는 임종의 말을 남겼다. 이는 염세적이며 내내 어두운 톤의 자연주의 소설을 쓴 작가의 마지막다운 결론이며 그의 작품 세계가 추구하던 것과 일치된 결말을 보여주는 것이었다.

셰익스피어는 무엇보다도 그의 비극들로 강한 마스크를 보여준다. 그는 〈햄릿〉, 〈리어 왕〉, 〈오셀로〉 등의 압도적인 비극을 썼다. 젊은 세대를 끌어당기는 달콤한 사랑의 드라마 〈로미오와 줄리엣〉은 결국 비극이다. 그것은 한층 더 그를 부정적이며 비극적인 세계관을 가진 작가로 인식하게 만드는 측면이 있다.

여기서 흥미로운 이야기를 하나 해보자. 20세기 미국과 온 세계에 걸쳐 가장 많은 독자를 가진 것으로 알려진 어니스트 헤밍웨이가 1962년 엽총 자살로 끔찍한 죽음을 맞게 됐음에도 불구하고, 동서 냉전 시대인 당시 소련에서는 조기弔旗까지 내걸고 애도를 표했다. 그러나 그는 죽음으로 인해 심한 허무주의적인 작가관의 작가로 스스로를 단정 짓는 매듭을 보여주었다. 전기 작가에 의하면 그는 4번에 걸친 결혼 생활로 가정적으로도 불행을 겪었다. 이제 훌륭한 문학적 성취가 그의 궁극적 삶의 목적인 듯싶었다. 그런데 그는 쿠바 시민들이 따뜻하게 반겨도 그의 정신적 공허를 채울 수 없었다. 그는 자존심을 채워줄 위대한 작품을 쓰는 대신 현실상의 알콜 중독자가 되었다. 어린 시절 그의 아버지가 취한 자살 방법을 따랐다. 엽총 자살! 총탄은 그의 탐스러운 수염이 잘 어울리는 그 얼굴을 통째로 날려버렸다.

셰익스피어는 스스로 자기의 신앙에 대해 밝히지 않는다. 바로 이런 점 때문에 그의 가계 혈통상에 드러나는 아버지나 어머니의 신앙관 등을 살피게 되고, 전기 작가들은 그의 출생 당시의 동네 교회나 묘지까지도 살피게 된다. 연구자들은 작품의 초고도 곱씹어보고, 이 작품 저 작품 사이의 상관성을 따져본다.

아마도 이 작가가 죽음을 마주하고, 사람의 죽음을 자주 혹은 매우 많이 다룬 작가이다 보니, 그의 신앙관이 더 궁금할 것이다. 또한 수많은 연극이 무대에서 상연되었지만, "이 목숨을 부지할 것이냐? 아니면 죽을 것이냐?"라고 독백하는 경우는 아마도 그 전의 어떤 무대(연극)에서도 보여준 적이 없었을 것이다. 셰익스피어의 〈햄릿〉 이후에는 누구라도 그런 장면을 쓰고 싶어도 쓸 수 없이 되었으니, 앞으로도 그 점은 아주 셰익스피어가 독점할 것이다. 누군가 패러디 작품은 만들 수 있겠지만.

그 명작 〈햄릿〉에서 무대에서 중요한 역할을 한 인물들은 호레이쇼 정도를 제외하고는 모두 죽는다. 이 점은 덴마크 왕실이 아니라도 매우 유감스러웠을 것이다. 그 연극의 마지막 막이 가까워지면 마치 곡성이 들려오는 듯한 느낌에 빠지기도 한다.

햄릿: 어디 좀 보자. (해골을 손에 든다.)

아아, 요리크, 이 꼴이 됐구나! 호레이쇼 군. 나는 이 사람을 알고 있어, 어 참 무궁무진한 재담꾼이라, 기막히게 재미난 소리를 잘했건만, 줄곧 나를 업어주었지.[8]

햄릿 왕자는 그의 비극적 죽음에 가까이 이르러, 마치 무엇에 씌인 듯 묘지에서 이런 언행을 한다. 물론 이러한 연극의 진행은 작가 자신의 아이디어에 의한 것이리라. 그런데 이 같은 드라마의 진행 자체는 비범한 것이다. 햄릿을 여러 차례 본 관객은 이런 장면을 무심코 넘길지 모른다. 그러나 유심히 보면 주인공의 허무한 인생에 대한 '알아챔', 곧 감지感知 효과 같은 것을 느끼게 한다. 이는 연극 마지막의 끔찍한 장면에 대한 예고이며 작가가 인생에 대해서 갖는 통찰을 엿보게 해주는 것이다. 이 장면을 잘 본 관객이라면 마지막 장면의 찔리고 찔리는 칼부림, 그리고 독배를 이 사람이 마시고 저 사람이 마시는 혼란과 혼돈, 이런 모든 것이 의외의 사건이면서도 또한 받아들일 수밖에 없는 사실이라는 것을 인식하게 된다.

워낙 강렬한 비극작가로 알려진 경우기도 하지만 셰익스피어의 〈리어 왕〉이나 〈오셀로〉, 아니 〈로미오와 줄리엣〉 등 그의 명작들의 골짜기에는 비온 뒤의 숲속에 버섯이 솟아나는 것처럼 죽음이 피어난다. 그렇기에 여기서는 잠시 비극보다 죽음이 스며들지 못하는 연극을 다루어보고 싶다.

> 완전한 의미에서 셰익스피어가 자기를 발견한 최초의 극은 〈베니스의 상인〉이라고 생각되는데, 이것은 여러 면에서 새로운 출발점이 되었다. 머리가 나쁜 해설이 엇갈리게 하거나 지연시키게 할 뿐인 지겹기 그지없는 교실 수업으로 말미암아 이 위대한 극이 많은 현대 독자에게는 낡고 진부한 것이 되어버리고 말았다는 것은 얼마나 비극적인 불운일까![9]

셰익스피어의 많은 전기傳記가 있지만, 주인공 신격화의 전기에서 벗어나 비판적인 각도에서 다루어 본격적인 수준의 전기를 보여주었다는 평가가 그에게 붙는다. 아니라도 윌슨의 지적은 주의 깊게 들어볼 필요가 있다. 비슷한 보기가 우리에게는 이순신 장군 전기였는데, 어느 시기까지의 전기가 묘사하는 물도 안 먹고 이슬만 먹고 살며 인간적 고민도 않고 자나깨나 나라 걱정만 하는 모습엔 리얼리티가 있을 수 없다. 물론 셰익스피어가 탁월한 재능을 가진 것도 사실이지만, 이 〈베니스의 상인〉을 통해서 기독교 문화의 교양 속에서 인간적 성숙 과정을 거친 작가의 심성이라든지, 그에 대립되는 유대인의 의식이 어떤 것인지 생각하면서 셰익스피어를 이해하는 것은 매우 유익할 것이다.

오늘날도 유대인은 소수이지만, 국제사회에서 그들이 해내는 역할은 매우 크다. 역대 100년 동안의 노벨상 수상자의 약 3분의 1을 유대인이 차지하고 있다는 통계가 있다. 기초 과학에서 예술 분야에 이르기까지 각 분야에서 유대인의 활동은 대단하다. 미국의 닉슨 대통령 당시 국무장관 키신저는 핑퐁 외교를 통해서 중국의 문호를 열게 하는 등 동서 냉전시대를 종언시켰다.

그러나 유대인에 대한 많은 백인들의 태도는 쌀쌀하다. 대표적인 것이 히틀러 나치의 유대인 탄압이었다. 그것이 너무 심했기에 빌리 브란트는 독일 수상으로서 폴란드 바르샤바 게토 유대인 추념비 앞에 무릎 꿇고 사죄하기도 했다. 아무튼 백인 사회나 문화권에서 유대인에 대한 태도는 범상치 않은 것이 오랜 전통이었다. 〈베니스의 상인〉에서도 샤일록은 마치 백인들에게 억울한 박해를 받는 유대인들의 감정을 대리하는 듯한 인상도 있다. 반면에 백인들은 유대인에 대한 불신감이나 혐오감을 갖고 있는 것으로 보인다. 어디서나 민족감정이란 것은 움트고 종종 부정적 에너지로 작용하기도 하지만, 셰익스피어는 그 문제를 날카롭게 잡아 올리고 놀라운 플롯을 짰다. 그 플롯이야말로 극작가들이 모범 플롯으로 삼을 만한 무엇인가를 가지고 있다. 우리는 흔히 플롯을 말할 때 '예기치 못한 결말surprising end'로 유명한 소설가 오 헨리를 쳐들지만, 〈베니스의 상인〉은 그 모범으로 이야기될 만한 요소를 갖추기도 했다.

그러나 상상력이 아무리 뛰어난 작가라 해도 그 상상력을 통해 흥미롭고 추진하는 힘이 강한 플롯을 구성하는 것이 쉬운 일이 아니다. 연구자들은 셰익스피어가 당시의 한 흥미 있는 이탈리아의 소설에서 힌트를 얻은 것으로 추론한다. 게다가 원래 이야기에는 유대인 고리대금업자에게서 돈을 차용하는 이야기도 있다고 한다. 우리는 연구자들이 이 문제에 관해서 두 가지 텍스트를 비교문학적으로 연구했으리라는 신뢰를 갖는다. 그러나 지엽적 문제에 들어설 때 손해보는 것은 선의의 독자일 수 있다. 그런데 독자들은 저작권에 대한 당시 사회, 또는 문화 분야의 인식이 오늘날과는 달랐다는 점을 이해할 필요가 있다. 당시에는 저작권에 대한 엄밀한 권리 주장이나 보호 의식 자체가 미약했다.

셰익스피어의 다른 작품, 이를테면 희극 〈12야〉 같은 작품도 이탈리아의 어떤 작품과 유사성이 있다는 연구 결과가 있다. 아마도 요즘 같아서는 이런 일들이 저작권법에 저촉되어 개인 간에는 물론, 단체나 국가 간에도 큰 쟁점이 될 것 같다. 저작권에 대한 개념은 생각보다 늦게 정립되었다. 심지어 한국도 1987년에서야 비로소 국제적인 저작권을 보호한다는 의식과 관행이 일반화되기 시작했다. 그전에는 우리 출판계에서 매년 발표되는 노벨문학상 수상작에 대한 해적판을 누가 재빨리 출판하느냐 하는 창피한 싸움을 벌였다.

문헌에 의하면, 그 시대 영국에서는 극작품의 저작권을 극작가가 아닌 소속 극단이 갖고 있었다. 작가는 신작을 발표하고 한 번 사용료를 받고 말았다. 저작권 문제에 대한 이런 형편을 염두에 두는 게 합리적이다.

그런데 매우 놀랄 만한 일이 있었다. 셰익스피어는 그의 저작권 이상의, 그가 쓴 작품들의 모든 아름다운 명예를 엉뚱한 다른 사람에게 가로채일 뻔하기도 했다. 아마 그가 좋은 문벌이나 학벌을 가졌다면 처음부터 그런 기막힌 일은 당하지 않았을 것이다. 집요하다 싶게 여러 차례에 걸쳐 이 셰익스피어의 고결한 명예는 다른 사람에게 넘어갈 뻔했다. 이런 일들이 여러 차례 일어났는데, 불로소득의 기막힌 수혜자가 될 뻔했던 사람의 하나는 크리스토퍼 말로였다. 그는 당대의 이름난 시인이었고 극작가였다. 그런데 우리가 유의할 일이 하나 있다. 말로는 셰익스피어와 같은 해에 태어난 시인이고 너무도 유명한 셰익스피어의 명성을 가로채려 한 것도 아니다. 모두 당사자들의 사후에 일어난 일이다. 그러므로 지금 보면 사후에 호사가들이 일을 꾸며 일어난 소동이라고 볼 수밖에 없는 일이다. 그러나 이 호사가들 중에서는 집요하게 또는 거의 일생을 바치다시피 하며 달려든 경우도 있었다.

다시 말로 이야기다. 그는 인물도 준수하고 케임브리지 대학 출신이어서 자존심 강한 영국 사람들 중에서는 〈햄릿〉, 〈맥베스〉, 〈리어 왕〉의 작가가 말로라면 더 만족했을 이가 있었을 것이다. 그는 셰익스피어와 동시대에 런던에서 활동한 시인으로 평판이 좋았다. 그런데 이 잘생긴 시인에게는 문제가 있었다. 이 시인은 술집에서 자살했다. 더욱이 곤란한 문제는 그가 동성애자일 가능성이 있다는 점. 그보다 훨씬 뒤에 살았던 오스카 와일드도 동성애자라는 것이 밝혀져서 재판을 받고 감옥살이를 했다. 그 옛날에 기독교 국가에서 동성애자라는 것은 불법이며 치명적인 불명예였다.

가장 유력한 '셰익스피어라는 명성'의 탈취자 후보는 바로 프랜시스 베이컨이었다. 베이컨은 당대의 법무장관을 지낸 지명인사였고 과학자로서의 업적도 있었다. 셰익스피어라는 대단한 명작들의 저자가 되어도 좋을 만큼 박식하고 사회 경험도 풍부했다. 19세기에 델리아 베이컨이라는 여성이 이런 '썰'을 펴게 된 처음 모티브가 자신의 성姓을 보다 빛내기 위해서였는지 모르나, 거의 평생을 걸고 매달린 그녀의 노력은 꽤 주목을 받게 되었다. 그도 그럴 것이, 그녀를 도운 사람 중에는 랠프 월도 에머슨, 토머스 칼라일, 그리고 〈주홍글씨〉의 작가 너새니얼 호손 등이 있었다. 이 작가 지망생은 심혈을 기울여 셰익스피어의 저작들이 프랜시스 베이컨에게서 나왔다고 주장했다. 그런데 출판을 약속한 출판사는 "영국인들의 성스러운 신념의 하나에 대한 모독"이어서 그 책을 출판할 수 없다며 거절했다. 그 당시 영국인들은 셰익스피어를 이미 굳게 믿고 무척 떠받들고 있던 참이었다. 델리아 베이컨은 그 뒤 호손의 주선으로 1857년에 드디어 책을 내고 셰익스피어에 명성에 대한 도전을 했으나, 아무튼 그녀의 설득은 실패했고 그녀는 머리가 이상해져서 쓸쓸하게 죽었다.

한 인간이 이상한 목적을 위해 헌신한다는 것이 무엇인가를 생각해보게 한다. 그래도 월트 휘트먼, 헨리 제임스 등 저명 지식인들과 만나고 대화할 기회가 주어졌다는 것으로 우쭐댈 것인지?

베이컨 설을 마무리하려 한다. 이 세상의 각 분야 최고의 사람들이 모두 '아웃사이더'였다고 규정하여 세상을 놀라게 했던 책 《아웃사이더》의 저자인 평론가 콜린 윌슨은 다음과 같이 쓴 적이 있다.

베이컨 설이 성립되기 어려운 이유 하나를 제시해보도록 하겠다. 프랜시스 베이컨의 전기를 읽으면 그가 셰익스피어 극을 쓸 수 없다는 것이 누구에게나 인정될 것이다.[10]

에세이스트로 유명했던 프랜시스 베이컨은 대단한 출세주의자였다. 그 자신도 스스로 권력에 대한 욕망이 강하다고 말하는 사람이었다. 그가 당대에 영국의 내각에서 법무장관이 된 것을 보면 출세욕만이 아니라 능력도 갖춘 사람인 듯하다. 그러나 문제는 그가 출세했다는 점이 아니라, 비열한 행위로 출세한 점이다. 그를 아끼고 은혜를 베풀어주던 에섹스 백작을 모함해서 죽게 한 것이다. 엘리자베스 여왕을 정면에서 비판하고 논쟁을 사양치 않아서 뺨까지 맞았던 에섹스 백작은 베이컨 때문에 결국 사형을 받았다.

이와는 반대로 셰익스피어는 선량하고 온화한 성품의 사람이었다. 사실 천재 파스칼 같은 예에서처럼, 뛰어난 재능의 사람들 중에서 정직하고 성실한 경우는 적지 않다. 우리나라의 율곡 이이는 소위 아홉 차례의 장원 급제를 한 천재지만, 동시에 고매한 인격자였다. 그런데도 재주 있는 사람은 엄청난 이기주의자거나 패덕한이 많다는 설이 퍼져 있다. 허균은 뛰어난 재능의 사람이었는데 훗날 역적으로 처형되었다. 무엇보다도 왕조시대에 역적으로 사약을 받은 이가 온당한 인물평을 얻기는 어려울 것이다. 그래서 허균에 대해 인간적으로 '괴물', '패덕한'이라는 폄하된 평판도 많았으리라. 그런 것들이 모여 재주 많은 사람이 악덕하다는 이야기가 되었을지 모른다.

어쨌든 셰익스피어는 베이컨처럼 악행을 저지른 일도 없었고, 인간으로 성숙하고 온화한 신사라는 평판을 얻고 있었다. 이것이 중요한 점이다. 그가 아무리 천재적 문학인이라 해도 인간적으로 큰 결함을 가졌다면, 그가 쌓아올린 전무후무한 금자탑은 있을 수 없었을 것이다. 가령 소설 문학의 아름다운 방석에 앉아 있는 〈돈 키호테〉의 저자 세르반테스는 그의 중년기에 전쟁터에서 한 팔을 잃었다. 그런데 그는 그것을 일차원적으로 넘어서려 하진 않았다. 그의 소설을 보면 그는 오히려 풍부한 해학으로 이를 넘어서고 있다. 〈돈 키호테〉에서는 그 작가가 전쟁터에서 팔을 잃은 상이군인이라는 느낌이 전혀 없다. 인간적 성숙과 원만한 인생을 이루어낸 지혜로운 사람의 그것이다. 그가 이런 지혜를 어떻게 자기 것으로 하게 되었는지를 여기에서 말할 수는 없다.

다만 우리들의 윌리엄 셰익스피어도 원만하고 지혜로운 신사였다는 사실이 중요하다. 만일 베이컨 설이 승인을 받았다면, 영국 스트랫퍼드 어폰 에이번에서 올라온 배우 겸 극작가 셰익스피어의 불운 문제일 정도가 아니다. 그것은 인류 문화 전체에 해악을 끼칠 만큼 엄청난 정신적 가치의 혼란과 붕괴를 의미하는 것일 수도 있다. 역설적으로 윌리엄 셰익스피어가 온후한 신사였다는 것은 그 한 사람의 행운이 아니라 인류 문화에서의 아름다운 승리가 된다. 우리는 모차르트와 베토벤이 없는 음악, 미켈란젤로와 레오나르도 다 빈치가 없는 르네상스를 상상해보기도 어렵다. 소크라테스와 플라톤, 아리스토텔레스가 없는 그리스를 어찌 상상하겠는가? 셰익스피어는 "인도를 내줄지언정 셰익스피어는 내줄 수 없다!"고 한 토머스 칼라일이 아니라도 그가 있음을 감사하게 한다. 영문학과 연극의 역사상 최고의 천재가 일체의 업적과 명예를 박탈당하고 역사 뒤의 공백 속으로 사라진다면 그것은 얼마나 참혹한 일인가? 호사가들이 진실을 추적한다는 명분으로 벌이는 수수께끼 놀이는 의외로 심각한 죄악이 될 수도 있다.

그 대신 왜 그의 작품이 우수한지를 음미하고 곱씹어보는 일은 생산적일 것이다. 이야기하던 〈베니스의 상인〉으로 돌아가자.

잘 알려진 대로 샤일록은 돈 벌기에 눈이 빨개진 사람이다. 안토니오가 절친한 친구 바사니오를 위해 샤일록에게 돈을 차용하게 될 때 샤일록은 자기가 큰 행운이나 불운의 끈을 잡은 줄 몰랐을 것이다. 샤일록은 알려진 대로 유대인인 데다가 이름난 고리대금업자다.

안토니오는 불운한 해난사고로 계약한 부채를 갚지 못하게 되고 샤일록에게 압박을 받는다. 샤일록은 3000두카트의 빚을 돌려받고 배상을 받는 것보다는 유대인으로 비난받아온 그 동안의 불이익에 대한 활활 타오르는 나뭇단 같은 복수욕에 사로잡힌다. 평소 돈밖에 모른다는 평판에 휩싸인 그는 빌려준 3000두카트에 집착하는 게 아닌 것이다. 3000두카트보다 몇 배나 배상해주겠다는 제안에도 불구하고 돈보다는 안토니오의 살 한 파운드 베어내는 일에 목표를 둔다. 대부분의 등장인물들이 샤일록에게 계약서에 집착하여 살을 베어내는 일보다는 돈을 택하는 게 좋지 않느냐며 호소한다. 샤일록은 돈과 살 사이에서 갈등조차 않는다. 그는 살을 베어내겠다고 거듭 밝힌다.

관객들은 샤일록에 대한 미움으로 침도 꿀꺽 삼키고 그가 혹시 마음을 바꿀지 모른다는 작은 기대도 한다. 아마도 현대극에서 이 작품을 다루는 연출가라면 중간에 한 번만이라도 돈 쪽으로 기우는 모습을 보여 관객의 심리를 달래어 줄는지 모른다. 〈햄릿〉의 오필리아와 그 다정한 오빠 레어티스를, 원작과는 달리 근친상간적인 남매로 만드는 연출가(오오, 나으리!)라면 더욱이 융통성을 발휘할 것 같다. 그런데 법률에 대해 전문적 지식을 갖추고 있는 포샤는 위기에 빠진 안토니오와 안토니오의 절친이자 포샤의 연인인 바사니오를 돕기 위해 지혜를 내고 그 지혜를 실천하기 위해 동분서주한다.

'살 1파운드'에 철저히 집착하는 것은 유대인 고리대금업자 샤일록만이 아니다. 법관으로 변장한 포샤 또한 샤일록처럼 '살 1파운드'에 집착하고 유대인 샤일록에게 '살 1파운드'를 칼로 베어내되 피는 한 방울도 흘려선 안 된다고 오금을 박는다. 또한 살도 한 치의 오차도 없는 1파운드여야만 한다고 거듭 경고한다. 여기서 다른 등장인물들은 포샤의 지혜를 깨닫는다. 그라시아는 거듭 감탄하고 환호한다. 다니엘 같은 명판관이라고 예찬하기도 한다. "다니엘 같은 명판관"은 바로 샤일록이 써먹은 말이었다. 나는 구약성경에 보이는 솔로몬 왕이 두 연인 중에서 진짜 엄마를 가려내는 지혜도 훌륭하지만, 이 셰익스피어의 연극에서 문제 해결을 개운하게 처리해낸 포샤가 더 슬기롭다고 믿었다. 대단한 유대인 대금업자 샤일록은 입에 들어올 뻔한 10배나 되는 배상액을 먹을 기회도 잃었다.

이 연극의 중요 장면은 국정 국어교과서에 실린 적도 있었다. 나는 그때 읽은 감동을 지금도 어느 정도는 기억한다. 학교 교실에서 성우를 흉내 낸 학생들의 서툰 입체낭독으로도 포샤의 명쾌한 명판결이 선언되자, 학생들은 박수를 치기도 했다. 나는 그때 처음으로 '다니엘'이라는 이름을 알게 됐다. 지금 같은 스마트폰 시대라면 우선 인터넷으로 그 이름부터 확인했을 것이다. 구약성경에서 잘 알려져 있고, 지혜로운 솔로몬 왕 하면 연상되는, 아기 하나를 두고 쟁소를 벌이러 온 두 여인 가운데서 진짜 엄마를 가려내는 그 슬기 이야기보다도 〈베니스의 상인〉의 포샤가 더 큰 감동을 주었다. 그것은 포샤의 지혜 때문이지만, 분석해본다면, 연극적 전개라는 드라마의 '힘' 때문이었을 것이다.

연극은 조직組織의 힘을 갖는다. 이것은 미묘하다. 희곡은 혼자 쓸 수 있지만 그 희곡은 공연을 거쳐 연극 행위로 진행되고 완결된다. 여기에서 바로 연극 특유의 힘이 나올 여지가 생긴다. 셰익스피어의 극단은 9명 정도의 인원이었다고 알려진다. 극단을 대표하고 중요한 문제를 결정하는 셰익스피어는 여러 역할을 수행했겠지만 바로 그 자신도 극단 조직의 도움을 받아야 했다. 이는 바로 조직원 사이에 주고받음이 원만하고, 서로 화합과 협조가 잘 되는 조직체를 셰익스피어가 이끌었다는 확인을 하게 된다. 그가 평소 예절에 밝고 온화한 성품의 신사였다는 증언들은 그가 주변의 동료들을 잘 이끌었으리라고 짐작하게 한다.

공연만이 아니라 극단 운영도 원만히 돌아갔다는 것은 그 극단의 힘이 잘 조직화되어 있음을 말해주며, 연극 자체의 흡인력과 앞으로 밀고 나가는 힘이 크다는 것을 의미한다. 연극이 종합 예술인 만큼 거기 참여하는 조직원의 역할은 매우 중요하다. 그 일차적 역할은 바로 극작가에 의해 나타난다. 연극의 출발점은 바로 극작에 있다. 음악의 일차적 출발이 악상과 악보에 있는 것과 마찬가지이다. 연출자와 지휘자, 연기자와 연주자는 2차적 역할을 할 뿐이다. 여기에 연극의 강한 특성과 매력이 있다. 셰익스피어는 그 특성과 매력을 잘 터득했고 또한 활용했다. 그가 런던에 간 지 몇 년도 안 되어서 그의 고향 스트랫퍼드 어폰 에이번에 땅을 샀다는 것도 그가 극단을 잘 운영한 증거일 것이다.

포샤의 지혜도 〈베니스의 상인〉이라는 연극의 배에 실려가다가 폭풍과 암초를 만나고 그 위기에서 포샤를 통해 클라이맥스가 열리는 것이다. 연극 자체 또는 기승전결을 통한 여러 인력人力이 시너지를 일으키는 힘은 한 기술자의 평면적인 전달과는 다른 힘을 갖게 되는 것이다. 〈베니스의 상인〉에는 극작가 셰익스피어의 막강한 힘(필력)이 들어 있는 것이다. 그의 힘은 여러 배역에 의해 극장에서 수행되기도 하고, 출판물을 읽어가는 과정에서 작용하기도 한다.

나는 희곡이 멋진 연극무대에서 우수한 배우들과 연출력에 의해 전달되는 것과도 달리, 독서에 의해서도 잘 전달될 수 있음을 최근에도 확인하게 되었다. 곧, 이 〈베니스의 상인〉을 다루기 위해 책으로 오랜만에 다시 읽었는데, 큰 줄거리의 진행을 이미 알고 있음에도 불구하고 읽는 재미를 느꼈다. 비슷한 경험은 〈리어 왕〉에서도 있었다. 큰 줄거리 내용을 알고 있음에도 불구하고 새로 출판된 〈리어 왕〉을 새로 읽었다. 동국대 영문과 김 한 명예교수가 〈리어 왕〉을 새로 번역한 것을 보내주었고, 나는 〈리어 왕〉에 대해서 깊은 관심을 가졌기에 그 책을 읽었다. 희곡은 공연을 관람하는 것뿐 아니라 원작 읽기로도 성과를 올릴 수 있다. 가령 어떤 지휘자나 평론가가 한 작곡가의 신작을 악보로 우선 받아 읽고도 그 음악의 좋고 나쁨을 알 수 있는 것과 마찬가지이다. 여기서 하나의 여담을 하자. 프랑스의 어떤 유명한 연극배우는 배역 교섭을 받으면 우선 그 대본을 받아보고 먼저 자기가 입게 될 의상이 눈앞에 떠오르면 "OK!", 안 떠오르면 "I'm sorry"라고 했다고 한다.

어느 극단이나 공연이라도 원작의 대사 그대로 공연할 수는 없다. 연출진이 극단과 그 시절의 사정에 맞추어 어레인지한다. 특히 세익스피어 극처럼 대사량이 많은 경우에는 어레인지가 더 많아진다고 할 수 있다. 요즘처럼 러닝타임이 자꾸 짧아지면 셰익스피어의 유장悠長한 대사를 듣는 재미는 더 가위질당할지 모른다. 관객은 대체로 대본 원래 형태의 거의 절반 정도만 보고 듣게 된다. 이는 어쩔 수 없는 사정이다. 다만 능숙한 연출자는 커트한 부분이 별로 드러나지 않게 하는 솜씨를 부려야 할 것이다.

희곡이 공연될 때 잘려나가는 부분이 적지 않은 것이 아쉬운데, 이에 비해서 음악은 원래 작곡자의 소리를 거의 다 들을 수 있을 것이다. 그러나 오페라라면 다소간에 커트되는 부분이 있을 것이다. 연극에서는 셰익스피어만이 아니라 소포클레스나 헨릭 입센, 베르톨트 브레히트 등 그 어떤 대가의 작품이라도 연출자나 극단 사정 등으로 어레인지를 거칠 가능성이 많을 것이다. 그만큼 연출자의 몫은 커질 수밖에 없다. 원작자의 의도를 손상시키지 않으려는, 성실한 극단과 연출자를 선택하는 관객의 안목이 중요하다. 영국에서는 한때 셰익스피어의 작품만을 공연하는 셰익스피어 전문 극단이 존재했다. 바람직한 일이다.

그런데 공연보다는 희곡의 예술성을 중요하게 여기며 읽히기를 목적으로 집필하는 레제드라마도 있다. 영국인들이 셰익스피어에 너무 열중하자, 아마 약간의 시기심도 작용했겠지만 조지 버나드 쇼는 그의 희곡 〈인간과 초인〉을 쓸 때 어느 한 챕터는 공연 때 제외해도 상관없다고까지 했다. 그럴 거면 왜 그 챕터를 썼을까? 그가 필요 없는 챕터를 공연히 썼을 리야 없다. 다만 희곡을 읽으면서 공연이 아닌 독서만으로도 제대로 그것을 감상하고 평가할 수 있는 마니아들을 대상으로 썼으리라. 레제드라마는 괴테의 〈파우스트〉 같은 경우도 좋은 예가 될 것이다. 그냥 문장으로 읽기만 해도 좋은 그것이 곧 레제드라마 아닐까?

다시 본 줄기로 돌아가자.

⟨베니스의 상인⟩은 작가의 기독교 지식과 성향을 진솔하게 드러낸다. 이를테면 하나님과 사탄, 성직자, 기도 등에 대해서도 종종 말한다. 물론 등장인물을 통해서이고, 바로 그래서 작가 내면의 모습과 동일시할 수도 없지만, 그럼에도 작가가 그의 신앙관을 드러낸 것으로 보이기도 한다.

20세기 이후의 작가라면 얼마간의 구속을 받을 것이다. 영문학의 존 밀턴 같은 대시인, 러시아 문학의 톨스토이, 도스토예프스키 같은 대작가들이 특정 종교를 내세운 데 대한 반동일까? 20세기에도 더러 예외가 있긴 하다. 20세기의 큰 걸작으로 평가받는 장시 ⟨황무지⟩의 시인 T. S. 엘리엇은 그의 신앙을 굳이 숨기지 않았다. 프랑스의 대시인 폴 클로델, 철학자 가브리엘 마르셀, 작가 조르주 베르나노스 같은 사람들은 그들의 신앙을 숨기지 않았다.

그러나 큰 흐름으로는 저자의 신앙을 내세우지 않는다는 것이다. 물론 이것은 성문화된 법으로 규제되기 때문은 아니다. 그러나 법 이상의 법이 있는 듯하다. 방송 원고 집필자나 방송 출연자, 신문이나 잡지의 집필자는 "이건 무슨 규정 때문은 아니지만, 특정 종교를 폄하하거나 편드는 표현은 자제해주세요"라는 말을 듣게 된다. 이것은 검열 이상의 검열이다.

셰익스피어의 시대의 사회는 신앙생활을 별개로 취급하거나 감출 이유가 없었을 것이다. 당시에는 대개 한 나라 안에서는 같은 신앙을 가졌을 것이다. 셰익스피어는 극의 진행상 긴요한 경우가 아니면 신앙 문제를 드러내지 않는 매너를 지켰다. 그러니까 작품만 보면 작가가 신앙인인지 아닌지, 또는 무슨 신앙을 가지고 있는지 판단하기 어렵다. 이런 일은 무슨 결함도 결손도 아니다. 다만 그 극작가는 스스로의 판단에 따라서 예의를 중하게 여긴 듯하다. 그는 작품 진행에 부담이 되는 제스처를 배제한 것인지 모른다.

현대의 많은 작가나 시인들은 그들의 작품 속에서 신앙을 직접적으로 다루지 않는다. 대부분의 작가들, 시인들, 극작가들은 신앙을 표면에 내놓지 않았다. 반면에 어떤 예술가들은 자기가 무신론자임을 밝히고 신적인 것을 경멸하거나 반감을 드러내기도 한다. 이것은 프로이트 같은 대표적인 무신론자가 그의 성性에 대한 노골적인 탐구로 큰 호응을 받은 것과도 상관있는 듯하다.

이것이 마치 하나의 관습인 듯이 지켜지고 있다. 19세기 러시아의 대작가 도스토예프스키는 그의 주요 작품에서 주저 없이 기독교의 하나님 문제를 다루었다. 특히 그의 대표작 장편소설 〈카라마조프네 형제들〉은 주요 인물로 성직자들인 조시마와 알료샤가 등장한다. 대작가 톨스토이도 그렇게 했다. 그의 〈참회록〉도 그렇고, 장편소설 〈부활〉은 직접적이든 간접적이든 신앙의 힘으로 삶의 위기에서 구제받는 인간의 모습이 그려진다. 그런데 20세기 이후에는 문학에서나 다른 장르의 예술에서 내놓고 신앙을 주장하는 일이 점차 음성적으로 바뀌어가긴 했다.

셰익스피어가 기독교인임은 여러 심증으로 드러난다. 그러나 가톨릭인지 프로테스탄트인지는 분명하지 않다. 다만 그의 시대 시민들은 대개 프로테스탄트였으니까 그 집안도 프로테스탄트였을 것으로 보는 견해가 많다. 현대에는 이런 점이 작품에서는 분명하지 않아도 인터뷰를 통해서라도 노출되기도 하지만 19세기 이전에는 대작가나 유명한 예술가, 공인이라 해도 그런 일이 밝혀질 기회가 없었다. 그래서 연구자들이나 전기 작가들은 출생 신고서나 일종의 동적부 같은 것을 열람하고 혈통 중심으로 조사하기도 한다.

그런데 〈베니스의 상인〉은 눈에 뜨일 만큼 기독교 신앙이 몸에 배인 모습을 드러내는 듯하다. 이것은 유대인들이 단호하게 유대교에 대한 집착심을 드러내는 것에 대한 반대적인 자세일까? 혹은 정치권의 기독교에 대한 태도가 너무 강력한 것에 대한 은근한 반발일까? 당시의 영국 왕권은 신교와 구교의 갈등 사이에서 이쪽이든 저쪽이든 선호하는 태도를 정했고 그것은 나라의 시책으로 시행했던 것이다. 개인들이 가톨릭과 개신교 사이에서 자유롭게 선택할 자유는 없었던 것이다. 따라서 신앙생활에 대한 간섭이 너무 심해서, 그 반발심으로 신앙에 대한 애매한 태도를 취하거나 냉담한 입장에 서게 된 것일수도 있으리라.

헨리 8세는 개인적인 이해관계로 로마 교황청에 맞섰다. 왕실의 이런 입장은 온 국민의 신앙생활을 좌지우지했다. 셰익스피어의 어머니는 독실한 가톨릭 신자였는데 이런 이유로 셰익스피어도 가톨릭 신앙을 가졌다고 보는 학자도 있다.

셰익스피어가 그의 희곡에 신앙에 대한 더 많은 견해를 담지 않은 것은 혹시 정치적 음모나 참사에 말려드는 어리석음을 미리

피하려는 처신인가? 실지로 그의 시대에 뛰어난 인물이었던 에섹스가 정적의 음모에 말려들어 처형당하는 일이 있기도 했다. 누구보다 궁중 음모나 정치적 사건에 대한 취재를 많이 했고 정치적 상상력이 풍부한 그가 억울하게 목숨을 잃는 일을 당하지 않으려는 방어적 태도를 취한 것은 아닌가? 그의 온화한 성품도 사실은 난세를 안전운행하려는 일종의 처세술이었을지도 모른다.

오랜 시간 동안 셰익스피어에 대한 모든 것을 추적한 자넷 웨어는 이런 의문들에 대해서 꽤 그럴싸한 말을 던지고 있는 것 같다.

> 엘리자베스 여왕 시대에는 신앙 문제로 가족들이 프로테스탄트와 가톨릭으로 갈린 경우가 종종 있었다. 셰익스피어의 어머니는 독실한 가톨릭이었고 그의 아버지는 로마천주교에 기울어진 것으로 보인다. 그런 사정은 번성하는 사업과 정치적인 이력 쌓기에 갑자기 쏠린 사정을 설명해준다. 아마 그는 더 이상 자기의 신앙에 대해서 입을 다물고 있지는 못할 것이다. 만일 셰익스피어가 가톨릭 신앙을 선호했다면, 어쨌든 그는 몸조심하며 침묵을 지켜야 했을 것이다. 두 군주(엘리자베스 여왕, 제임스 1세)들이 총애하는 극작가는 세례받았고, 결혼했고, 성공회식의 장례를 치렀다.[11]

셰익스피어에
사로잡힌 영혼

그의 무엇이 사람의 영혼을 끌어당기는가?
말인가? 아니면 플롯인가?
평생토록 별 볼 일 없는 연극에 빠져서
"To be, or not to be" 따위 헛소리를 써댄
그 정신을 '장한 정신'이라고 고집해서인가?
여자든 권력이든 그 본질을 깊이 꿰어야 하는
그 슬기를 높이 평가한 것이냐?
아니면 극작에 오매불망 매달린 그의 끈기에다가
자기 분수를 지키고 벼슬 따위는 넘보지 않은 지독한 절제의 미덕
때문인가?

하긴 셰익스피어의 걸작 〈햄릿〉에는 이런 명장면이 있다. 폴로니우스 대신이 햄릿 왕자에게 묻기를 "지금 읽고 계신 것이 무엇이오니까?" 했는데, 햄릿은 답하기를 "말, 말, 말"이라 했다.

말, 말, 말.

셰익스피어도 평생 말에 매달렸다 해도 과언이 아니고, 또 어떤 독자들, 혹은 관객들도 바로 셰익스피어의 연극이나 글에 매달리고 빠져든다.

나는 셰익스피어의 흡인력을 생각하다가 시인 김정환을 연상했다. 시인 김정환이 셰익스피어에 매혹된 영혼의 한 사람이라는 것을 알게 된 것은 그가 열고 있던 문학학교의 소설 반에서 내가 강의를 하게 되고 그 학교를 떠나고도 한참 시간이 지난 뒤 같다. 그를 자주 만나던 때라면 폴로니우스 역을 한 적도 있는 내가 신이 나서 그 이야기를 떠벌렸을 것이다. 그랬더라면 더 좋았을 것을!

다음은 김정환 시인(서울대 영문과 재학 중에 운동(!)을 열심히 해서 국영 감옥을 자주 들락거렸다고!)이 어느 책에 쓴 대목에서 옮긴다.

> 어쨌거나 셰익스피어만큼은 고등학교 때 원어로 웬만큼 독파했던 것 같고, 그 여파로 영문과를 지망했다. 대학교 신입생 때 나를 사로잡은 것은 〈햄릿〉이었다. 〈햄릿〉에는 베토벤의 〈합창 교향곡〉 바로 그만큼 귀에 익고 들을 때마다 벅찬 감동을 안기는 구절들이 많지만, 역시 1막 2장. 어머니=여자=육체의 불확정성에 대한 햄릿의 섬세한 실망과 경악을 표현한, "오, 너무도 너무도 견고한 육, 녹아버렸으면, 녹아버려 한 방울 육이 되거라, 육신!"에서 "약한 자여 그대 이름은 여자!" 앞 뒤, 3막 3장, 스스로 광기의 바다에 내맡기기 전,

그리고 오필리아(와)의 사랑을 운명적 파국으로 몰아가기 직전 햄릿의, 심리의 격랑을 그대로 무대 언어화한 "죽느냐 사느냐, 그것이 문제다" 이후가 역시 나 같은 사이비 문학청년을 들뜨게 했겠다.[12]

내가 아는 김정환 시인은 고전음악에 대해 기독교 방송 HLKY에서 오랫동안 방송 해설을 밑이 진행할 만큼 전문적 소양을 갖추었다. 그리고 시인이자 소설가로서, 무슨 책이건 많이 쓰고 책을 자주 내야 직성이 풀릴 만큼 정력적이다. 그래서 종종 덩치가 좀 작은 발자크 같은 느낌이 든다. 그의 박학하고 폭넓은 지식 습득은 그 안목으로 볼 때 웬만한 문인들은 무식해서 상대하고 싶지 않을 듯하다. 실지로 잘 알려진 어떤 선배 비평가에 대해서도 "그 사람 참 무식해요! 음악도 모르고 미술도 모르고"라고 할 정도다. 그런데 실지로 그 사람이나 다른 사람들 앞에서 잘난 척하지는 않는다. 친절하고 겸손하기까지 하다. 그는 단체를 이끌기도 하고 술자리도 곧잘 어울린다. 그럼 그가 이중인격자인가? 우리 셰익스피어도 자기의 성질을 죽이고 속마음을 달래며, 온화한 미소로 잘 넘겼다고 볼 수 있지 않은가. 그러나 그것은 실력은 없이 얄팍한 처세술로 출세하는 것과는 다른 것이다.

다음의 말을 주목해볼 필요가 있을 것 같다.

소비에트가 망하고 다시 마르크스-레닌주의 문서를 상처의 문학으로 재검토했을 때, 나는 스탈린주의 문장이 마르크스의 신약성서적 문장을 구약성서적 문장으로 복고한 결과라는 점을 또 한 번의 상처로 깨달았다. 그러므로, 그리하여, 나는 셰익스피어의 〈햄릿〉 앞에 다시 서보았다. 햄릿은, 위의 인용된 구절만으로도, 세상의 모든 폐해를 자기 내부의 탓으로 돌리고 그 상처를 심화시키는 인간이다. 그러므로 그는 소심하거나 결단력이 부족한 인간형이 아니고 문학-예술적으로 적극적인 인간형, 아니 문학-예술 그 자체의 형상화다. (중략) 햄릿은 예술가 셰익스피어와 동일시되는 동시에 셰익스피어를 현대적이고 일상적인 인간으로 육화시킨다.[13]

내가 이 글을 여기에 소개하는 것은 그의 연극에 대한 관심보다는 셰익스피어라는 고전의 상당히 탐미적인 요소를 좌파적인 시각에서는 어찌 보는가를 보여주고 싶었기 때문이다. 물론 시인 김정환은 좌파를 대표하는 지식인이라고 할 수는 없다. 다만 좌파 운동을 했던 한 젊은이가, 대학 시절 감옥을 세 차례나 드나든 행동파적 뜨거운 가슴을 가진 이 시인이 생각하고 사랑한 셰익스피어를 떠올려 보기를 권하고 싶었다.

우리는 셰익스피어라는 고전이 좌파 운동권의 젊은 영혼의 가슴에도 무엇인가 심었다는 것에 주목하자. 그리고 좌파적으로 셰익스피어는 어찌 뿌리를 내리는지 한번 생각해보는 것도 무의미한 일이 아니다. 여기서 흥미 있고 암시적인 하나의 주제를 소개하고 싶다.

한때 사회주의 종주국으로 중요한 위치에 있던 소련에서도 셰익스피어는 살아 있었다. 곧 보리스 파스테르나크는 〈닥터 지바고〉로 노벨문학상 수상자로 지명되었으나, 옹색한 소련은 수상을 거부하게끔 파스테르나크에게 압력을 넣었다. 그렇게 옹색하고 답답한 러시아도 웬걸, 파스테르나크가 위대한 셰익스피어의 훌륭한 러시아어 번역자로 살게 해주었다. 그러니까 이 일화는 셰익스피어는 이데올로기를 초월하고 동서 냉전의 장벽도 뛰어넘고 있었다는 것을 보여준다.

셰익스피어는 400년의 시간을 뛰어넘어 우리 옆에 지금 살아 있다. 그는 강렬한 고전이다. 이데올로기와 피부의 색깔을 넘어서는 매혹적인 무엇을 본질적으로 갖고 있다.

비극작가의 희극의 가벼움

셰익스피어는 희극이건 비극이건 최고의 클래스에 자리한다. 나는 단정적인 말투는 피하고 싶지만, 나는 그가 비극작가로서는 단연 일급임을 말할 수 있다. 이렇게 말하는 것은 나의 편견일지 모른다.

그는 타고난 비극작가임을 믿는다. 그는 타고난 자기의 음색의 비극적인 톤을 갖고 있다. 이것은 바브 호프가 비극배우가 될 수 없는 것만큼 빤한 일이다. 그런데 셰익스피어가 코믹한 글을 쓰는 것은 가능하기야 하겠지만 타고난 비극작가인 만큼은 아닌 듯하다. 이러한 견해는 물론 과학적 방식으로 측정 과정을 거치는 게 아니라 감으로 말하는 것이다. 셰익스피어도 그의 대단한 걸작들을 쓸 때 과학적 실험을 거쳐 쓰는 것은 아니고, 예술적 센스로 썼을 테고 그렇게 하니까 좋은 장면들이 나왔을 것이다. 아마도 그가 비극작가로 압도적인 성공을 거두지 못했다면 오히려 희극에서 성공을 거두었을지 모른다. 그의 비극은 비극다움의 모든 요소를 갖추어서 앞으로 오랜 세월이 가도 이 극작가를 넘어설 작가는 배출되기 어려울 것이다.

비극으로 절세의 성공을 했기에 마치 그 여기餘技로 쓴 듯한 느낌이 드는 희극들은 그만큼 불행한 셈이다.

그의 희극들에는 비극과는 다르게 낙천적이며 목가적인 분위기가 감돌기도 한다. 연출가나 배우들이나, 아니 관객들까지도 그들이 보러온 연극에서 큰 권력을 가로채려는 음모와 칼부림이 없으리라는 믿음을 갖고 있다. 바로 이것이 희극이 보장해주는 프리미엄이다.

퀸스, 스너그, 보텀, 플루트, 스나우트 및 스타블링 등장

보텀: 다들 모였나?

퀸스: 됐어. 여기가 아주 제격이군 그래. 이 풀밭을 무대로 하고 이 산사나무 숲을 의상실로 해서 연습을 하면 아주 근사할 거야. 공작 각하 앞에서 하는 것과 똑같은 기분으로 해야만 돼.

보텀: 여보게, 퀸스!

퀸스: 왜 그러나?

보텀: 이 희극 〈피라모스와 티스베〉에 몇 가지 못마땅한 게 있단 말일세. 첫째 피라모스가 칼을 뽑아서 자살하는 장면인데, 이건 숙녀들이 싫어할 것 같네. 자네 생각은 어떤가?

스나우트: 그도 그렇긴 해.

스타블링: 그래, 사람 죽는 장면은 빼 버리는 것이 좋을 것 같군 그래.

보텀: 빼버리는 것은 문제없어. 그런데 아주 좋은 방법이 하나 있지. 그건 서사(序詞: 프롤로그)를 쓰면 된단 말일세. 서사에서 칼이 아무런 위험도 없는 것이라고 하잔 말일세.

그래서 피라모스는 절대 죽지 않는다고. 그걸 좀더 확실히 하기 위해선 이렇게 말하면 될 거야. 나는 직조공 보텀이지 피라모스가 아니라고. 이쯤 하면 부인네들이 무서워할 까닭이 없을 것 아닌가?

퀸스: 그렇게 하세. 서사를 쓰도록 말일세. 서사는 팔육조(8·6調)로 하지.

보텀: 아니 팔팔조(8·8調)가 좋을 거야.[14]

이 연극은 비극이 아닌 희극이며, 희극이지만 관객들이 칼에 대한 거부감을 느끼면 어떻게 하느냐고 걱정하는 대사도 보인다. 이 희극은 셰익스피어 당시의 연극 실정을 엿볼 수 있어서 흥미롭기도 하고 또한 당시의 무거운 비극 분위기에 비해 약간 촐싹거리는 희극의 분위기도 보여준다. 칼부림은 물론이고 사람 죽는 장면도 관객은 원하지 않는다. 한동안 한국의 TV 시청자들을 사로잡은 드라마의 수퍼스타 작가가 있었다. 안방극장의 주요 관객이 끌릴 대사를 구사하는 이 작가. 이 인기 작가는 그 인기 덕분에 드라마 제작의 왕인 피디들도 이 작가를 좌지우지하기는커녕 거꾸로 좌지우지당했다는 소문이 나돌았다. 워낙 오랫동안 TV 시청률 경쟁을 높이는 그 작가가 마술을 부렸으니 어쩔 수 없는 일이었다. 이 드라마 작가는 소설가로 인정받고 싶어서 그런 시도를 해본 일도 있지만 문예지에서는 그 작가의 마술이 통하지 않았다. 나는 그 작가의 마술을 부정하지는 않는다. 그것은 나쁜 일도 아니었다. 그런데 나는 그 마술이 바로 셰익스피어 희극의 대사를 연구하여 얻어낸 특유의 기술이라는 심증을 갖게 되었다. 셰익스피어의 대사는 종종 멋있고 기억력이 좋은 사람은 외워두고 싶을 만큼 근사한 면이 있다. 그런데 실은 그만큼 현실 속에서는 잘 사용되지 않을 대화에 속한다. 그 인기 많은 TV 작가의 화술이 듣기에는 재미도 있지만, 누가 그런 식으로 현실 속에서 그대로 써먹으면 이상하게 보일 것이다. 그러나 드라마 속에서 그런 말을 하는 것은 용납도 되고 멋있는 것이다.

셰익스피어의 드라마는 부대 위에서 멋있고 대단한 것이지만 실은 비현실적이다. 특히 그의 희극들은 더욱더 비현실적이다. 〈베니스의 상인〉 같은 일이 실지로 현실 속에서 벌어질 리가 없다. 그리고 〈한여름 밤의 꿈〉에는 요정들이 등장한다. 한국인들은 요정nymph을 이해하는 게 쉽지 않다. 아니 서양의 현대인들도 요정을 잘 이해하는 경우는 많지 않을 듯하다. 그리스나 로마의 이야기(신화)에나 등장하던 것이니까. 그런데 그의 희극엔 요정이 종종 등장한다.

셰익스피어의 비극이나 사극에는 왕이나 왕비, 왕자, 고위관료, 귀족들이 주로 등장한다. 그런데 그의 희극에는 친근한 서민들, 보잘것없는 직종의 사람들이 자주 등장한다. 참고로 희극 〈한여름 밤의 꿈〉의 등장인물들의 직업을 살펴보면 퀸스는 목수, 보텀은 직조공, 플루트는 풀무장이, 스나우트는 땜장이, 스너그는 가구공, 스타블링은 재봉사다.

이들의 직업은 민주주의 시대의 가치관으로는 귀천이 따로 없으니 문제될 수는 없다. 다만 그 작가가 〈한여름 밤의 꿈〉을 쓰던 당시의 기준으로는 사회의 바닥에 있는 민초들이라고 볼 수 있다.

아마도 이런 연극 장면은 심각한 진통 끝에 쓰이지는 않았을 것 같다. 맞다. 게다가 그는 별로 퇴고 같은 것도 않고 스적스적 휘갈겼을 것이다. 그 시대에는 타자기도 없었고 물론 컴퓨터도 없었다. 아마 대필하는 견습생이나 제자도 없었을 것이다. 여기 보기로 든 한 장면을 가지고 이러쿵저러쿵하는 것은 온당하지는 않다. 아무튼 셰익스피어는 오늘날 그가 누리는 명성을 고려할 때, 그리 호강스러운 생활을 누렸을 것 같지는 않다.

그의 희극은 그 당시 엔터테인먼트의 기능을 담당하기엔 매우 적절했을 것 같다. TV는 물론 라디오도 없었고 스포츠다운 스포츠도 없던 시대. 비극보다도 희극은 일반 관객을 더욱 즐겁고 재미있게 했을 듯하다. 서민층은 연극을 보러 극장에 가는 게 무척 좋은 일이었을 것이다. 내가 어린 시절 서울 성북구의 동도극장에서 영화나 악극, 정통극을 보는 일은 얼마나 근사하고 재미있는 일이었던지! 그리고 그보다 더 오래전(한국전쟁 이전) 시골 읍내의 노천극장에서 〈발 탈 공연〉(사람의 발에 작은 탈을 씌우고, 웃는 소리로 대사를 하며 공연을 한다)을 하면 사람들은 잔뜩 모여들었다.

그러니까 셰익스피어 당시의 엘리자베스 1세나 제임스 1세 왕들은 그들 자신의 기호도 있겠지만, 오늘이나 내일이나 별 즐거움 모르고 사는 불쌍한 백성들에게 하나의 시혜로서의 연극의 큰 의미를 알고 후원했음직하다. 셰익스피어가 연극에 보람을 걸고 자기의 삶을 온통 바친 것은 단순히 자기의 재능을 즐거이 발휘하는 것 이상의, 봉사적 의미를 생각해볼 수 있다. 혹시 그가 참 기독교인이었다면 '봉사'나 '재능나눔'을 은연중 깨닫지 않았을까?

그는 희극보다는 비극에 천분이 있었으나, 희극에도 많은 할애를 했고, 이 희극 쓰기를 통해서 새로운 성취감도 얻었을 것이다.

그는 자의로 할 수 없는 것이기는 해도, 태어난 시기가 좋았고 그에 맞추어 좋은 직업을 갖게 된 듯하다. 앞의 문장은 필자가 일부러 그렇게 써본 것이다. 임의로 태어날 수 있는 일은, 하나님의 아들 아니고선 할 수 없는 일 아닌가?

아무튼 셰익스피어는 우선 르네상스 시대에 태어나는 행운을 맞았다. 그리고 연극을 아끼고 후원하는 왕을 두 차례나 맞았다.

잠깐, 그것만이 아니다. 1576년, 그의 소년 시절에 없던 것이 새로 생겼는데, 그것이 처음 생겨난 극장이었다. 그가 태어나기 전에는 극장이라는 것이 있지도 않았다. 그러니까 그는 되게 시운時運이 좋은 사람이다. 그러면 그는 운만 좋아서 모든 게 잘 된 사람인가? 절대 그렇지 않다. 그는 그런 좋은 시운을 내버려두지 않고 적절히 활용했던 것이다.

그는 새로 생긴 극장을 자기 것으로 만들기 위한 준비를 했고, 열심히 한 결과 눈에 띄는 존재가 되었고, 당대 엘리자베스 여왕의 주목을 받게 된 것이다. 그 결과는 제임스 1세에게 자연히 이어졌다.

> 셰익스피어 또한 자신에 대해서 다음과 같은 곤혹스런 질문들을 던졌을 법하다. 자신은 대중극장에 보급할 극을 써준 대가로 극단으로부터 지불받을 임금을 위해 작업하는 한낱 일꾼에 불과한 것 아닐까?[15]

이 저자는 마치 극작가 셰익스피어의 속마음을 읽은 것처럼 쓰고 있다. 극작가는 그가 천재라 하여도 자기가 하는 일에 회의가 없을 수 없을 것이다. 이미 이 글에서 인용한 〈한여름 밤의 꿈〉에도 나오는 이야기이지만, 극작가는 자기 뜻대로 쓴다지만 그것을 와서 보아줄 민초 또는 관객들의 마음을 철저히 자기 마음속에 품고 있어야 하는 입장이다. 소신을 가지고 쓴다고는 하지만, 작가의 마음 속에는 '갑'인 관객이 있고 그는 '을'인 작가인 것이다.

다만 그가 비극을 쓸 때는 좀 더 작품에 깊이 젖어들어가고 벽에 부딪히는 듯할 적엔 자기 본래의 소리를 내며 곧 자기의 스타일로 돌파해나가게 된다. 그러나 코믹한 작품은 깊이 젖어들어가는 과정보다는 그저 그때그때의 분위기에 임기응변적으로 마주치며 대응하는 게 좋다. 셰익스피어가 마주치는 희곡 집필의 조건은 그리 고상하며 근사한 경우는 아니었던 것으로 보인다. 여기서 글의 객관적 진행을 위해 김 한 명예교수(동국대 영문과)의 표현을 또 한번 인용한다.

> 당대 연극 제작의 실제적인 현실들은, 극들이 "커미션을 받고 쓰인 흥미꺼리 제품"으로 정의되었던 것이 사실임을 뒷받침해준다. 당대에서 극들은 "합작에 의해 하나로 묶여, 특정 배우들의 기호와 스타일에 따라 형성되어, 극장에서 끊임없이 변화를 거쳐갈, 상연과 함께 소모되어버릴" 한 소모품이기도 했다. 이 극들의 존재 의의란 "공작님들과 대사님들과 신사분들, 선장님과 시민 여러분, 도제들과 부랑자와 갈보들, 양복장이와 함석장이와 가죽장이들, 선원과 노인들과 젊은이들, 여인네들과 소년 소녀들"의 기호를 한순간 즐겁게 해줄 수 있는가에 달려 있었던 이상.[16]

김 한 교수가 인용하는 이 글은 쓴웃음을 머금게 한다. 극작품을 흥미거리 제품이나 소모품이라고 하는데 명색 작가로 살아오는 내가 즐거울 리가 있을까? 그러나 화를 낼 수도 없고. 웃자, 웃자꾸나. 그러나 그것은 '쓴웃음'!

셰익스피어의 시대 극작가들은 머리 들고 살기가 어려웠을 것이다. 그런데 놀랍다. 영국의 지난 1000년에서 가장 빛나는 영국인 한 사람을 꼽으라는 언론기관의 앙케이트에 많은 영국인들이 고른 사람은 바로 그 천덕꾸러기 같던 셰익스피어! 그저 감동적이다. 왕이나 장군, 정치가 과학자가 아닌 극작가. 여기서 탄생 400주년, 또는 서거 400

주년에 그를 기념하게 되는 그 진정한 가치를 알게 된다!

그리고 우리는 그런 악조건 가운데서 회피하거나 직업을 바꾸지 않고 꾸준히 외길로 정진한 그 극작가에게 새삼스런 경의를 표하게 된다. 그가 그 시대에 직업을 바꾸었으면 우리는 그의 걸작들을 전혀 볼 수 없었으리라! 이건 마치 모차르트나 베토벤이 안 태어나거나, 오선지에 악보를 쓰지 않았다고 상상하는 것 같은 노릇이다.

김 한 교수의 책에서 인용된 상황(극작품이 한낱 제품으로 여겨지고, 아무거나 우습고 그저 재미만 있으면 된다는 오합지졸 같은 관객들 앞)에서, 한 번 쓰고 버리는 소모품이 아니라 수백 년을 살아남은 작품을 만들어낸 그 극작가. 이 사람이 바로 셰익스피어이다.

그는 우선 그 관객들의 심판을 받고 살아남지 않으면 안 되었다. 그러기 위해선 아마도 비극보다는 희극이 합격 도장 받기가 쉬웠을 것이다. 그의 〈한여름 밤의 꿈〉은 그저 하루 저녁 극장의 웃음거리가 되고 난 뒤에 사라져버릴 작품일 수도 있었다. 그런데 살아남았다. 역설적으로 이것은 그의 비극의 힘으로 살아남았을지 모른다. 이 이야기는 그가 처음부터 희극만 썼다면 그 희극들은 그냥 사라지는 운명이었을지 모른다는 뜻이다. 그만큼 그의 모든 것들이 비극으로 버티게 된 것일 수가 있다. 그리고 비극들이 있기에 셰익스피어는 버라이어티 풍부한 작가, 인간 삶의 희노애락에 균형적인 통찰을 보낼 수 있는 작가로 통하게 된 것이다. 그렇다고 해서 이 글이 그의 희극들을 폄하하려는 것은 아니다. 다만 그의 깊고 울림의 폭이 드넓은 비극 작품들은 그의 희극들에까지 더 깊은 맛을 주고 있다. “수양산 그늘이 강동 팔십 리를 간다”는 말처럼, 셰익스피어 비극의 참맛이 그의 희극의 격을 높여 주는 것으로 보인다.

위의 주장은 물론 하나의 가설이다. 그런데 이것이 섣부른 생각일까? 여기서는 하나의 지렛대를 제시하는 것으로 멈추자. 셰익스피어의 비극이 지나칠 만큼 깊음에 비해서 희극은 상대적으로 너무 가벼워보인다. 이것을 말하고 싶다.

〈햄릿〉이 존재하는 방식

친일親日 지식인, 자숙自肅하던
셰익스피어 번역·연구가 최재서

"〈햄릿〉이 덴마크의 왕자인 줄은 몰라도, 셰익스피어의 〈햄릿〉인 줄은 알 것이다." 이렇게 말하는 것은 "공연도 안 보고, 작품도 안 읽었어도 셰익스피어와 햄릿의 이름만은 알더라"라는 뜻이다.

안다는 것은 좋은 것이다. 아니, 좋은 것이라기보다 귀한 것이다. 귀한 것은 쉽게 내 것이 되지 않는다. 귀한 것은 설령 한 나라 왕자라 해도 노력을 함으로써 갖게 된다. 바로 햄릿 왕자는 많은 독서를 했고 귀한 것을 많이 지녔다. 그러나 대학생들, 그것도 예술대학 문예창작과 학생들이 셰익스피어를 읽은 적 없고 공연도 본 적이 없다면 무척 실망하게 된다.

"〈햄릿〉은 안 읽어봤다 해도 그 제목 들어보기는 했겠지?"

교수의 말투가 아예 애원조에 가깝다. 그래선지 "〈햄릿〉이란 제목은 알지요"하고 두어 명이 고개를 끄덕인다.

"여러분은 책도 보기 싫어하고, 공연 보는 것도 싫으면 영화라도 보세요. 마침 〈셰익스피어 인 러브〉가 영화관에서 요즘 상영

중이니 가보세요. 그 영화 재미도 있고, 셰익스피어 이야기도 좀 알 수 있어요."

학생들에 대한 나의 간절한 타협안은 고작 그 정도였다. 어차피 시대적 풍조가 고전에 관심을 안 갖는 판이니, 학생들 흉보는 일은 그만두고 햄릿 이야기로 가자.

> 궁정宮廷의 눈이요, 학자의 입이요, 무인의 검이요, 국민의 기대요, 나라의 꽃이요, 풍속의 거울이요, 예절의 모범으로서 만인이 우러러 보던 그 높으신 정신.[17]

햄릿을 사랑하는 오필리아의 눈에 비친 햄릿 왕자의 모습이니 좀 미화되긴 했을 것이다. 가여운 오필리아, 연인의 까닭 모를 변심으로 미칠 듯한(결국 미치고야 마는) 오필리아. 그녀가 알던 햄릿의 근사하게 미화된 모습을 절반으로 깎아도 끼끗한 청년이다.

셰익스피어의 〈햄릿〉은 그의 비극들 중에서도 가장 잘 알려 졌는데, 2004년 2월 15일 동아일보 보도에 따르면 최재서 교수의 번역이 그 시점까지의 영문학 고전 번역물들 중에서 "가장 좋은 번역서"로 선정되었다. "영미문학연구회"는 8·15 광복 이후 2003년까지 출간된 영미문학 고전 번역본 573종을 대상으로 평점을 매기었다. 그 선정 기준은 첫째, 원문에 대한 충실성, 둘째, 번역된 우리말로 읽을 때의 가독성을 주로 했다. 이 평가는 소장학자들이 최재서 교수와는 우선 연배 차이가 많아서 서로 이해관계, 또는 어떤 인적 관계로 연결되는 등의 편견이 없으리라는 신뢰감을 갖게 한다. 이에 대해서도 관점에 따라서는 다른 의견이 있을지 모른다. 그런데 이 조사에서 예상치 못한 다른 문제점이 드러나기도 했다. 어떤 역자는 이전의 다른 출판물을 베끼다시피 한 것이 드러난 것이다. 이런 문제는 출판 일선에서 종종 발생한다. 바로 이 같은 문제점을 극복하기 위해서도 충실한 작업이 빛을 보게 해주는 것은 의미 있는 일이다.

최재서 교수는 한국의 출중한 셰익스피어 학자로 알려져왔다. 셰익스피어에 관한 그의 논문이 일제강점기 당시 영문으로 국제적으로도 소개되었다고 한다. 그의 《햄릿》(정음사, 1961) 번역본과 평론 및 《햄릿》(올재, 2014)에 실린 해설문과 논문 〈셰익스피어 비극의 개념〉을 읽으면 그의 깊은 셰익스피어 이해를 접하게 된다. 이 논문은 시간이 많이 흐른 시점에서도 낡은 느낌이 들지 않는 듯하다.

나는 1958년에 고교생들로 구성된 작은 문학 서클에 들었다. 10여 명의 남녀 고교생들이 두 번인가 중구 정동의 한 우유 홀에서 모였는데, 대개 주머니 사정이 어려워 거듭 우유 홀에 모이는 게 부담스러웠다. 그때 회원 고위공(서울고 재학, 나중에 홍익대 독문과 교수 역임)의 제안으로 필동 소재 그의 외삼촌 댁 사랑방에 모이기로 승낙을 받았다는 거였다. 우리는 반갑게 그 집에 가서 모였다. 작은 놀람이 우리를 기다렸다.

우선 그 사랑방이 예사로운 사랑방이 아니었다. 크지는 않으나 동그란 원형의 방이었다. 그다음엔 고위공이 방 주인에게 인사를 하자고 해서 안채로 들어갔을 때 일이다. 주인은 낮인데 이부자리에 누워 있다가 일어나 앉았다. 그가 문학비평가이며 영문학자인 최재서 교수였다.

그는 어딘가 아픈 몸으로 누워 있던 참인데, 면도를 안 해서 무슨 중환자로 보였고, 그의 내복 바람의 몸은 더욱 수척해 보였다. 그는 어디가 어찌 아프다는 이야기는 하지 않았다. 그리고 우리들이 문학 소년들인 것은 알았겠는데, 문학 이야기는 하지 않았다. 다른 친구들은 모르겠으나, 나는 그가 고명한 문인이라는 것은 전에 학교 도서실에서 읽은 그의 문학개론서 때문에 이미 알고 있었다. 그러나 나는 아는 척은 하지 않았다.

"내가 명색이 영문학자인데 지금 보여줄 것도 없군. 그래도 마침 여기 있는 이 책들은 브리태니커 백과사전인데, 아마 지금 한국에는 한 질을 제대로 갖춘 경우가 거의 없을 거야."

그러나 모두 그 어른이 어렵게 생각되어, 그 책들을 펼쳐 본다거나 질문을 하지는 못했다. 더욱이 그분이 병환 중이라서 잠시 뒤 그 방에서 조용히 물러나왔다. 혹시 내가 〈맥베스〉든 〈햄릿〉이든 훗날 공연할 인연이라는 것을 알았으면, 나중에라도 따로 여쭈어 볼 수 있었을지 모를 일이나.

그는 소위 친일파 문인으로 분류된다. 내가 학자 최재서에 관해서 더 알게 되고 매우 서운했던 것은 그의 친일 경력인데, 우리 사회가 당시에는 친일파에 대해 행적을 따지고 삿대질하는 사람도 없는 때였다. 그런데 나는 친일파 일을 생각할 때는 최재서 교수 일을 떠올리곤 한다. 그는 대학에 몸담기는 했지만 그 점 외에는 사회적으로나 문학적으로 여러 사람 앞에 나선 것을 한 번도 보지 못했다. 이부자리에 그냥 누워 있었던 것으로 보아 그는 심한 병중이었으리라. 하지만 그 당시의 우리 사회 분위기는 병이라 해도 집에 누워 지내면서 한약이나 달여 먹는 정도였다.

그런데 나에게는 수염을 깎지 않은 최 교수의 얼굴이 지금도 종종 떠오른다. 위축된 삶의 모습이다. 조용히 가만가만 이야기하고 말없이 하루를 넘기는 그런 생활이 평상적인지도 모른다. 그때 그에게는 '자기를 삼가게 하는' 그 무엇이 작용하고 있었던 것은 아닐까? 우리 사회에는 친일파라고 공격당하는 이들이 적지 않았는데, 그들이 자숙한다면 어떤 모습으로 지내는 것인가? 그 시각적 영상이 내게는 잘 떠오르지 않았다. 어쨌든 내가 한 번 본 최 교수의 그 모습은 마치 하나의 판화처럼 내 가슴 속에 인상적으로 깊이 새겨져 있다. 그 뒤 공식석상이나 사회적 활동의 자리에 그가 나선 것을 본 적이 없기 때문에, 그 판화는 한 번도 수정될 기회가 없었다. 굳이 말한다면 그의 셰익스피어 연구나 〈햄릿〉 번역이 연극학도인 나의 눈에는 예사롭지 않게 보였다는 정도.

최재서 교수의 번역이 아니라도 셰익스피어와 〈햄릿〉은 앞으로도 우리 연극계와 영문학계에 온존하고 건재하리라. 그래서 이 자리가 특정인의 행, 불행을 이야기하는 자리가 되기를 원하지는 않는다. 지난날 우리 역사에는 국난의 어려운 시대를 맞아 수많은 학문의 귀한 재목들이, 또는 예술상의 수재들이 그들의 재능을 제대로 발휘해볼 기회도 없이 사라져갔다. 또는 〈서유기〉의 손오공이 천방지축 까불다가 혼나게 되었다는, 엄청나게 큰 돌덩이에 눌려 500년간 그 무게를 감당하며 벌을 받는 식의, 누군가의 인간적 변호 한번 없이 형의 집행을 받아야 하는 그런 경우를 안타깝게 여긴다.

최재서 교수는 애당초 학생 때 그의 영어 성적이 너무 뛰어났던 것이 죄의 단초였을지 모른다. 그러나 그가 정신이 잘 박힌 청년이라면 일본 유학의 유혹을 단연코 뿌리쳤어야 했다. 그런데 그는 일본 유학 제안을 받아들였다. 그는 민족의 역사 앞에 유죄다. 그리고 그는 그 이후의 모든 불이익을 받아들여야 한다. 그는 역사나 민족의 존재를 알고 존중했어야 했다. 그는 눈앞의 답안지에 수재로서 똑똑한 답안을 작성했지만, "역사라는 제4심第四審이 있다는 것"은 생각지 못하였다. 그는 오랫동안 불명예의 형을 감수해야 한다.

다만, 나는 60세 가까운 명교수가 낮에도 이부자리에 누워서 가졌던 그 상념을 알지 못하지만, 그의 모습이 한 불행한 시대를 겪은 어느 지식인의 회한 많은 모습은 아니었을까 하고 생각한다. 지금도 그 시절을 목격한 소년으로서. 그의 비극적 모습을 덴마크의 왕자 〈햄릿〉의 극단적 불운에 오버랩하면서 이 실화를 오늘의 젊은 햄릿(들)에게 들려주고 싶었다.

영국인들에게 내린 축복

영국인들은 영국의 시인 초서에게 큰 감사를 표하곤 한다. 영어 발전과 문학에 끼친 그의 공로가 큰 때문이다. 그러면 셰익스피어에게는 어떤 찬사를 바칠까?

현대의 한국인에게 세종대왕이 큰 축복이었다는 것을 부인할 사람은 하나도 없다. 나름대로 우리는 세종대왕에게 빚을 진 심정이기도 하다. 그러나 그게 무슨 문서로 적힌 빚은 아니다. 은행 같은 곳에서 이자 독촉이 오는 것은 더욱이 아니다. 내 경우에는 심리적이지만, 부채감이 있다. 내가 어려서 한글을 익히고 한평생 문학작품을 써오면서 부채를 진 셈이다. 그것을 200자 원고지로 계산해본다면 글을 쓴 것만 해도 나는 엄청난 분량의 한글을 사용해온 것이다. 시, 소설, 드라마, 에세이 등 문학작품만 해도 적지 않다. 나는 줄곧 한글을 사용해오면서도 그 고마운 한글 반포자에게 감사 표시를 제대로 못했다. 흔히 부모님 은덕이 갚기 어려운 하해와 같다고 하지만, 한글 사용의 공덕은 뭐라고 형언해야 할지?

많은 영국인들은 셰익스피어에 대해서 우선 매우 자랑스러워 한다. 유명한 에세이스트 토머스 칼라일은 "인도를 내줄지언정 셰익스피어는 내줄 수 없다"고 말했다. 셰익스피어를 아끼고 사랑하는 신사 숙녀들에게 칼라일의 이 말은 아주 적절하고 근사한 표현이었다. 이탈리아에서 중세문헌학을 전공하고 손꼽히는 교육자로 활동한 이득수 교수는 "이탈리아 사람들에게 한국의 세종대왕 이야기를 들려주니까 '그렇게 훌륭한 임금이 한국에 있었는가?'라며 감탄하더라"라고 했다. 이득수 교수는 세종대왕을 다른 나라에 그렇게 알린 것만으로도 그 몫을 한 것 같다. 칼라일은 유명한 그의 말로 셰익스피어에게 잘 보답했다. 우리 한국 속담에 '말 한마디로 천 냥 빚 갚는다'는 말은 큰 은혜를 말로나마 잘 갚는 경우를 말하나 보다.

그런데 영국인들이 셰익스피어에 대해서 갖는 감정은 그리 단순한 게 아니었다. 셰익스피어가 19세기 당시의 인도라는 무진장한 보고에 비견될 만큼 대단하다면서도 한때 칼라일은 셰익스피어의 신분을 의심하고 '베이컨 설'을 지지한 모양이다. 또한 20세기의 유명한 풍자가 조지 버나드 쇼는 같은 극작가로서의 그를 시샘했던지 셰익스피어 숭배를 뜻하는 바돌라트리bardolatry라는 말까지 만들어 셰익스피어 광들을 빈정거렸다.

그런가 하면 델리아 베이컨이라는 미국의 한 부인은 처음엔 문학 지망이었다가, 중도에 그녀의 일생을 이상한 열정으로 휘둘렀다. "어찌 셰익스피어 같은 문벌도, 학벌도 내세울 것이 없는 사람이 그런 걸작들을 썼겠느냐?"는 주장으로 책을 쓰면서 베이컨 부인은 셰익스피어를 집요하게 헐뜯었다. 칼라일이나 에머슨 그리고 호손, 휘트먼 같은 저명한 문인들, 영국과 미국의 저명인사들이 그녀 베이컨의 말에 "오, 그래서요?" 하고 종종 흔들리기도 했다. 아마 그녀의 설득력이 먹힐 여지도 있었던가 보다. 그런데 사邪가 끼었던가? 셰익스피어를 엉터리며 가짜로 만들려고 하다가 베이컨 그녀 자신이 정신병원에 입원하게 됐다고 한다. 셰익스피어의 명성을 뒤집어보려는 이런 이야기들은 SNS가 엉뚱한 짓을 범하는 오늘날이라면 어떤 결과로 발전했을지 모른다. 아무튼 50명은 되는 다른 이름들이 셰익스피어의 명성이 뒤집힐 경우 그 명예를 이어받을 사람으로 되어 있었다고 한다. 이것은 셰익스피어의 금자탑이 얼마나 대단한 것인지 말해준다.

그런데 우리는 이런 이야기를 통해서 셰익스피어의 명성이 얼마나 잘 다져진 것인지를 알 수 있는 것이다. 이와 비슷한 일을 달리 찾아보기는 어려울 것이다.

우리 역사에서 유명한 한 사실史實에서 보기를 하나 들자. 율곡 이이 선생의 '십만양병론'이 그것이다. 군사 10만을 미리 확보해서 훈련해두면 왜군의 침략을 당하지 않으리라는 것이다. 이에 대해 한동안은 이론이 없었다. 나중에 "율곡의 그런 주장의 근거가 역사에선 찾을 수 없다"는 다른 학자의 주장이 널리 퍼졌다. 이 문제에 대해 율곡 연구가의 한 사람인 한영우 교수의《율곡 이이 평전》(민음사, 2013)에 따르면, 이율곡의 저술 등에서는 '10만 양병론'이 보이지 않지만 그 당시의 연보에는 구체적인 기록이 있다는 것이다. 병조판서였던 율곡은 국방에 대한 연구나 집념이 있었을 것이고 개연성도 있어 보인다. 한영우 교수는 이율곡이 국방에 대해 적극적이었고, 그 당시에 북쪽 여진족의 침입이 있었다는 역사적 사실을 밝힌다.

율곡에 대해서는 한국에서 정상적 성장을 한 사람이라면 전공이 무엇이든 주목하고 존경심을 품는다. 극작가 셰익스피어에 대해서도 문학이나 연극에 관계되는 사람만 존경하는 게 아니다. 영국의 전 수상 데이비드 캐머런은 "셰익스피어는 현대 영어를 형성하고 이를 세계적인 언어로 거듭나게 하는 데 중요한 역할을 했다"고 조선일보에 보낸 기고분에서 쓴 적이 있다. 영국이나 미국의 언론, 특히 시사칼럼 같은 데서는 셰익스피어의 작품을 적절하게 인용하는 것이 세련된 교양을 과시하는 것으로 통할 정도이다.

"약한 자여, 그대 이름은 여자니라" 같은 것이야 다소 진부하지만, 너무 번민이 많아서 밤잠을 잘 못 잔 사람이 "맥베스는 잠을 죽였다!"고 하면 얼마나 멋진가?

셰익스피어는 생존 당시에도 선택된 고급 관객만을 대상으로 작품을 쓴 게 아니었다. 복잡한 구조의 극장(중구 예장동의 '드라마센터' 극장 구조는 얼마나 근사한가!)에 혼란스런 분위기에서 줄곧 이니셔티브를 장악하고 나가야 하는 극단과 극작가는 얼마나 집중력 있고 흥미 있는 작품들을 써야 했던가? 셰익스피어는 거기서 작가로 단련되고 큰 것이다. 베스트의 관객이나 소수 독자들을 위해 극단, 출판 팀(당시엔 출판사는 아직 없었다)을 위해 봉사한 게 아니다. 그는 바로 모든 이를 위해 그의 극들을 썼고 존재해왔다. 이런 사정을 영국인들은 잘 알았던 듯하다. 그를 사랑하고 존중하고 애용해온 것이다. 그런 나머지 이 위대한 극작가는 영국인의 작가로 끝나지 않고, 모든 세계 사람들의 작가가 되었다.

그런 의미에서 영국인들은 행복하고 마치 하늘로부터 축복을 받은 듯하다.

셰익스피어에 관한 부정적인 실례들까지 포함해 여러 일들을 통해서 영국인들이 셰익스피어에 관한 모든 사항을 심각하고 신중히 다루고 있음을 본다. 그의 명예나 작품을 폄훼하는 일조차 역설적으로 셰익스피어에 대한 존경과 애정을 드러내는 것이 같다.

오늘날 영어 사용자가 브리튼만이 아니라 온 세계에 걸쳐 있고 많은 사람들이 매일 사용하는 언어가 된 것은 영국인들의 주요한 프라이드다. 그런데 그것은 장사나 무력으로 이룬 것이라기보다는 가장 부드럽고 섬세한 드라마의 기술과 언어를 통해서 획득한 것이라고 생각한다면 더욱 놀라운 일이다.

셰익스피어와 함께하는 저녁

오늘은 내 인생에서 가장 특별한 날이다.

지금 "내 가슴은 뛰누나!"다. 그게 누구(워즈워스가 화를 내도 워즈워스씀은)의 시구이고 말고는 상관없다.

명동 한복판, 아니 광화문 앞이라도 좋다.

아 아니지, 이렇게 떠벌이면 안 되지.

그분과 절대 비밀로 하기로 약속에 약속을 했으니 어쩐담!

오오, 그런 약속만은 없었어도(!)

아니, 이 세상이 느닷없이 갈라지고 거기서 붉은 피가 콸콸 흘러나와 칠대양을 붉게 물들인다 해도,

그리하여 이 손에 붉은 물이 들고,

내가 새벽 맞은 해신海神의 선하품을 쐬고

손가락으로 찔러 그의 눈을 조금 찔러 눈물을 짜내어,

내 손의 붉음을 씻어보려 해도 씻기지 않을

오오, 그 짙은 색 붉음이여, 오 붉음이여![18]
셰익스피어 선생님, 아니 나의 스승님이시어! 나는 온전히 약속을 지킬 것입니다.
나는 평생, 지난날을 통틀어 이처럼 귀한 분과 천금 같은 약속을 해 본 적이 없고
앞으로도 이처럼 귀한 약속을 하지 못할 것입니다.

그건 그렇고 내가 그분을
언론은 물론
예술의 예藝자 붙는 사람들, 이를테면 연극인이라든지 딴따라들을
곁에 앉히거나 소개를 하면 안 되는 조건이 있으니 이를 어찌하나?
나중에 그들의 원망을 어찌 듣나? 아니지. 그런 일들은 나중이고.
아무튼 그 귀한 분과 내가 저녁식사를 같이 하고
게다가 공연도 함께 보는 이 영광
이 귀한 순간의 증거를 꼭 남겨야 하는데! 옳지! 스마트 폰으로 살짝?
아니. 그것도 눈속임에 불과한 짓.
오로지 내 기억의 깊숙한 갈피갈피에
금지옥엽, 그 소중한 그 순간의 일들을 잘 간직할 뿐.

(심호흡을 하며) 가만! 내가 이거 정말 생시인가, 말짱한 상태인지 다시 한번 확인해야겠는걸, 내가 중학생 때부터 이 세상 최고로 여기던 그런 분을 직접 만나게 되다니!

가만, 내 너절한 감상 따윈 치워 버리고. 오늘 함께 보게 될 레퍼토리는 명동 예술극장의 〈햄릿〉 공연인데, 아무래도 그분은 자기의 대표적 작품이 대한민국에선 어떻게 공연되는지 매우 궁금하게 여길 듯해서 이 작품으로 정했단 말이야. 하지만 혹시 몇 년 전 어느 극단의 〈햄릿〉 공연처럼 너무 오버한 각색을 해서 그분이 당혹하지는 않을까 몰라. 지성이면 감천이랬으니, 내 뜻이 빗나가진 않겠지? 가만 있자, 그런데 이 어르신이 이곳을 바로 찾아오실까? 아니지. 이 모든 것은 처음부터 전능한 존재가 뒤에서 조종해준 거대한 트릭인지 몰라. 그렇지 않고서야 내가 그 어르신을 만난다는 일 자체가 어찌 이루어질 수 있었겠나? 신데렐라에게도 그렇고, 찰스 디킨스의 〈크리스마스 캐롤〉의 '스크루지' 영감에게도 그렇고, 기이한 기적적인 일은 일어났던 것 아니야? 바로 셰익스피어 선생의 〈한여름 밤의 꿈〉만 해도 비상식적인 것 아니야? 내가 이런 일에 끼어든 것 자체가 행운일 수도 있어. 거 왜, 속담에도 굿이나 보고 떡이나 먹으랬잖아.

[이때 중절모를 쓴, 50대 신사가 가까이 다가온다.]

신사: 쉿! 쉿! 우리는 평소에 잘 아는 사이인데, 여러 해 지나서 만난 것처럼 인사를 나누고 그러면 된다구.

나: 네, 그, 그러니까, 선생님은?

신사: (헛웃음 웃으며) 어이구, 그냥 자리에 앉으라구, 어서 앉으래두. 참 여기선 와인 같은 것 마실 수 있던가?

나: 아, 저, 목이 마르신가요? 아마 맥주, 그런 게 주문하면 올 겁니다.

신사: 맥주라고 했던가? 맥주, 응 그거 한 번…….

나: (과장되게) 무한한 영광!

[신사, 조심스레 좌우 살피며 중절모를 벗는다.]

신사: 쉿! 조용. 나는 자네 덕분에 이런 나들이를 하니 얼마나 좋은지 표현할 길이 없어. 더욱이 이 코리아라는 나라엔 처음이야. 자네처럼 간절히 불러주는 사람이 막상 쉽지 않거든. (새삼스레 손을 내밀고 고마워한다.)

나: 진짜로 코리아엔 처음이신가요?

신사: 혹시 이것도 정말 비밀이네만, 내 고장에서도 어쩌다가 한번 겨우—

나: 다른 분은 몰라두 서, 선생님 같으신 분이 (눈물을 닦는다.)

신사: 특히 케임브리지나 옥스퍼드 출신은 아주 인간미론 젬병이야.

나: 지, 지금 "젬병"이라고 하셨나요? 흐흐흣—

신사: 자네 금방 훌쩍거리더니, 금방 웃고 그러는군.

나: 선생님 같이 귀하신 분이 "젬병"이란 한국말을 입에 올리시는 게 신기해서요. 이렇게 버르장머리 없이 굴어서 죄송하군요. 역시 언어 감각이 뛰어나시군요!

신사: 으응, 내가 링구이스틱 센스가 좀 좋은 편이긴 하지. 건 그렇구, 내가 조금 일찍 와서 여기저기 좀 구경을 했잖겠어?

나: 원! 그러실 거면, 제가 안내를 할 것을 그랬네요.

신사: 중요한 건 말이야. 내가 지금 제 정신이 아녀. 내가 무슨 지하철

인가 궁금해서 한번 타보려 했더니 그거 순 사람 겁나게 하더군. 난 그런 것 싫어! 지동차라는 것은 그리 징그럽지 않던데 지하철은 뭐 땅 속으로 그냥 슉슉!—달리더구먼. 아이구 어지럽구, 뭐가 뭔지 영!

나: 선생님 탄생하시던 바로 그 해에 그 유명한 물리학자 갈릴레오가 태어났는데,

신사: 쉿! 누가 듣겠어! 작은 소리로 말해.

나: 천하의 서, 선생님께서도 조심하실 일이 많으신가 봐요.

신사: 사람은 살아서나 죽어서나 조심하고 명예를 중히 알아야 돼.

나: 여쭈어볼 것이 너무 많아서 무엇부터 여쭈어야 할지 모르겠네요. 하지만 이건 우선 여쭈어보고 싶군요.

신사: 물어보고 싶은 게 많다?

나: 선생님은 평생 쓰신 모든 작품을 딴 사람에게, 그 명예를 송두리째 넘겨줄 뻔했는데, 그런 일을 알고나 계셨어요?

신사: 아암. 알다마다! 그 일은 참 황당했지. 만일 그렇게 도둑질당하게 됐으면 '스트랫퍼드 어폰 에이번'의 내 묘지까지 찾아와서들 나를 협잡꾼! 사기꾼! 하면서 내 무덤을 파헤쳤을 것 아닌가? 끔찍하네! 그러구보니 내가 내 묘비명은 잘 만들었나 봐. 허허허!

나: 그 묘비명은 선생님께서도 세속적 생각을 떨쳐버리기 어려운 것이구나 그런 생각을 하게 하더군요.

신사: 그런 도적놈들하고 비비적대는 것보다는, 샤일록하고 입을 맞추는 게 열 번 낫지.

나: 용서하기 어렵단 말씀이네요.

신사: 내가 극작가 중에선 괜찮은 성공을 했지만, 내가 고상하고 성자나 뭐 그런 사람은 못 돼.

나: 교회는 평소에 제대로 다니셨나요?

신사: 나? 별로 좋은 신앙인은 못 되었던 것 같아요.

나: 〈리어 왕〉을 혹시 다시 고쳐 쓴다면 이렇게 고치겠다고 생각해 보신 적 있나요?

신사: 그건 막내 코딜리어가 너무 불쌍하다는 이야기 아닌가요?

나: 그걸 아시는군요.

신사: 그 첫 공연이 끝나고 내가 얼마나 혼난지 아나? 구경꾼이 신고 있던 신발, 심지어 어디서 났는지 돌멩이까지 날아왔어. 난 도망질 쳤지. 허허허 참!

나: 그런데 왜?

신사: 이봐요. 당신도 작품 써봤으면 알 텐데? 우리 극단 친구들이 나한테 대성공이니까 한 줄도 고치지 말라고 부탁하더군. 하하하.

나: 하하하, 선생님도, 참.

신사: 나 봐요. 내 연극 보여주겠다고 했는데, 내가 쓴 연극을 한국말도 잘 모르면서 보느니, 당신하고 세상 돌아가는 이야기나 더 하는 것도 좋겠는걸. 자, 어때요?

나: 굳이 한국어로 된 선생님 연극보다는 지난 3~4세기 동안 세상이 너무 많이 바뀌어왔지만, 선생님 연극도 바뀌어왔지요. 그 문제에 대해서 귀한 견해를 듣고 싶기도 했지요.

신사: 그렇게 말하면 나는 사실 얘기하고 싶지 않아요. 궁금한 게 반

이고, 내가 보다가 중간에 화를 내고 일어서는 그 실망감이 반일 거요. 그것도 내가 이런 만남을 극비에 붙이자고 신신당부도 했던 이유지요. 400년 전에 죽은 셰익스피어가 오늘 연극을 보고 화가 나서, 중간에 나가 버렸다! 이러면 매스컴에선 신이 나겠지만 배 곯으면서 연극하는 그 순수한 열정가들은 뭐가 되지요?

나: 이건 제가 진심으로 감사하면서 드리는 말씀인데, 스승님께서는 연극과 연극하는 사람들을 사랑하시는군요.

신사: 여부가 있겠소? 그때나 지금이나 연극쟁이들은 고달프지요.

나: 혹시 꼭 해주고 싶은 말씀이 있으실 텐데요?

신사: 나를 역사상 10대 천재니 뭐니 하지만, 내가 죽은 뒤에야, 겨우 이것을 절실히 깨달았는데, 이건 정말 중요해요.

나: 그게 무엇인지요?

신사: 알다시피 내가 세상천지에서 가장 억울한 사람이 될 뻔했잖소? 내 모든 명예!

나: 네, 저도 웬만큼은 알지요. 콜린 윌슨이라는 재사도 그 문제를 조심스레 다루었던데요.

신사: 오! 그 아웃사이더라는 별난 시각으로 세상의 천재들을 떡 주무르듯 한 재사 말이오?

나: 알고 계시군요?

신사: 그 친구야말로 '옥스퍼드'나 '케임브리지'를 안 다닌 덕을 본 거지. (웃음)

나: (웃으며) 선생님이 케임브리지 안 가신 게, 두고두고 유감스러

우신 모양이군요.

신사: 내가 콜린 윌슨 때문에 좀 고민을 했지. 따로 만나서 격려를 좀 해줄까 생각하고.

나: 그러셨으면 그 성과가 나왔을 텐데요?

신사: 아냐. 그 친구 막 떠벌렸을 거야. 이런 일이 있었어요. "셰익스피어가 10년을 더 살았으면 어땠겠느냐?"고 하는 '템페스트 마니아'인가 하는 그룹의 선언이 있었는데, 그건 바보 같은 소리지. 기대와 반대로 늙은 내가, 기저귀를 차고 다니면 더 한심했을 텐데! 그러면, 치매 걸린 '리어 왕' 하나 또 나올 거라고 하겠지, 허허허.

나: 제가 공연히 콜린 윌슨 얘기를 꺼내서—

신사: 아녜요. 아까 하던 얘기를 마저 하지. 내가 제법 선하게 산 것이 나를 구원한 셈예요. 부디 생전에 착하게 사세요. 내가 너무 상식적인 얘기를 해서 실망스럽겠지만. 그러나 그건 내가 꼭 하고 싶던 얘기요, 진리요. 그리스의 소크라테스를 봐요. 참 그분은 지혜롭고 잘 죽는 법을 알았거든. 내가 이웃과 아웅다웅하고 오래 살았더라면 난 아마 프랜시스 베이컨이라는 악독한 출세주의자의 밥이 됐을 거요. 난 두고두고 애통복통할 뻔했소. 자, 그럼—오늘 좋은 시간 만들어 주어 고맙소. 아! 참! 내가 그 중국 국립극단이 서울에 와서 〈리처드 3세〉 공연한 이야기 하려던 걸 깜빡했군. 실은 내가 좀 봤는데, 그 친구들 제법 야무지게 해내더군. 뭐 한 나라 국립극단이니 그 정도는 해야겠지. 으응. 그럼, 혹시 훗날 다시 또—

[무대, 빠르게 어둠 속으로]

욕망이라는 이름의 정치, 혹은 정치라는 이름의 욕망

한국인은 정치를 혐오한다, 그런데 모두 정치적인 이야기를 좋아한다.

영국인도 정치 이야기나 욕망은 강렬하다. 셰익스피어를 보면 그게 드러난다. 미국인도 사실은 정치적이다. 조 바이든과 트럼프의 선거를 보면 아예 기가 차다. 지난번 대통령 선거전의 승자 트럼프의 얼굴을 보면 셰익스피어의 어떤 주인공이 연상되기도 한다. 누구의 인상이나 관상까지 끌어들이면 너무 복잡해진다. 한국 역사에서의 율곡 이이 선생은 거의 식물적인 것이 떠오르는 인물이지만, 그러면서도 정치인들 가운데서 버텼다. 특히 보통 강한 성격 아니면 감당하기 어려운 국방장관을 지내기도 했다. 내각에서도 욕망이 강한 사람이 맡아야 할 병조판서를 지냈다. 그러니까 겉보기로는 모른다.

이 책에서까지 정치 또는 정치에 가까운 이야기를 하기는 싫었다. 그런데 누구보다도 셰익스피어는 정치적인 욕망이 꿈틀거리는 드라마를 많이 썼다. 더 나가서 그것을 즐긴 느낌도 있다. 이 책의 저자 중의 하나인 나도 어쩔 수 없이 한 챕터를 쓸 수밖에 없다. 특히 현대 한국의 상황은 정치술수적인 것을 빼놓고 말하기 어렵다.

〈햄릿〉, 〈맥베스〉처럼 내놓고 정치극이라고 할 수 있는 것들이 여럿이다. 또한 〈줄리어스 시저〉, 〈리처드 3세〉등은 피할 도리 없이 정치극이 된다. 어쩌면 그가 산 시대의 군왕들, 엘리자베스 여왕이나 제임스 1세도 정치드라마를 쓰게 만드는 동력이 되었을 가능성도 있다. 엘리자베스 시대의 에섹스 백작과 베이컨의 친교와 배신은 그대로 큰 드라마 아닌가. 특히 그 엘리자베스 선대 헨리 8세는 음모와 술수의 상상력을 발휘하게 만들 것이다.

가령 〈줄리어스 시저〉를 보기로 하자.

> 이 극이 고도의 정치극으로 일컬어지는 것은 시대와 장소를 초월한 정치인의 유형을 선명하게 볼 수 있기 때문이다. 기원전 44년의 로마 정치가들이 아니라 오늘에도 생생히 움직이는 인물들을 빗대어 놓고 보는 듯하다. 그래서 이 작품은 젊은 정치 지망생이나 외교관 지망생에게 필독의 책으로 권해지기도 한다. (중략) 셰익스피어의 동정적 시각이 어느 한쪽에 기울고 있지는 않다. (중략) 심지어 이 극에서 살해 음모를 꾸미는 데 가장 책략가적 두뇌와 질투의 감정을 강하게 움직이는 캐시어스마저 미워하지 않게 만든다. (중략) 한편으로는 그의 행동을 보면 겁이 많고 음모가 폭로될까 봐 안절

부절하며, 전쟁의 승리도 모르고 오판하여 스스로 자결하는 성급함을 보인다.[19]

어떤 각도에서 보면 정치적 암수 또는 권모술수를 쓰는 사람들은 객석에 앉은 사람의 눈에는 아주 우스꽝스럽고 한심해 보이기도 한다. 그런데도 권력에 취한 사람들은 그런 바보 광대 같은 놀이에 폭 빠져서 헤어나오지 못한다. 셰익스피어는 그런 정치극을 쓰며, 또한 공연을 하며 정치 놀음의 한심스러움을 깨우친 것인가? 그러한 상상도 가능하다. 그런데 놀라운 것은 셰익스피어가 자기의 달관을 내세우거나 정치판의 한심함을 교훈하는 설교 같은 것을 한 적이 없다는 것이다.

난세일수록 작가들이나 연출자들은 명분에 집착한다. 그들에게는 굳이 T. S. 엘리엇의 "예술가가 25세 이후에는 역사적 감각을 가져야 한다"고 말해줄 필요도 없다. 작가나 연극연출자들은 거의 태어날 때부터 이것을 갖추고 있는 듯하다. 셰익스피어는 "옳은 것을 드러내고 추한 것을 경멸하며, 시대의 실체를 형상 그대로 보여주는 것"이라고 주장한다.[20]

특히 정치적인 음모나 폭력이 세상을 장악하고 압도적인 힘을 행사하면 예술적인 열정들은 더운 여름날 소나기가 한차례 내리는 것처럼 정치극의 시즌을 불러온다. 기국서의 연극이은 좋은 예가 될지 모른다.

그런데 한 가지 유의할 문제가 있다. 정치적인 상상력이 약간의 응용력으로 살아남으려 한다면 거기에는 이지고잉easygoing의 함정이 있을 수 있다. 어떤 분야의 예술 작업에서 가장 큰 유혹은 무슨 아이디어가 쉽게 떠오르는 것이다.

"흔히들 난산한다고들 하는데, 이번에 나는 아주 쉽게 성공하려나 봐. 밥상이 저절로 내 앞에 다 차려진 것과 같지 뭐야? 나는 재능이 풍부하거나 이번에 운이 참 좋은 모양이야." 그의 작업은 잘 진행된다. 그런데 '너무 쉽게'에는 함정이 있을 수 있다. 뮤즈가 공짜 선심을 쓰는 일은 별로 없는 것 아닐까? 내가 젊어서 시 쓰기에 열중하던 시절에, 한 선배 시인이 마치 이 잡지 저 잡지에 다달이 시를 배급이라도 하는 듯이 시를 발표하였다. 그런 다작 활동은 좀 주목도 받고 화제에 오르기도 했던 것 같다. 그런데 얼마 뒤로부터는 그 시인의 시도 보기 어려워지고 그 시인의 소식도 전해지지 않는다. 묻는 사람이 없고, 대꾸하는 사람은 더욱 없다. 그 시인만이 아니다. 그런 모습의 예술가들이 종종 있다. '이지고잉의 함정'은 거의 모든 분야에 있다. 예술 분야만이 아니라 인간 성공의 신화 근처에는 그게 자주 감지된다.

셰익스피어는 그 '이지고잉의 함정'에 빠져들 위기가 여러 번 있었던 듯하다. 여기서는 그 함정들에 대해서 말해보자. 특히 그의 희극들을 들여다보면 그런 게 살살 느껴진다. 그리고 역시 "대단하다!"는 생각이 든다.

한 극작가가 그의 창작에 집중하기 위해 분투하는 것은 많은 사람들에게 알려진 일이 별로 없다. 야구 경기 중의 투수와 타자는

TV 화면에 클로즈업되어서 그의 미세한 땀구멍에서 흘러나오는 액체의 흐름도 포착한다. 감독의 고뇌도 예리한 카메라 렌즈가 놓치지 않는다. 그래서 게임은 어느 드라마 못지않게 극적인 장면을 제공한다. 그에 비해서 극작가가 분투하는 장면은 볼 수가 없다. 추리할 수 있을 뿐이다. 우리들의 셰익스피어가 비극이건 희극이건 역사극이건 근사한 드라마를 잘 만들어내기 위해, 그 멋진 대사를 써내기 위해, 어젯밤 공연 때처럼 또 다시 몰상식한 관객의 터무니없는 야유를 당하지 않기 위해 진땀을 흘리는 장면을 상상해 보자.

> 당시의 관객들은 오늘날 영국 축구의 훌리건들을 방불케 하는 거친 태도로 유명했는데, 공연이 마음에 들지 않으면 야유와 함께 사과나 오렌지, 심지어 타일이나 의자 따위를 집어 던졌다. 따라서 셰익스피어는 늘 이러한 난장판 극장 환경 속에서 살아남기 위해 고심하면서, 관객에게 직접 다가가고 또 관객을 극 속에 끌어들이기 위한 여러 가지 극작술을 동원했는데, 비극에서마저 노래와 춤, 그리고 즉흥적 연기를 서슴지 않았던 광대 배우를 지속적으로 활용한 것은 그러한 극작술의 대표적인 예가 된다.[21]

이 대목을 인용한 것은 그 시대의 극장 풍경이 재미있어서라기보다는 이러한 열악한 조건 속에서 바로 이러한 수준의 관객들을 끌어안으면서 연극을 하고 희곡을 던져버리지 않고 계속해서 쓴 그 극작가의 투사 같은 마음 자세를 설명하자는 생각이 더 크다. 이것은 어느 시기만의 과도기적인 것도 아니고, 1~2년 또는 3~4년 정도만 계속하는 일이 아니었다. 셰익스피어는 평생 직업 작가였다. 그런 것을 갖고 천직이라는 말을 쓴다. 천직으로 받아들이지 않고서야 어찌 이겨낼 수 있겠는가?

그는 극작가로서도, 정확히 분류한다면, 비극작가라 하겠는데, 너무 그 비극의 냉기가 싸늘하니까 훈기로 중화시키는 느낌이 들기도 하고, 또는 그 무서워하는 관객들을 재미있게 해주며 구워삶으려다 보니까 〈한여름 밤의 꿈〉도 쓰고 〈말괄량이 길들이기〉 같은 희극들도 쓴 모양이다. 그런데 그의 희극들이 비극의 너무도 살벌하고 심각한 것을 중화시켜주는 정도를 넘어서 당대 관객들의 근사한 엔터테인먼트가 되는 감이 있었다. 그래서 대단한 비극작가이자 동시에 성공적인 희극작가가 되었다. 이것을, 재미있게 말하자면, 압도적인 오른손 투수이자 대단한 왼손 투수로서 프로야구의 판도를 장악한 투수에 비유할 만하다.

이런 투수는 미국의 많은 프로 가운데서도 그렇고, 일본이나 한국에서도 거의 상상하기 어렵다. 대개 한쪽으로 뛰어난 경우인 것이다.

셰익스피어는 다른 직업을 구하려 하지 않았다. 이것은 상상해볼 수 있는 것인데, 어쨌든 그는 극단을 지켰고 극작가의 천직에 충실했다. 만일 그가 베이컨(베이컨은 1564년생으로 동갑이었고, 엘리자베스의 총애를 확실히 얻으려고 사악한 권모술수를 썼다)처럼 출세주의자였다면 그의 재능으로 큰 업적도 올렸을지 모른다. 그러나 그렇게 하지 않았다. 나는 이 점을 높아 평가해야 한다고 생각한다. 나는 한국인의 입장에서 생각하기에, 눈앞의 출세주의자보다는 영원한 명성을 선택할 만큼, 또는 자기의 천직을 지킬 만큼 당시의 영국의 도덕성이 그만큼 높았다고 여긴다.

출세에 강한 집착을 가진 베이컨은 그에 어울리는 권모술수를 잘 구사했다. 베이컨에 비하면 셰익스피어는 맑고 순수하다. 그것은 타고난 기질 문제이기도 하겠지만, 꾸준하고 풍요한 창작(극작)생활을 통해서 정치적 음모와 술수의 에너지를 작품 속의 이야기로 전개시켰기 때문일지 모른다. 코난 도일은 범죄 트릭의 천재였지만, 셜록 홈즈 시리즈를 줄곧 쓰면서 그 개인 생활은 범인을 잡는 홈즈의 삶으로 살아난다.

잘 알려진 것처럼 햄릿은 생각을 너무도 깊이 하고 실천은 하지 못하는 성품이다. 그도 자기의 행동이 생각을 받치지 못하는 결점을 안다. 그런데 햄릿 극 중에서 하나의 의미 있는 일이 벌어진다. 햄릿이 영국으로 가는 길에 로젠크란츠와 길덴스턴이 클로디어스 왕의 밀서를 가지고 가는 것을 본다. 그 밀서는 바로 자기(햄릿)의 목숨을 처치해달라는 흉칙한 내용이었다. 이 밀서의 내용을 보고서 햄릿은 비로소 크게 깨닫게 돈다. 행동이 따르지 않던 햄릿조차도 분노하게 되고 실천적인 행위에 나서게 되는 것이다. 〈햄릿〉을 정치극으로 분류하기는 간단하지 않다. 그러나 오염된 권력의 심각한 위협을 알게 되어서는 행동적인 생각을 하게 된다.

햄릿: 꼼짝없이 도둑놈 소굴에 빠졌는데, (중략) 내 머릿속에 벌써 연극이 시작되네그려. 그래 내 앉아서 하나의 칙서를 꾸며냈지. (중략) 내가 쓴 (가짜) 칙서의 내용을 알고 싶은가?

호레이쇼: 네, 알고 싶습니다.

햄릿: (생략) 칙서. 지참인 두 명을 사형에 처하되, 최후 참회의 여유도 주지 말라고 했네.[22]

이 대목을 읽으면 햄릿은 행동을 잘 안 해서 그렇지 만일 행동하기로 한다면 그 임기응변이나 적응력, 순발력 등이 여느 악인보다 못할 게 없다는 것을 알게 된다. 나는 이 사정을 좀 더 크게 확대하여 적용해보고 싶다. 즉, 극작가 셰익스피어가 만일 엘리자베스 여왕의 마음에 들려고 했다면 정치적 상상력, 순발력, 권모술수, 무엇으로나 성공했을 것이다.

그런데 셰익스피어는 평생 극단 운영과 극작가의 소임만 다하려 했다는 것이다. 셰익스피어는 우리에게 정치적 파워를 통해 줄 수 있는 것보다 더 큰 것, 더 강한 것, 더 냉혹한 시간의 시련을 잘 견딜 수 있는 것, 곧 그의 걸작 드라마들을 주는 길을 선택했다.

한국 연극이 세계 속의 큰 무대에 오르는 길

이현우 교수의 〈한국 셰익스피어 르네상스 주요 공연 메타데이터(1990~2011)〉를 보며

세계는 바로 앞에 있다. 혹은 세계는 바로 옆에 있기도 하며, 아니 한국과 한국인은 세계라는 거대한 존재의 한복판에 있는지도 모른다. 한국인이 만들어낸 자동차가 여러 나라에서 달리고 있고, 한국의 삼성은 스마트폰으로 세계에 큰 명성을 떨친다. 또한 한국인의 해외 상주인구가 점점 늘고 있다. 한국에 공부하러 오는 외국 유학생들도 놀랍게 는다. 한국어 사용자도 급증하고 있다.

이제 한국 연극도 세계 연극과 적극적 교섭을 꾀하고 무엇인가 새로운 어젠다를 제시해야 한다. 활발하게 효과 높은 방법론을 모색하고, 이미 갖고 있는 성과는 분석하고 공론화할 필요도 있다.

순천향대 이현우 교수의 저서《한국 셰익스피어 르네상스》에 수록된 〈한국 셰익스피어 르네상스 주요 공연 메타데이터(1990~2011)〉는 구체적인 한국 연극의 세계 진출 방법론을 보여주고 있다. 이 교수가 셰익스피어 전공자인 동시에 "한국셰익스피어학회"의 국제담당 부회장이라는 입장이어서, 한국 연극의 세계

무대 진출 방법에 대한 연구가 많았던 것 아닐까? 그리고 그의 책이 담고 있는 담론은 발전적인 추진 방식의 제시를 담고 있다. 그의 의견 개진은 대체로 출연진 소개, 스태프 소개, 공연 특성(분석 평가)로 되어 있다. 해당 연간에 셰익스피어 극만 해도 395건의 공연이 있었다. 저자가 "셰익스피어 르네상스"라고 이름을 지은 이유도 수긍할 만하다. 이현우 교수의 이러한 연구 자체가 특히 각 연극의 공연 특성을 시도하고 있음은 주목받을 가치가 충분하다.

세계 무대로의 진출이 절실히 요청되는 분야, 언어의 사용량이 많고 번역상의 난이도가 매우 높은 문학이나 사학, 철학 같은 분야는 다양한 방법론이 있어야 할 것이다. 그러나 연극의 경우는 본질적으로 동작acting이 많고, 또한 자막 사용이 이미 효과적으로 활용되고 있어서 이점利點이 있는 듯하다.

> 2001년부터 2009년까지 공연되면서 한국의 셰익스피어 르네상스를 주도한 가장 중요한 공연 중 하나다. 공연 양식, 의상, 등장인물의 이름, 3·4, 4·4조의 우리말 번역, 한국적 정서의 표출 등 모든 면에서 철저히 한국화된 〈로미오와 줄리엣〉이다. 또한 정면을 응시하고 맨발을 고집하는 오태석식 연기법이 활용된다. 로미오와 줄리엣의 희생에도 불구하고 양가가 화해하지 못하고 계속 싸우게 되는 결말은 1995년 "호암 아트홀" 버전과 동일하다. 독일, 일본, 중국, 인도 등 세계 여러 나라에서 공연되었으며, 특히 2006년 11월 23일부터 12월 9일까지 셰익스피어의 본고장인 영국 런던의 바비칸 센터

> 에서 공연했다. 바비칸 공연은 전회 매진을 기록했을 뿐만 아니라, 《타임즈The Times》의 혹평酷評을 제외하곤《인디펜던트The Independent》, 《옵저버The Observer》, 《이브닝 스탠다드The Evening Standard》 등 주요 신문들을 비롯해 많은 크고 작은 언론 매체들로부터 호평을 이끌어냈다.[23]

이 인용문은 이 저서에 실린 '공연 특성' 분석의 모양과 성격을 잘 보여준다. 더 나가서 한국 연극 공연의 방향에 대해서도 시사해주는 무엇이 있으며, 앞으로 연극계가 다양하게, 그리고 세계무대로 나아갈 때의 한 구체적 참고자료로 활용할 가치를 지니고 있다.

《타임즈》가 혹평한 내용과 이 공연의 자세한 내용은 이 책 본문에서 14페이지에 걸쳐 상세히 다루고 있다. 저자는 한국 연극의 장점과 단점에 대해서 섬세한 터치로 들여다보고 핵심을 논의한다(360쪽 연출자 오태석과 저자 이현우의 대화 참조). 그러므로 이 책의 공연 특성은 한국 연극이 어떻게 나아갈 것이냐에 대한 야전野戰에서의 전략서가 될 여지가 있다. 이번에는 특히 한국에서 가장 자주 공연되는 〈햄릿〉에 대한 것을 찾아보자.

> 〈햄릿 프로젝트〉는 김아라(연출가)가 스스로 경기도 죽산에 야외무대를 만들고 공연한 셰익스피어 4대 비극 중의 하나다. 마로위츠의 〈햄릿〉을 대본으로 하여, 햄릿의 분열하듯 고통스러워하는 내

면세계를 극화하는 데 초점을 맞추었다. 원형으로 제작된 야외무대 한가운데 커다란 물웅덩이가 만들어졌고, 배우들이 그 위를 가로지르거나 주변에 설치된 단상 위에서 연기를 하거나 마이크에 대고 낭독을 하듯이 대사를 토해냈다. 때때로 배우가 그 물웅덩이 속에 뛰어들어 격렬한 몸짓을 보여주기도 했다. 무대 위에 설치된 마이크 앞에선 공연이 진행되는 동안 내내 생음악이 연주되고 노래가 뒤따르기도 했다. 햄릿 역을 맡은 김형태는 '황신혜 밴드'의 리드 보컬이었다. 그는 한쪽 다리가 불편한 장애인이었는데, 그의 이러한 신체적 장애는 햄릿의 내면세계의 굴곡과 위기를 상징적으로 시각화하는 효과가 있었다. 물에 뛰어들어 춤을 추는 격렬한 몸짓은 이 극에 죄의식을 씻어내기 위한 일종의 제의적 효과를 불러일으켰다. 김아라의 〈햄릿 프로젝트〉는 한국 연극사에서 가장 기억할 만한 포스트모던 셰익스피어 공연 중의 하나임에 틀림없다.[24]

이현우 교수는 그의 이번 책이 '교수의 연구를 위한 연구'의 책이 되기보다는 실제 공연에서 활용될 수 있는 야전 참고서 같은 유용한 책이 되기를 원했던 것으로 보인다. 그가 실제로 연극 연출의 경험을 갖고 있음도 이런 심증을 갖게 한다. 지금 한국의 연극인들에게 필요한 것은 고요한 연구실의 차가운 이론 연구가 아니다. 우물까지 있는 들판이 펼쳐진 곳, 배우들이 야성적인 외침을 내지르고, 육화肉化할 연극대본과 아이디어를 간절히 찾고 있는 그곳! 그리고 연구실이나 선배들의 경험에 답답하게 묶인 이론이 아닌, 참으로 야성적인 열정과 싱싱한 논리가 새로 개발되기를 바라고 있는 듯싶다. '연출가 김아라의 뜰'은 바로 그런 꿈틀거림을 안고 있는 공간이며 극장이다. 마로위츠의 〈햄릿〉을 텍스트로 잡은 안목의 그 사람이, 또한 한쪽 다리가 불편한 햄릿을 용기 있게 기용했다는 것 또한 야성적이다.

연극은 우선 착상이 중요하다. 반대나 장애가 있으면 우격다짐이 아닌 남다른 전략과 실천적 담력이 따라야 한다.

이번에는 좋은 아이디어를 잘 살려서 해외에서도 성과를 올린 경우를 보자.

> 원작 〈맥베스〉를 레이디 맥베스의 관점에서 재구성한 작품이다. 죄의식에 사로잡혀 매일 밤 몽유 증세를 보이는 레이디 맥베스가 전의典醫의 최면술을 통해 지금까지 있었던 자신과 맥베스의 죄업을 재현해내며 죄의식으로부터 벗어나고자 몸부림치는 과정을 보여준다. 레이디 맥베스의 죄의식을 이영란이 얼음조각, 밀가루 반죽 등의 각종 오브제를 통해 더욱 극적으로 표출해낸다. 맥베스 역을 연기한 서주희가 레이디 맥베스의 어두운 내면세계를 혼신을 다한 열정적이고 섬세한 연기로 표현해 극찬을 받았다. 음악, 조명, 오브제, 연기 등 극의 조화를 이루며 원작을 재구성한 셰익스피어 공연 중 단연 탁월한 성과를 낸 수작이다. 국내에서도 수 차례 재공연되었으며 폴란드, 일본, 싱가포르 등 해외 공연에서도 호평을 얻었다.[25]

〈맥베스〉는 왕권을 얻기 위해 하수인을 시키지 않고 직접 살인을 통해 쿠데타를 성공시킨 역사적 사실에 근거를 두고 있다. 수양대군이 어린 친조카 단종에 반역하고 왕위에 올라 세조가 된 쓰라린 역사를 가진 한국인들에게는 〈맥베스〉를 보는 것이 마치 역사의 거울을 슬쩍 넘겨다보는 듯해 섬짓한 느낌도 든다 할 것이다. 그런데 하나의 위안은 세조는 하수인들을 조종해서 자기가 직접 손에 피를 묻히진 않았다는 사실 정도일까? 그러나 단종에게 충성하고 세조를 꾸짖은 사육신들의 역사적 사실은 달콤한 위안이 되는 것일까?

한국인은 과거 역사에서 표현의 제약이 심했지만, 자기 권리에 대한 주장 또는 정의에 대한 주장이 약했던 것은 아니다. 그런 민족성은 맥베스 선호와 연결시켜볼 여지도 생긴다. 셰익스피어의 모든 희곡 중 〈맥베스〉는 햄릿에 이어 제2위의 선호도를 보인다. 이현우 교수가 조사 연구한 〈한국의 셰익스피어 공연 제작 현황 1990~2011〉에서 한국인이 선호하는 셰익스피어 극의 성향이 잘 나타나 있다. 아무튼 〈맥베스〉가 두 번째 선호 자리에 있다는 것은 작품 자체의 힘도 작용하겠지만 한국인의 기질과도 상관이 있다고 볼 수 있다. 그런데 이 같은 〈맥베스〉 극이 여성들의 캐스팅으로 상연되었다는 것은 유의해볼 여지가 있다. 신라는 세계에서도 드물 정도로 3명의 여왕이 다스린 나라였고, 그 이후 여성의 정치적 에너지가 가려진 채 이어져왔지만 〈맥베스〉의 예는 여성의 정치적 에너지 자체가 사라진 것이 아닌 증거인지 모른다. 그러나 여기에선 그것을 길게 얘기하기보다는 공연 전략, 또는 공연 차별성의 각도에 국한해서 보자. 우선 레이디 맥베스는 무대 등장인물 중에서도 당차고 웬만한 남성을 압박할 만큼 초 여성적 기질과 담력을 갖고 있다. 한계가 있긴 하다. 남편 맥베스 장군을 부채질하던 살기 넘치던 그녀가 당컨 왕을 죽인 뒤에는 괴로워서 불면증에 시달린다. 결국 후유증을 못 이기고 죽음으로 간다.

그렇다 해도 이 드라마의 전략은 잘 맞아떨어졌다. 이와 같은 전략은 항상 요청되는 것이다. 특히 TV나 영화의 발전을 염두에 둔다면 무대 예술의 핵심인 연극은 비상한 전략과 함께 프로야구 중심 타자들이 하룻밤에 1000번의 배팅 연습을 하듯 하는 각오와 열정이 있어야 할 것이다. 이렇게 쓰고 있는 필자는 1966년 국내 최초로 일인극을 공연했다(에드거 알란 포 원작 〈말하는 심장〉, 송성한 연출, 호영송 출연, YMCA 강당). 그 공연이 거듭 이어지지 못한 아쉬움이 있지만, 연극계 신인의 새로운 동향에 호의적인 연출가 이진순, 배우 김동훈, 추송웅 등이 관람했다. 김동훈의 일인극 〈롤라 스케이트를 타는 오뚜기〉, 추송웅의 일인극 〈빨간 피터의 고백〉 공연보다 여러 해 앞선 이벤트였다. 이때 일인극을 하는 입장은 "안 오는 관객을 찾아가는 연극"을 하자는 것이었다. 전용 버스에 소수의 공연 팀을 싣고 현장으로 찾아가는 "이해랑의 이동극장"도 학문적으로나 실제적으로나 다시 검토해볼 가치가 있다. 연극은 필름 속의 평면적인 전개를 보여주는 영화와 달리, 살아 있는 배우들의 플레이play기 때문이다.

이현우 교수의 공연 특성 연구는 기존 극단들의 화려한 커리어에 손상을 줄 우려도 있겠지만, 살아남아야 하는 적자생존의 엄연한 현실을 앞에 두고 연극과 연극인들은 진지해지고 겸손해지는 길로 가야 하지 않을까?

'이아고'를 새총으로 쏜다, 배우를 권총으로 쏜다

"연극은 배우의 예술!"

이 말이 1960년대에는 아직 지배적이었다. 이 말은 연기자가 연극 전체에서 차지하는 비중을 강조하는 말이다. 그러나 이 말은 연극이 다른 무엇보다 원작에 충실히 하는 것을 원칙으로 함을 암시하는 말이기도 했다. 영화나 TV의 연출자가 '작가주의'를 내세우는 이 시대, 극 전체를 토기장이가 흙 주무르듯 하는 이 시대에 와서는 저절로 "연극은 연출자의 예술"로 바뀌었다. 아무튼 1960년대에는 분명히 이 말이 당연하게 받아들여졌다. 좀 재미있게 말하자면, 얼굴에 무슨 상처가 있거나 체격이 시골 나무꾼 같은 사람은 스스로 "나는 앞으로 연출가가 될 거야"라고 했다. 콧대가 우뚝 서고 체격이 곧잘 빠진 사람, 음성이 좋은 사람은 배우 재목으로 찍히기도 했다.

이때는 정극正劇의 시대였다. 스타니슬랍스키 연출론을 보도寶刀처럼 휘두르곤 하던 이해랑 교수는 에픽드라마(서사극)에 대해서 공사석公私席을 가리지 않고 거부감을 드러냈다.

"저, 거시기, 요즈음 에픽드라마를 주장하는 사람들이 더러 있던데, 난 그 주장에 문제 있다고 봐요. 정말 연극성을 품고 있는 중요한 대목이 해설자의 몇 마디 말로 처리되다니! 그러면 연극은 뭐가 되나? 안 될 말이지."

그래서 이해랑은 정통 연극의 주장이 되었고 그가 하는 셰익스피어 연극은 정통적인 스타일을 지켰다. 질서가 정연했고 셰익스피어의 그 유명한 대사가 이제 여기서 나오겠구나, 하고 있으면 정확하게 나왔다. 당시의 대표적인 무대배우 김동원, 또는 지성적 연기를 한다는 최상현이 "약한 자여, 그대 이름은 여자니라"라고 한다. 정통적이지만 김동원과 최상현은 그 패턴이 조금 다르다(이 〈햄릿〉 공연은 드라마센터 소장인 유치진을 연출자로 내세웠으나 실제는 이해랑이 매일 연습을 이끌어갔다). 같은 햄릿 왕자건만 더블 캐스트로 나오는 김동원과 최상현은 어딘가 다르다. 같은 정통이고 같은 리얼리즘이라도 차이가 있다. 여기에 예술의 존귀성도 있다.

한번은 이런 일이 있었다. 이해랑 교수는 대학의 실습공연 작품인 안톤 체호프의 단막극 〈청혼〉의 A, B, C 3팀의 공연을 보고 총평을 했다. 헌데 거기에 비화가 담겨 있었다.

"전에 내가 연극연출가로서 예술원 상을 받게 되었는데, 그 일로 몇 사람의 예술원 회원들이 이견을 내놓더군요. '연극의 연출은 희곡 대본에 있는 대로, 고대로 말하고, 고대로 등퇴장하면 될 건데, 그게 무슨 창의성 있는 일이라고, 상을 준다는 겁니까?' 하는 거지요."

이 교수는 강의 때도 작은 소리로 말하곤 했다. 그는 왕족의 후예라고 할 수 있는 집안에서 태어났지만 한 번도 그것을 내세운 적이 없었다. 그는 빙긋이 웃으며 말을 이었다.

"그런데 오늘 학생들 3개 팀의 〈청혼〉을 보니까, 이게 지금 우리들이 본 그대로, 마치 다른 작가가 쓴 작품들을 본 것처럼 다른 느낌을 주잖아요? 같은 희곡을 가지고 만든 것인데도 어느 작품은 막 웃게 되고, 어느 작품은 좀 점잖고, 어느 작품은 좀 덜 무거워지고! 바로 이거예요. 연출이 이런 거고, 연극은 이런 거예요. 연극 연출이 무엇인지를 이해 못 하는 그 예술원 회원들한테 보여주고 싶군요. 하하하."

이 교수는 통쾌하게 웃는 법이 없었다. 그래도 학생들이 나직하게 따라서 웃었다.

그렇다. 연극은 어느 한 작가의 대본으로 공연해도 연출자마다 극단마다 다른 작품이 나온다. 그런데 각색자가 대담하게 시대에 맞게 뜯어고치고, 그 나라 풍속에 맞게 뜯어고치니 가지각색의 셰익스피어가 나올 수밖에 없다. 지금 우리는 김동원과 최상현의 햄릿을 이야기하는 중이다. 김동원은 지나칠 만큼 겸손했고 예절에 밝았다. 이해랑에게는 공사석 가리지 않고 "이 선생님!"이라고 말했다. 실제로는 둘 사이는 1년 정도 차이가 있을 뿐이었다. 최상현은 텔레비전 방송국에서 일한 적도 있지만 쉽게 무슨 내색을 하지 않는, 조용한 성품이었다. 내성적인 햄릿에 어울리는 타입이랄까? 연출가 이해랑은 그 자신이 무대 배우기도 하지만, 배우의 영역을 많이 제약하려 들지 않았다. 연기자의 자율성을 존중하려 했다고 볼 수 있다. 다만 아이디어와 상상력이 빈곤한 배우는 상대적으로 연출자의 지시를 많이 받게 되었으리라.

나는 20대 초의 강한 호기심과 함께 연극학도라는 자부심에 차 있었다. 아무도 그렇게 하지 않는 때에 〈햄릿〉(1962년, 드라마센터 창립공연)의 연습 장면이나, 〈오셀로〉(1964년, 셰익스피어 탄생 400주년 페스티벌 공연)의 연습 장면을 현장에 가서 지켜보곤 했다. 특히 내가 궁금한 것은 이해랑의 이아고 역 연습 장면이었다.

그는 이아고 역으로 소문이 자자했다. 그가 출연하는 〈오셀로〉에는 입장객의 줄이 길게 수백 미터는 이어졌다고 했다. 구경거리가 드문 때긴 하지만, 그 소문이 보통이 아니었다. 자기 자랑을 별로 안 하는 이 교수도 이아고를 하던 때의 에피소드는 싱글벙글하면서 늘어놓았다.

"서울에서 공연이 끝나면 시골로 가곤 했는데, 극장도 변변찮고 그래도 자리가 모자라서 무대까지 관객들이 올라와 앉아 손님들이 북새통을 이루었지. 그런데 한번은 내가 이아고 대사를 하는데, 갑자기 무엇이 날아와서 내 볼따귀에 맞았어요. 알고 봤더니 어떤 녀석이 새총을 준비했다가 나한테 맞춘 거야. 그러니까 이아고가 얄밉고 증오심이 나니까 새총을 준비해 가지고 와서 기다리고 있었던 거지."

요즈음은 고무줄 새총 구경도 어려운데, 한때는 아이들이 다른 장난감도 없고 그것을 주머니에도 넣고 다녔다. 말하자면 휴대용 장난감이었다. 솜씨 좋은 사람은 실제로 새총에 잰 작은 돌로 참새 같은 것을 맞추어 잡기도 했다.

"그래 어떻게 하셨어요?"

"그 사람은 배우 이해랑을 쏜 게 아니고, 오셀로 연극에서 아주 밉게 구는 이아고를 쏜 것인데, 어쩌겠어요? 그런데 정말 무서운 일도 극장에서 있었어요. 미국 샌프란시스코에서 〈오셀로〉 공연 중에 일어난 일인데, 한 해군장교가 권총을 차고 있다가 이아고 역을 하던 배우에게 권총을 발사한 거야. 그래서 극장은 한동안 소동이 나고 그 장교는 이아고를 쏘았지만, 이아고가 아닌 배우가 죽게 된 것을 알고 이번엔 그 총으로 자기자신을 쏘았지."

"그래서요?"

어떤 학생이 질문했다.

"결국 두 사람은 죽은 뒤에 묘지에 나란히 누웠지. 그리고 장례 지낸 사람들이 그 두 무덤에 비석을 세웠는데, 묘비를 이렇게 썼다고 해. '세상에서 가장 위대한 배우가 여기 잠들다.' 또 한 비석엔 '가장 위대한 관객이 여기 잠들다.'"

그때 학생들은 침묵을 지켰다. 이 교수의 표정도 진지한 무엇이 감돌았다. 나는 그 실화를 확인해볼 생각은 하지 않았다. 그러나 나는 오랜 세월이 지난 지금도 그 강의를 기억한다. 툭하면 총을 쏘고 툭하면 죽이고, 그런 거야 위대할 수도 없고 강의 시간에 모범 예화로 활용될 것도 아니다. 그런데 이아고 역으로 명성을 얻은 이해랑이니까, 그 예화를 이야기했을 것이다.

어쨌건 나는 이해랑의 이아고에 대한 호기심으로 〈오셀로〉 연습을 여러 차례 가서 지켜보았다. 그런데 나는 실망하고 말았다. 이해랑은 그때 연출을 겸하고 있었는데, 이해랑은 자기가 맡은 역의 대사를 하게 되면 거의 외우지를 못하고 우물거렸다. 그런데 미안해하지도 않았고, 누구도 그를 직접 문책할 만한 사람도 없었다.

나는 대학생이고 아웃사이더나 다름없으니 할 말이 없지만, 다른 극단 멤버나 배우들은 연극 동료의 입장에서라도 걱정하는 모습을 보이지 않았다. 전에 많이 해본 배역이고 그가 노련한 연기자니까 결국 옛날 공연 때의 대사가 살아나겠지, 하는 것인가?

나는 속으로 조바심도 났고 총연습 날의 불안감과 함께 내일 첫 공연 날은 확 달라진 모습이겠지 했다. 다음날 나는 물론 첫 공연을 보러 갔다. 그런데 나는 두 가지를 알게 됐다. 하나는 그가 대사를 다 외우고 있어서 다른 연기자들에게 누가 되는 일은 없었다는 점. 그러나 역시 조금은 불만이 있었다. 즉, 날고 기는 듯한 느낌은 들지 않았다. 무대에선 배우의 연기에서, 또는 무대에선 오페라 가수에게서 날고 기는 듯한 느낌이 들 때가 있다.

공연은 물 흐르듯이 유유히 흘러가는 게 좋으나, 때로는 격류가 되고 때로는 잔잔한 게 좋다. 이해랑 교수는 잔잔함은 보였으나, 격류 같은 것은 보이지 않았다. 그 당시 그는 48세였다. 그런데 지금 내 기억으로는 다른 대가들도 그렇듯, 그는 너무 빨리 젊음을 잃었다. 당시 한국 사회의 평균 수명이 짧았고, 사회 분위기는 일찍 대가가 된 이들(이를테면 문단의 김동리, 황순원, 서정주, 조지훈 등)에게서 젊음을 너무 일찍 앗아가버렸다. 이것은 매우 아쉬운 점이었다. 그리고 위기에 내지르는 소리가 위기의 실감을 못 주었다. "불이야! 불이야!"라고 외치는 장면에서 옆자리에 있는 아이도 잠에서 깨우지 못한다는 느낌. 내가 당시 연출을 맡았다면, 그렇게 조용한 외침을 용납할 수가 없었을 것이다. "불이얏!" 하이든의 심포니가 졸고 있던 청중들의 잠을 깨워주는 듯한!

그러나 이해랑의 연극에 대한 열정은 참으로 대단한 것이었다. 왕조의 잠에서 덜 깨어난 그 시대에 귀족다운 혈통에 자부심을 가진 그의 아버지에게 의절당하면서 연극을 했다! 게다가 그는 '신파연극'에 맞서 '정극의 전통'을 세웠다. 그 점을 귀하게 평가해야 할 것이다. 그가 1968년부터는 미니 버스에 공연 팀을 태우고 전국을 다니며 연간 500만 관중에게 연극을 공급한 열정을 후진 연극인들은 생각해야 한다. 그는 나중에 국회에 들어가기도 하고, 예총회장을 맡기도 했으나 자청한 자리는 아니었다. 연극과 문화계 전반의 사회적 발언권을 확보하겠다는 투신投身으로 보는 견해도 있다.

특히, 그가 담담한 음성과 어조로 강의시간에 말한 것이 있다.

"한국전쟁 직후, 모두 경제적으로 궁핍할 때 내가 '집 팔아 연극'했더니, 글쎄, 첫 공연 때 관객이라곤 전부 일곱 명이 와서 앉아 있더군."

그는 셰익스피어가 그 재능으로는 더 이로운 것을 구할 수 있었지만 연극 외에는 다른 아무것도 선택하지 않은 그 마음을 배우고 터득했는지도 모른다.

이제 그 바다 앞에서 말한다

영국 국립극단의 〈햄릿〉을 보고

한 중학생 앞에 너른 바다가 있다.

그 중학생은 대학에 다닐 때 그 바다 앞에 다시 섰다.

이번엔 손을 그 물에 담가 보았다.

그 바다와 긴 접촉을 하고자 꿈꾸었다.

꿈은 아름다웠다.

그 바다엔 죽음도 꿈도 있고

삶과 죽음의 갈등이 있다.

존 밀링턴 싱의 〈바다로 가는 기사들〉이라는 연극이 있다. 바다에 나간 남자도, 나중엔 그 아들들도, 바다에 나가서 싸우다 죽었는지 끝내 돌아오지 않는다. 여인은 그 바다 앞에 하염없이 앉아 있다. 그 여인의 귀엔 무엇이 들릴까? 그녀의 가슴엔 무슨 파도가 밀려들까?

"이 연극은 비극적이군요. 그런데 어쩐지 너절하지 않고 슬픈

데, 울림 같은 게 있어요. 가슴이 짠하다는 말 있지요?"

〈바다로 가는 기사들〉은 가슴 저린 극이다. 그러나 눈보다 가슴으로 울게 한다. 우리나라 해안이나 어촌이라면 다 갖고 있는 숱한 실화들. 처음엔 내가 이 희곡을 거의 그 제목에 끌려 읽었다. 아마 장막극이라면 "속았군!" 하며 중간에 집어던졌을지도 모른다. 내가 인내심으로 다 읽은 이유는 그게 단막이니 곧 끝장을 보게 될 것이고, 또한 학생들에게 희곡 강의 시간에 들려줄 '이야기 감'을 마련하기 위한 실용적인 목적이 있었다. 결국 나는 위의 두 가지 목적을 다 이루었다. 내가 대학 시절 수업 중에 희곡 담당이던 유치진 교수에게 들은 그 작가 존 밀링턴 싱의 희곡을 늦게나마 읽어서, 뒤늦은 숙제를 해낸 심정이 될 수 있었다. 제목이 매력 있어서인지, 그것을 언제든 책으로 읽거나 공연을 보겠다는 생각을 하던 게 마침내 30년쯤 지난 뒤에 이루어졌다. 뭐든지 '늦되다'는 자책감을 갖는 나이긴 하지만 참 어지간히 늦된 일이었다. 자, 이제 본래의 그 너른 바다 이야기로 가자.

나는 셰익스피어를 생각하면 바다나 큰 산맥의 이미지를 떠올린다. 가끔 인도를 생각할 때도 있지만, 영국인들 중에 아직도 셰익스피어를 통해 진짜로 인도를 연상하는 사람이 있을까 하는 의문이 든다. 생각해보면 그가 인도보다 귀중한 극작가라기보다는 그저 멋진 비유일 뿐, 실제로 그리 연상할 것 같진 않다.

그런데 나도 너른 바다나 큰 산맥의 이미지를 떠올린다는 것은 무엇인가?

햄릿: 어째서 이 모든 경우가 다 나를 고발하는가.

이 둔해진 복수심에다 채찍을 가하는구나!

일생동안 먹고 자고 그것밖에 할 일이 없다면,

짐승과 다를 게 무어냐?

조물주가 만들어준 이 영특한 능력,

앞뒤를 살펴보고 분별할 수 있는 이 이성,

이러한 것을 그저 곰팡이가 슬도록 내버려두라고 준 건 아닐 텐데.

그런데 나는 짐승처럼 잘 까먹는 탓일까?

아니면 일을 지나칠 정도로 정확하게 생각하는 소심한 자의 버릇 탓인가?

하긴 사람의 생각이란 4분의 1은 지혜,

4분의 3은 비겁이라던가? 아, 나는 모르겠다.

살아오면서 그저 "이 일은 반드시 해야겠다"는 말뿐이니,

나는 일을 감당할 명분도 힘도 수단도 다 갖고 있지 않은가?

땅덩이처럼 커다란 본보기들이 나에게 훈계하는구나.

수많은 병력과 비용을 들인 저 군대를 보면 알 일이지.

게다가 가냘프고 섬세한 왕자가 이끌지 않는가?

그의 정신은 고매한 야심에 부풀어

미지의 일에 대해 입도 뻥긋하지 않고

한번 살다 죽으면 그만이라고 생각하고

스스로 모든 것을 운명과 죽음에다 내던진다.

그저 달걀 껍데기만한 걸 위해 말이지. 사실 정말 위대한 행위는

그만큼 위대한 명분이 없을 수 없겠지만,
지푸라기 같은 걸 위해서 말이다. 더군다나
대장부의 명예를 위한 거라면. 그런데 나는 무슨 꼬락서니인가?
아버지는 돌아가시고, 어머니는 더럽혀지고
내 감정으로나 이성으로는 참을 수 없는 처지인데도
그저 잠만 자려고 하니, 한심한 노릇이다.
2만 군사에게 닥친 죽음을 보기가 부끄럽다.
꿈같이 헛된 명예를 얻으려고
침대 같은 무덤을 향해 나간다.
군사들 수효로는 이유도 헤아릴 수 없고
그들 묻힐 데라곤 한 뼘이나 될 땅,
그들 묻기도 어렵지. 아, 이제부터는 나도
마음 독하게 먹자. 그렇게 안 했다가는
나는 아무 짝에도 쓸모없으리니![26]

햄릿의 이 독백은 그의 성품이자 지적 수준이며 지금 그가 놓여 있는 입장을 잘 말해준다. 그는 사리 판단도 잘하고 있고 흔히 예상될 젊은 왕자다운 우월감이나 자부심이 안 보인다. 커녕은 오히려 너무 겸허하다. 지나쳐서 답답할 정도이다. 햄릿이 팔 걷어붙이고 먼저 누구에게 당당하게 시비를 가리자고 덤비는 타입이었다면 그 드라마는 그렇게 참담한 이야기는 되지 않았을 것이다(물론 〈햄릿〉은 명작의 선두에 꼽히지도 못했을 것이다). 러시아의 트루게네프가 말했던가? 이 세상엔 돈 키호테형과 햄릿형, 두 가지 유형의 사람들이 있다고. 아마도 햄릿형 사람들은 앞으로 이 나라에도 저 나라에도 존재할 것이다. 그리고 이런 사회, 저런 사회에도 존재할 것이다. 이 마을에도 저 동네에도 햄릿형은 존재할 것이다.

"투 비, 오어 낫 투 비, 댓 이즈 더 퀘스천!"

영어가 모국어가 아닌 사람은 자기의 정든 언어로 말할 것이다. 설령 〈햄릿〉 공연에 손님이 많이 동원되지 않더라도. 그러한 사람들은 머리로만 존재한다 해도 그가 존재하는 것을 실현하고 있으니까. 이렇게 쓰고 있는 나는 적어도 한국에서 셰익스피어가 그 명성으로나 실제로 존재하는 팩트로나 '햄릿'에 힘입고 있음을 부인하기 어렵다. 특히 환경이 좋아서 공부만 잘하면 되는 배경 좋은 사람들은 햄릿같이 우물쭈물하고 선택의 어려움을 겪을 것이고 실천만 하면 되는 단계에서 스스로 뒷걸음칠 것이다.

명확한 조사를 하기는 어려운 일이지만, 세계 명작의 주인공들은 많다. 그런데 그들의 고뇌의 핵심 명제가 햄릿만큼 잘 알려진 경우가 몇이나 있는가?

멋진 대사가 많아야만 성공한 극작인 것은 아니다. 인용할 구절이 있어야만 대시인이나 대작가인 것도 아니다. 그러나 파고드는 대사나 구절이 많으면 그 작가에 대한 생각을 처음부터 다시 하게 한다. 문학적인 센스는 작품 속 문장에 나타난다. 건강하고 보기 좋은 나무에 푸른 잎새가 많이 달린 건 당연한 이치다. 명구에 대한 센스는 그 작가의 자질이 빼어나다는 것을 알게 한다. 그것은 그 작가가 독자들 마음을 잘 알아차리는 센스를 가졌다는 뜻이다.

셰익스피어는 작가가 갖출 것을 잘 갖춘 작가이다. 적절한 말을 하나 만든다면 '다색겸전多色兼全'이라고 할까? 그의 소재 착안이 그렇고, 주제에 대한 집요함이 그렇다. 〈햄릿〉의 "살아 부지할 것이냐 죽어 없어질 것이냐?"는 대사가 있기에 5막 2장에서 햄릿이 요릭의 해골을 손에 들고 탄식에 젖는 것이 자연스러워지고 설득력은 단단해진다. 햄릿, 아니 셰익스피어의 죽음에 대한 집요한 탐구심을 보여준다. 또한 이 작가의 플로팅이 재미있고 말(대사)의 색깔이 싱싱하고 다양하다. 극중극의 플로팅은 극적 트릭의 교묘한 모자이크 같다. 작품에 따라선 어떤 트릭이 남의 것을 슬쩍 빌려왔다 쳐도 그런 느낌이 안 들게 한다. 고등 사기꾼은 상대방이 사기 치는 줄 모르게 사기를 친다. 이러한 것도 또한 재능일 것 같다.

지금 이 글은 한 극작가를 이야기하며 그의 연극을 이야기하며 문학성을 이야기하는 자리다. 그런데 모차르트와 베토벤을 잠깐이나마 이야기해야 될 듯하다. 흔히 천재를 논할 때 그 둘의 타입을 말한다. 하나는 그렇게 타고 나서 아무런 노력도 없이 놀람과 완벽의 상태에 이른다는 것이다. 또 하나는 엄청난 노력을 기울이고 또한 그 작곡가가 인생의 고통과 슬픔을 넘어섰기에 깊은 감동을 일으키는 경지이다. 전자에는 칼 바르트가 쓴《모차르트》가, 후자에는 로맹 롤랑이 쓴《베토벤의 생애》가 도움이 될 것이다. 그런데 셰익스피어는 모차르트형과 베토벤형이 겸비된 통합형 같다. 물론 이런 주장에 대해 한두 사람의 반대자는 있을 것이다. 버나드 쇼 같은 풍자가가 또 없으란 법도 없으니까.

몇 년 전인 셰익스피어 400주기에, 동네 영화관에서 영국 국립극단이 출연하는 〈햄릿〉(린지 터너 연출, 데이비드 컴버배치 주연)을 보게 되었다. 한국 영화관에서 상연되는 〈햄릿〉을 보면서 이 서거 400주년이 특별한 이유는 무엇인가를 거듭 생각해보았다. 특히 나처럼 연극학도로서 1964년 셰익스피어의 맥베스 발췌극을 한 적이 있고, 〈햄릿〉의 칼에 찔려 죽는 폴로니어스 역을 맡아 '한 많은' 경험을 가진 작가에게는 느낌이 별다를 수밖에 없었다.

그리고 이 영화는 러닝 타임이 3시간이라서인지, 그 햄릿의 유명한 대사들이 대체로 포함되어 흐뭇했다. '그 이제 멋진 대사가 나올 텐데' 하고 있을 때 빠지지 않고 대사가 나오면 고향에 가서 옛 친구 만난 듯이 반갑고 감회가 생긴다. 이것은 대학 시절에 로렌스 올리비에 주연의 그 유명한 〈햄릿〉을 보던 때보다 더 감회가 크다.

가장 눈에 띌 수밖에 없는 것이 주연 햄릿이다. 컴버배치의 햄릿은 하나의 이정표로 남게 될 것이다. 그는 길거드나 올리비에 같은 뛰어난 대선배들의 연기를 바로 옆에서 숨소리 들으면서 익히며 배웠겠고, 수많은 셰익스피어론이나 햄릿론을 보며 그 나름의 연구도 거쳤을 것이다. 그래선지 연기 계산도 적절하고 더욱이 셰익스피어의 본고장 출신이니만큼 어설픈 연기가 얼마나 욕을 많이 먹을까 부담도 매우 컸을 것이다. 그는 이런 것들을 무릅쓰고 주저 없이 돌격했다. 멋진 햄릿이었다. 다만 레어티스 역으로 흑인 배우가 나와서 나는 약간 당혹감을 느꼈다. 아버지 폴로니어스와 누이동생 오필리아가 백인인데, 레어티스는 흑인이니 조금 당혹감을 느꼈던 것이다. 그런데 나는 이런 사정들에 대해 양해할 수밖에 없는 입장이다. 영국 국립극단에도 사정이 있겠지. 레어티스 역을 맡은 배우는 흑인이지만 연기력이 확실한 배우이니 연출가는 그를 기용한 것일 게다. 그리고 부왕(유령)역의 배우가 제5막에서의 묘지기 일을 하는 것도 양해하자. 그렇긴 하지만, 그 배우를 대접하여 굳이 쓴다면 관중도 알아채지 못할 정도로 교묘하게 분장시키든가 용의주도한 배려가 있어야 했다. 아마도 영국의 국립극장 단골손님들이라면 이들을 잘 알 터이니, "이런 사정은 양해해주겠지" 했겠으나.

햄릿 왕자의 친구인 호레이쇼는 햄릿 때문에 지체가 높아보일 수 있다. 그런데 반대로 호레이쇼의 인품이나 덕성 때문에 햄릿이 더 좋은 성품이고 더 좋은 인격일 수 있다는 상관관계가 성립하여야 원작자의 뜻에도 깊이 접근할 수 있지 않은가? 그런데 그의 볼썽사나운 목 전체를 휘감은 문신과 그냥 내뱉는 듯한 말투는 이러한 기대를 깨트렸다. 연극의 끄트머리에 중요한 국가의 간성이 다 고꾸라졌어도 호레이쇼 같은 인격자가 있기에 덴마크라는 나라는 계속 이어진다는 믿음을 줄 수 있는 것은 훌륭한 호레이쇼 때문이다. 호레이쇼가 단순히 이 구역질 나는 비극 상황 전개의 목격자로만 역할해달라는 게 셰익스피어의 깊은 뜻은 아니었을 것이다. 호레이쇼는 외롭고 몰리기만 하는 햄릿의 믿음직한 친구이지만, 영감을 주는 존재인 것이다. 연출자와 호레이쇼 역의 그 연기자는 왜 그런 중요한 포인트를 놓친 것인가?

아무튼, 균형감 있게 성취감을 달성할 듯 보이던 이 공연 작품은 그 각색에서 문제가 좀 드러난 것으로 보였다.

어느 작품의 비극성보다도 관객을 가슴 아프게 하는 인물은 어쩔 수 없이 오필리아다. 햄릿 왕자를 직접 대면하거나 간접적으로 뒤에서 괴롭히거나 헐뜯는 존재가 바로 이 노회한 클로디어스의 오른팔 폴로니어스이다. 노회하고 음흉한 폴로니어스에게 어찌 저런 순수하고 예쁜 딸이 있더냐 싶은(더욱이 홀아버지에게!), 그 처녀의 억울한 실연과 죽음은 좀 더 서정적으로 보이도록 연구했어야 했다. 그 역의 배우가 미친 모습을 왕과 왕비 앞에서 보여주는 장면은 연기력이 탁월했다. 그런데 강물에 시신이 떠내려가는 아름다운 장면을 보여주지 않은 것은 매우 아쉬웠다. 아름다운 처녀라도 실연과 자살로 생을 마쳤으니만큼, 그 죽음이 어둡고 음산하게 처리되는 것이 상례인지 모른다. 그럼에도 원작자 셰익스피어가 꽤 아름답게 처리한 그 아름답고 시적인 여운을 주는 장면은 보여주지 않고 대사 몇 마디로 넘겼다. 마지막의 햄릿과 레어티스의 결투 장면도 별로 성공적인 처리는 아니었던 것 같다. 〈햄릿〉에게는 한 장면 한 장면의 시적인 여운, 또는 역으로 그것을 깨버리는 돌격적인(관객의 기대를 잘 채워주거나, 그 반대로 크게 배반하거나!) 연출이 좋았을 것 같다.

거듭 성찰하지만, 작가 셰익스피어는 비극에만 능한 극작가가 아니라 희극 쓰기에도 능한 작가였다. 하지만, 비극 쓰기가 워낙 뛰어났기에 그의 희극의 인상은 상대적으로 희미해진다. 가령 〈템페스트〉 같은 희극은 여느 희극과는 다르다. 여느 작가라면 발상조차 어려운 격을 갖고 있다. 그래서 이미 셰익스피어는 그 발상 자체로 이미 상당히 유리한 고지를 확보하게 된 느낌이다. 그런데 〈템페스트〉를 〈햄릿〉, 〈리어 왕〉처럼 압도적인 비극을 본 뒤에 마주하면 어떤 진동 때문에 손상 현상이 생길 수밖에 없다. 속된 비유가 될까봐 주저되긴 하지만, 〈후방 도시〉, 〈킬링 필드〉 처럼 거의 공포감이 생기는 영화를 본 뒤에 잭 레몬이나 밥 호프 같은 할리우드 희극 프로그램이나 영화를 보면 어찌 될까? 슬기로운 셰익스피어 전도사(이런 말을 양해하시라)나 지도 교사라면 이런 점에 유의해야 할 것이다.

셰익스피어는 영국인에게는 대단한 긍지이지만, 나에게는 무엇인가?

그는 내 생업은 아니지만, 기쁨이며 이정표이고, 모차르트와 베토벤을 합친 무엇이다.

내가 그의 연극을 보러 바비칸까지 갈 수 없는 형편이지만 큰 상관은 없다. 나는 책으로 본다. 영화로 볼 수도 있다. 그렇다 해도 그 기쁨은 줄지 않는다. 모차르트와 베토벤은 비엔나에 가지 않아도 된다. 서울에서도 한국에서도 그 음악은 아름다워, 듣는 영혼을 황홀하게 만들고 고양시키기도 한다.

칼 바르트는 죽음은 "내가 모차르트를 더 이상 못 듣게 하는 것"이라고 했다. 정상급의 신학자가 그런 말을 했으니, 하나님에게는 불경스러운 소리일는지 모른다.

"To be, or not to be, that is the question."

햄릿이 궁성의 계단을 내려오며, 혹은 계단에 앉으며 그런 깊은 독백을 하는 그것이야말로 베토벤의 〈운명〉 교향곡이 시작되는 것과 마찬가지로 삶의 새로운 장을 여는 것 아닌가? 아니면 삶의 새로운 마당을 마련하는 것이 아닌가?

천재 극작가 체호프가 꽃 피던 이야기와

연극의 참 알맹이가 움돋는 박물관

"러시아는 알코올 중독자가 많은 데다가 남성 평균수명이 60이 안 되는 나라의 하나"라고 하면 사람들은 "설마?" 한다. 세계의 강대국으로 꼽히고, 우주 분야와 핵 능력에서 미국과 앞을 다투는 러시아. 그런데 평균수명이 60도 안 된다면, 거기는 사람 살지 못할 나라로 여기는 이들이 많을 것이다.

그런데 러시아를 그렇게 얕잡아본다면 빗나간 것이다. 러시아의 참다운 모습은 예술 분야에 있다. 러시아야말로 음악, 문학, 연극, 무용, 종교예술 등 여러 분야에서 독보적이고 세계 정상의 가치 창출을 했던 나라 아닌가.

나는 지금도 종종, 러시아 문학의 도스토예프스키나 톨스토이처럼 심오한 문학세계를 열어 보인 경우가 다른 언어권에는 몇이나 있을까 하는 의문에 사로잡힌다.

안톤 체호프의 단편소설 〈귀여운 여인〉이 지금도 떠오른다. 전에 모스크바에 가서 본 작가 체호프의 집은 이미 박물관이 되었고 그 집에 붙여 지은 아름다운 소극장은 참으로 탐나고 부러웠다. 나는 가난한 작가 체호프의 자취를 상상했었는데, 그의 집(박물관)은 내 상상을 뛰어넘어 아주 훌륭했다.

그러니까 러시아 사람들은 자기네 선조들 중에 푸시킨, 도스토예프스키, 톨스토이, 트루게네프 등의 대가들이 있다고 해서, 극작가이자 단편소설의 대가 체호프를 한구석에 그냥 처박아두지 않았던 것이다. 그리고 대작가 고골은 소설의 대가이면서 동시에 우리나라에도 그의 〈검찰관〉 공연을 통해 알려진 극작가이기도 하다. 그의 장막극 〈검찰관〉은 부패한 권력과 사회를 매섭게 풍자했다. 그런데 이런 일화가 있다. 그의 걸작 〈검찰관〉이 큰 인기를 모으자 황제가 친히 가서 보았다. 좌우의 대신들은 연극이 다룬 부패한 권력과 사회에 대해서 황제가 큰 호통을 칠 것이라고 예상하고 절절맸다. 그 황제는 껄껄껄 웃으면서 이렇게 말했다. "저 연극으로 짐이 크게 한방 맞았구먼, 하하하."

러시아 말기에 각 분야에서 대가들이 많이 배출된 이유가 풀리는 것 같기도 하다.

연극을 말할 때 체호프만이 아니라 연출가 스타니슬랍스키가 빠질 수 없다. 참된 의미의 사실주의 연극을 꾸준히 추진했던 러시아, 거기에 바로 연출가 스타니슬랍스키가 있었다. 그리고 스타니슬랍스키는 체호프가 장막극 〈갈매기〉가 초연에 실패해 풀죽어 "다시는 희곡 따위 안 쓰겠다!"고 실의에 빠져 있을 때 그를 일으켜 세운 사람이기도 하다.

결국 〈갈매기〉는 스타니슬랍스키의 연출로 다시 상연되어 대단한 히트를 했다. 여기에 힘입어 체호프는 여러 편의 걸작 희곡들을 쓰게 됐다.

위의 이야기는 한 사람의 천재가 꽃을 피우기 위해서는 주변의 안목 있는 존재들이 함께 일하고 돕는 분위기가 중요하다는 점을 일깨워준다.

셰익스피어의 곁에도 그런 존재가 있었던가? 셰익스피어 주변 인물들에 관한 기록 중에서 "이 사람이야!"라고 지목할 수 있는 이는 얼른 떠오르지 않는다. 다만 간접적인 역할을 했던 인물을 꼽는다면 아무래도 엘리자베스 1세 여왕일는지 모른다. 만일 여왕이 백성들을 열심히 일하는 벌이나 노새처럼 생각했다면, "부지런히 일이나 할 것이지, 대체 무슨 연극인가 딴따라인가 구경한답시고 아까운 세월을 다 써버린담?" 하고 극장 따위를 용인했을 리도 없다. 그런데 개인 취미인지 너그러운 성품 탓인지 극장을 용인했고, 유명한 영화 〈셰익스피어 인 러브〉에도 나오는 장면이지만, 여왕이 몸소 아랫것들과 관극도 하고 지원도 했다. 그런 모든 것이 르네상스의 큰 물결 덕분일 수도 있다. 셰익스피어를 생각하면 역사적 필연이라는 생각도 든다. 무엇인가 사람의 힘 이상의 큰 터치가 있는 듯도 하고! 그렇기에 그를 깎아내리고 삭탈하려던 여러 차례의 토네이도에도 그는 살아남은 것이다.

앞에서 러시아 이야기를 잠깐 했는데 꼭 덧붙이고 싶은 이야기가 있다.

모스크바 총영사로 있는 채수동 형이 서울에 휴가 왔을 때 만난 적이 있다. 식사 뒤의 커피 타임에서 그가 들려준 이야기가 오랜 세월이 지난 지금도 잊히지 않는다. 그 이야기는 바로 연극에 관한 이야기이니까, 연극을 사랑하는 분들에게 들려드리는 게 맞을 듯싶다.

내 친구 채수동 총영사는 외교관 업무 외에도 문학이나 공연 예술에 대한 취미 생활이 있는 러시아를 좋아했다. 연말에 반가운 소식 하나를 들었다고 한다. 도스토예프스키의 유명한 장편소설 〈악령〉을 각색하여 상트페테르부르크에서 공연한다는 것. 그런데 기차로 7시간 걸리는 그 도시에 가서 보니 연극은 10시간이나 걸리는 대작이었다. 오전에 시작해서 점심 한 시간 먹고 와서 오후 공연. 이번에는 저녁 먹고 와서 마저 공연. 도합 10시간이 걸렸다. 점심, 저녁 두 끼 식사 빼고도 8시간 공연!

더 감동적인 이야기. 극장 좌석은 이미 가득 차고 통로인 계단엔 신문지 등을 깔고 앉은 관객들. 연극 보는 그들의 눈이 진지했고, 장시간 쭈그리고 앉아서도 불평 없이 공연에 집중하고 있었다.

채 영사는 정말 감동하여 이런 말도 했다.

"국력을 GNP나 GDP 등으로만 볼 게 아니더군요. 나는 현지에서 숨어 있는 러시아의 힘을 보았습니다. 러시아 시민들이 문학이며 예술을 사랑하는 것. 그런 장면을 실감 나게 본 것이 매우 감동적이었지요."

동감이었다. 러시아는 숨은 힘을 갖고 있었다. 그것은 예술에 대한 사랑의 모습을 지니고 있다. 러시아 연극이 그중 큰 몫을 갖고 있다.

또 거기에는 파스테르나크의 힘도 있었다. 파스테르나크가 소설도 아니고 문필가로 사는 방법은 바로 셰익스피어 번역으로였다. 그리고 그 생애에 단 한 편 쓴 장편소설 〈닥터 지바고〉가 노벨 문학상으로 지명되었다. 400년 전에 활동한 영국의 극작가 윌리엄 셰익스피어가 20세기 소비에트 러시아의 한 작가가 먹고 살 길을 열어주었다는 것도 흥미롭다.

한 국가와 시민들이 작가와 예술가를 사랑하는 것은 대체로 박물관에서 드러난다. 다른 나라에 여행을 간다면 많은 여행자들은 자의나 타의로 박물관에 가는 경우가 많다. 박물관들 중에 예술가들의 작품이나 삶을 잘 보여주는 박물관이 끼어 있을 것이다. 자, 우리는 외국에 사는 친지가 와서 멋진 박물관을 보여 달라고 하면 어디로 안내할까? 특히 연극을 좋아하고 무대예술을 좋아하는 사람의 청이라면?

우리는 개인 박물관은 고사하고 종합 박물관이라도 좋으니 갈 만한 데를 알고 있는가? 아니 어디에 그런 곳이 존재하고 있는가?

가령 장민호가 특이한 음질을 갖고 있다면 그 소리는 어디에 있나?

김동원이 괴테의 〈파우스트〉에서 메피스토펠레스를 어떻게 했는지 알 수 있는가?

이해랑의 〈밤으로의 긴 여로〉가 사실주의 연극의 정점을 찍었다면, 그 필름은 지금 어디에서 찾아보나?

연극을 가르치는 대학에서는 지금 작가, 배우, 스태프 등의 무엇을 소장하고 있나?

물론 예산이 모자랄 것이다. 아니 책정된 것이 없을지 모른다. 그렇지만 대동여지도를 만든 김정호가 무슨 국가 예산이나 임금의 내탕금으로 그런 막중한 일을 하고 헌신했을까?

연극인들 중 많은 이들은 지금도 배를 곯고 있다. 그러나 지금도 시간은 흘러가고 있다. 관련 인물들은 세상을 떠나고, 자료는 자꾸 사라져 녹음 테이프마저 간 곳도 모르게 된다. 문학사의 인물이 많지만 문학 박물관 준비를 하는 곳은 아주 드물다. 모든 분야가 어렵다.

"그런데 지금 손을 쓰고 다리를 움직이는 사람은 현명하다!"

셰익스피어가 그렇게 말하지 않는가?

셰익스피어의 품에서 천직을 찾은 이들

한국 최초의 셰익스피어 전집
출간에 바친 이야기

셰익스피어. 그와 악수하고 깊은 가슴속 숨은 말이라도 나누려면, 영어권 이외의 독자들에게는 우선 언어의 장벽이 가로막는다. 더욱이 그는 400년 전에 활동했으니, 현대어와 다른 영어를 쓰기도 했다. 적지 않은 셰익스피어 극은 번역을 통해서든 극장 공연을 통해서든 대부분 운문극으로 되어 있다는 사실을 모르거나 알아도 금방 잊어버리고 받아들인다. 이것은 우리말이 갖는 특수한 구조 때문이다. 그런데 그것은 한국인의 셰익스피어 수용에 큰 지장은 아니었던 것 같다. 버스 드라마verse drama가 아닌 산문 문투의 대사를 통해서도 (또는 3·4조, 4·4조의 음수율로 맞추든) 그의 연극의 힘은 별로 감도感度가 떨어지지 않고 전달되는 것이다. 그렇다 해도 셰익스피어가 영어로 작품을 쓴 까닭에 우선 좋은 번역도 필요하고, 번역에 심혈을 기울이는 번역자들을 거듭 주목하게 된다.

그런데 극작가 셰익스피어에게는 간단치 않은 난관이 하나 더 있다. 그의 대사가 오늘의 관점에서 보면 장황스러운 부분이 꽤 많다. 읽기 위한 레제드라마가 아닌 다음에야, 그리고 연극의 약 2시간 안팎의 상연시간에 맞추자면 대폭 가위질을 통한 분량 조절도 필요하다. 결국 시간의 경제도 알고 언어의 경제도 잘 아는 계산 밝은 연출자가 가위질을 해야 한다. 위대한 극작가의 명성에 편승하여 자기의 의도를 끼워넣으려는 연출의지를 품은 연출자는 더욱 큰 장애가 될 것이다. 그럼에도 너무 그런 문제로 걱정할 필요는 없는 것 같다. 아무리 해도 셰익스피어라는 큰 용광로는 작동하면서 그 강한 마성으로 용해시키는 힘도 있는 것 같다.

셰익스피어는 20세기 한국에 이르러 크게 활짝 꽃피듯 활성화되었다는 것이 적지 않은 학자의 증언이다. 1998년에 이미 《셰익스피어 한국에 오다》라는 역저力著를 내고, 셰익스피어와 한국 연극의 매우 적극적인 교섭에 대하여 선언적 의미를 밝힌 명지대학교 신정옥 교수의 작업은 인상적이다. 그런가 하면 셰익스피어 서거 400주년(2016년)에 맞춘 '한국 셰익스피어 르네상스'라는 약간 흥분되면서도 진지한 이현우 교수의 작업은 셰익스피어를 뜨겁게 맞아들이고 열정적으로 교감한 한국 연극에 대해 냉정하게 학문적으로 접근하려는 모습을 보인다. 특히 이현우 교수는 셰익스피어와 한국인의 교섭 내용을 계량화하여 수치로 보여준다는 의미를 갖는다.

짧은 현대극 역사인데도 셰익스피어와의 교섭이 중요한, 문화적 흡인력과 추진력이 대단한 나라가 한국이다. 그야말로 2002년 월드컵 4강에 오른 "대~한민국"의 힘을 다시 생각하게도 한다.

이미 밝힌 것이지만, 1960년대 전반기의 한국 연극계는 그 열악한 사정을 무릅쓰고 자발적으로 "셰익스피어 탄생 400주년 기념 페스티벌"에 참여했다. 이것은 문화사적으로 특별한 이벤트였다. 그 이후 빈곤을 비롯한 여러 가지 어려움에도 불구하고 한국 연극은 군대의 각개전투 비슷한 연극 전선前線의 싸움을 벌여오고 있는 것이다. 하기야 한국의 대표적 연출가의 한 사람이며 좋은 극장의 소유자 임영웅 씨가 "나는 독립운동하듯 연극을 하고 있다"고 말하는 현실이기도 하지만.

그런데 셰익스피어는 매우 어려운 경로를 통해야만 한국의 감상자에게 전해지는 숙명적 조건에 있다. 그 첫 경로는 물론 작품 번역을 말한다. 그런데 여기서 셰익스피어의 한국어 번역이 제 궤도에 올라선 것은 그리 간단한 일이 아니었다는 점을 미리 알고 있을 필요가 있다. 일제시대의 셰익스피어는 한국어로 제대로 번역되지 않았고 심지어 공연물조차도 한국어로 제대로 번역과정을 밟은 것이 아니었다. 축약본이거나 번안물이거나, 일본어 번역에 기댄 조악한 중역본이 거의 영웅화되다시피 하여 셰익스피어에 대한 조급한 갈증을 풀어주었던 것이다.

> 8·15해방이 되면서 최정우, 설정식, 오화섭, 최재서, 한로단, 이종수, 김재남 등으로부터 원문 번역이 시작되었고, 1960년대에 와서 김재남은 단연 두각을 나타내었다. 그는 단독으로 셰익스피어 전집을 한 출판사에서 펴낸 번역자라는 기록을 세웠다.[27]

연극인들은 물론, 애정을 가진 애호가들이 익숙하게 여길 이름들이 여럿 등장한다. 그들은 연극 공연 프로그램이나 신문의 문화면 연극 기사에 종종 등장하기도 했다. 이런 일들을 자질구레하게 여길 수도 있겠지만, 본디 문화라는 것이 산책길의 잡초처럼 보이는 듯 안 보이는 듯 하는 상태에서 안 보아주면 소리 없이 사라지는 것이기도 하다. 셰익스피어도 달리 보면 하나의 문화 현상이기도 하다. 영국의 엘리자베스 1세 여왕 시대의 작은 문화 현상일 수도 있다. 그런데 어느 순간 '셰익스피어라는 문화 현상'은 누가 보아주어도 그만, 안 보아주어도 그만이 아닌, 매우 간절한 현상, 또는 긴요한 욕구의 대상이자 객체로 커지는 강력한 현상이 되었다. 이를테면 밥은 몇 끼 굶더라도 〈햄릿〉 공연이나 〈맥베스〉 공연을 보아야겠다는 간절함이나, 셰익스피어라는 극작가를 어느 임금보다 훌륭한 지배자적 존재로까지 격상시키고 싶어 하는 일이 생긴다. 토머스 칼라일이 "셰익스피어는 인도를 내줄지언정 없어서는 안 된다"는 말을 한 것도 그런 가치관의 격렬한 표현으로 볼 수 있는 것이다. 점심을 챙겨 먹기 어려운 주머니 사정이면서도 저녁 공연에서 베스트 컨디션으로 공연하려고 힘을 아끼는 연기자들의 열정은, 연극은 하잘것없는 광대놀이에 불과하다는 세계관을 가진 현실파에 대한 저항적 음색을 갖는다.

1960년대, 그런 열정으로 연극 공연에 힘을 모으는 사람들이 셰익스피어라는 강력한 문화 현상에 매혹되었다. 그의 본고장이 영국이라는 것은 큰 문제는 아니었다. 다행히도 대학에서 영문학을 가르치는 교수들이 중심이 되면서 언어 장벽을 넘어서기 시작했다.

유치한 신파극 바람을 정극 바람으로 맞서며 진지한 연극을 보급하는 역할을 해온 극단 "신협新協"은 셰익스피어를 맞는 일에도 큰 역할을 했다. 일제 때 친일 경력 문제로 고개 숙인 유치진을 대신해서 연출가이자 배우인 이해랑은 일본 유학 시절 연극의 기초를 닦았으며 극단 "신협"을 이끌며 피난지 대구에서 〈햄릿〉을 공연했다. 그는 "군인들이 목숨을 바쳐 나라는 지키는 것처럼, 연극인은 연극을 위해 있는 힘을 다해야 한다"는 지론을 갖고 있었고, 바로 그런 열정으로 전쟁이 계속되고 거의 공연이 이루어지기 어려운 대구에서 공연을 한 것이다.

요즘은 한국의 경제 사정이 당시에 비해 놀랍게 호전되었다. 마침 이 글을 쓰는 오늘의 뉴스 중에는 한국이 모든 국제 채무에서 벗어나 순수한 채권국으로 바뀐다는 매우 반가운 뉴스가 있다. 이 감격적인 날 나는 한국전쟁이 채 끝나지도 않은 시기에 허름하고 작은 한 도시에서 〈햄릿〉을 공연했다는 그 일은 무엇을 의미하는가를 생각해본다. 나는 신정옥 교수의 심혈이 배인 저서의 기록을 참고하고 있다. 동시에 연출가 이해랑에게 문화촌 자택을 찾아가 만난 이후로, 옛날 장인에게 하듯 엄격한 도제식 수업 과정을 거친 연극 연출가 전세권의 증언을 바탕으로 이 글을 쓰고 있다. 그 '도제정신'이란 무엇인가? 도제정신을 통해 무엇이 전수되었나? 대학교에 연극영화학과가 개설되기 시작한 이후로 좀체로 도제정신이나 도제 수업이 전승되는 일이 적어도 연극계에는 없다.

그러나 대학에 연극영화학과가 개설되던 1950년대 말부터 1960년대 초에 걸쳐 있었던 다음의 실화는 소개해둘 가치가 있다고 여긴다. 연출가 이해랑의 자택(서대문구 문화촌 소재)에 1950년대 중반 한 중년 남자가 그의 아들인 중학생의 손을 잡고 찾아왔다. 그는 아들이 교회의 연극에서 소질을 보인 것에 감동했고 당대 연극계의 명인인 이해랑을 찾은 것이다.

"이 선생님께서는 앞으로 제 아들을 선생님 아들로 삼으시고, 연극을 가르쳐 주십시오. 어떤 일이라도 시키십시오. 세권아. 앞으로는 이 선생님이 네 아버님이시다. 어떤 일이라도 말씀대로 따라야 한다."

전세권은 1950년대 말부터 연출가 이해랑을 찾아가 조수 노릇을 하고 연극 조연출자의 길을 걸었다, 그 생활은 약 10년간 계속되었다.

아직 명동 국립극장에 따로 연습장도 없던 1950년대 말이었다.

"내일부터는 매일 새벽 5시에 극장으로 나와라. 거기서 만나자."

극장에서 무대장치들을 쌓아놓기도 하고 각종 허드레 것들을 모아두는 지하 창고.

거리로 향한 유리창은 깨지고 난방 장치 같은 것은 전혀 없어서 겨울날은 발이 몹시 시렸다. 이해랑은 시린 발을 구르기도 했다. 그것을 그냥 보기 민망해서 전세권은 길거리의 어느 가겟집에서 버린 연탄불을 주워오기도 했다. 그것은 아직 불씨가 남아 있어서 구두나 양말 신은 발을 갖다 대면 발이 따듯했다. 이해랑은 구둣발을 그 연탄불 가까이 대었다. 연기를 맡은 배우들은, 주요 배역을 맡은 경우에는 영화 출연으로 수입이 좋아 자가용을 가진 사람도 있었는데, 오후에야 연습하러 나왔다. 물론 이해랑이나 조연출자의 그런 궁핍은 알려지지도 않았고 이해랑은 전혀 궁색을 내색하지 않았다.

조연출자는 이해랑의 지시에 따라서 노트에, 또는 공연 대본에다가 그들이 알아볼 수 있는 그림이나 화살표 표시 등을 했다. 거기에는 인물의 시선이 어디로 향하는지, 걸음은 몇 발짝인지, 곧바로인지 또는 몇 초 뒤인지 등의 표시가 세밀하게 기록되어 있었다. 전세권에 의하면 섬세하고 세밀하고 정확했다. 그러면서도 그의 스승 이해랑은 '생산적'이라는 말이었다. 연출가나 배우의 상상력으로 무대 공간에 작가가 쓴 것 이상의 무엇인가를 그려내고 호소하는!

도제 사이의 남다른 비밀이 있다. 이해랑은 집에서 외출할 때 버스표 2장을 부인에게서 받아 나오는데, 어떤 날은 주머니에 남아 있어야 할 종이 버스표 한 장을 찾지 못해 당혹하는 것이었다. 그리고 버스 정류장까지 따라온 제자에게 힘든 말을 했다.

"너, 혹시 버스 값 좀 있니?"

"예, 마침, 제가 잔돈이 조금 있습니다."

제자는 주머니에서 자신의 차비로 쓰려던 것을 스승께 드린 적도 있었고 오히려 그게 스승을 기쁘게 해드린 보람을 느꼈다.

이것이 한국의 대표적 연출가 이해랑이 남에게 드러내지 못한 모습이기도 한데, 이 일화에서 도제정신 또는 도제 간의 생활 모습의 한 면을 관찰할 수 있을 것이다. 이해랑은 왕실의 후예지만 그것을 내색하지 않고 연극인으로 충실하게 살려 했다.[28]

연출가 이해랑의 가난한 모습으로 상징되는 한국 연극계의 궁핍상은 셰익스피어가 가난과 싸우며 분전하던 400년 전의 영국 연극계에서도 볼 수 있다.

> "셰익스피어 연구 초 3 – 시성의 수업시대"에서는 배우 겸 극작가들이 하루 10여 시간이나 노동을 해야만 극장이 유지될 수 있었던 당시의 극장 형편에 관해 설명하고 셰익스피어가 생계를 위해 1590년경에 런던으로 상경하여 펨브로크 극단Pembroker's Men에서 연극 생활을 시작한 이후 〈타이터스 앤드러니커스〉, 〈헨리 6세〉 3부작, 〈사랑의 헛수고〉 등의 작품을 써서 명성을 얻었으며, 1593년부터 약 2년간 순회공연을 떠난 극단에 합류하지 않고 소네트를 써서 명성을 누렸던 1594년까지의 시기, 셰익스피어가 다시 극단으로 돌아가 본격적인 극작활동을 하기 전까지를 그의 수업시대로 구분하여 설명했다.[29]

위의 글은 셰익스피어 연구에 심혈을 기울인 영문학자 최재서가 쓴 글을 신정옥이 소개하는 대목인데, 셰익스피어가 젊었을 그 당시의 열악한 연극인들의 환경을 드러내준다.

이해랑의 〈햄릿〉(신협 공연)은 다른 셰익스피어 공연과는 다른 점이 있다. 오랫동안 계속되는 한국전쟁의 포성이 저기서 들려오고 있는 듯한 피난지 대구에서 〈햄릿〉을 공연하는 것은 '삶과 죽음의 문제로 고뇌하는' 햄릿의 고뇌를 더 깊이 받아들일 수 있는 조건인 것 같다.

물론 희곡 〈햄릿〉의 "사느냐, 죽느냐, 그것이 문제다"의 번뇌는 20세기 전쟁터의 번뇌와 같은 성질의 고민은 아니다. 그러나 실존적 고뇌의 무게에 어느 경우보다 가까운 것이라는 점은 사실일 것이다. 바로 이것이 기획과 연출을 맡은 연극인 이해랑이 〈햄릿〉을 선택한 배경이었다. 다시 한번, 그 시기의 이해랑의 각오를 들어보자.

"군인들이 전쟁터에서 나라를 위해서 싸우는 것처럼 연극인은 연극 공연을 위해 있는 힘을 다해야 한다"는 이해랑의 정신. 거기엔 비장한 울림이 있는 것이다.

그 시기라면 한국인에게 가까운 것은 바로 궁핍이었다. 국립극장 연극무대가 서울특별시의 시공관市公館 무대기도 했다. 경제적 궁핍 때문이었다. 지금은 그런 사정을 아는 이도 없겠지만, 서울시 중구 예장동에 '드라마센터'가 세워지던 1960년대 초에는 이 같은 일이 있었다. 드라마센터 극장 좌석들 하나하나에 기부자의 이름을 넣기로 공표되었다. 누구든 극장 짓는 데 기부금을 냈다는 자랑스러운 증거로 기부자의 이름을 새겨넣기로 한 것이다. 그

때 드라마센터는 '프로세니엄' 아치를 벗어난 원형무대와 등장인물들의 등퇴장을 공연장 이곳저곳에서 하는 것으로도 화제가 되었는데, 기부자의 이름을 밝히는 이런 제도도 또한 화제가 되었다. 극장 건설비는 독일 등 해외 각국의 지원금을 모았다. 이런 지원으로 극장을 지은 당시의 사정을 아는 입장에서는, 이제 모든 해외원조를 다 갚았으며 오히려 가난한 국가에 대한 원조국이 되었다는 뉴스가 감격적일 수밖에 없다.

희곡이나 연극이 생산되는 그 시대의 여러 사정을 알면 그 희곡이나 연극을 잘 이해할 수 있고 친근감까지도 갖게 된다. 셰익스피어의 모든 작품의 처음에는 헌사가 붙는다. 어느 왕, 또는 어느 귀족의 후의에 특별히 감사한다는 헌사이다. 오늘날의 책들은 주로 가족이나 은사들에게 헌사를 붙이는 경우가 많은데, 셰익스피어가 왕이나 높은 귀족에게 헌정하는 것은 주로 경제적 후의에 대한 감사 표시로 보면 된다. 약 400년 전 그 시대에 셰익스피어는 특권을 가진 사람들의 후의를 받지 않을 수밖에 없었고, 그런 혜택을 받을 수 있는 작가는 오히려 선택받은 입장이리라. 그런 사정은 자존심 높은 작가들에게는 큰 스트레스가 되었을지도 모른다. 작품들이 서점이나 갤러리에서 거래된다 해도 원하는 대우를 못 받으면 스트레스가 되는 거야 마찬가지겠는데, 아무튼 셰익스피어는 역량 있는 작가로 인정받은 뒤엔 경제적으로도 안정된 생활을 영위했다.

이러한 시대적 배경을 이해하고서도 중요하게 여겨야 하는 사실이 있다. 바로 그 작가의 체질 또는 성정, 성향이라고 할 수 있는 부분이 있다. 아니 부분이 아니라 전체에 걸쳐 있는 무엇인지 모른다. 20세기 또는 21세기 고유의 언어가 있는데, 아마 셰익스피어라 해도 이런 언어가 우리들 현대인들의 핵심어로 사용되는 것에 의문을 느낄는지 모른다. 곧 DNA! 이것은 인간이 다른 곳에 간다 해도 변치 않고, 고유성을 늠름하게 지키며 후대에 전한다는 것이 생물학자들의 설명이다. 그 고집불통의 DNA가 실지로는 셰익스피어를 굳건하게 지켜주었을 것이다. 그래서 집안도 별로 내세울 게 없는 그가 시골에서 런던으로 올라오고, 엘리자베스 여왕과 그 뒤에 제임스 1세에 이르도록 변함없는 극작가로 존재할 수 있었을 것이다. 이것은 미덕이다. 비슷한 시대를 산 또 한 사람의 세기적인 천재 작가 미겔 데 세르반테스는 전쟁터에서 한쪽 팔을 잃었지만 60대에 그 걸작을 썼는데, 그 소설 〈돈 키호테〉는 유머러스하기가 짝이 없을 정도다. 이게 바로 DNA의 큰 힘 탓인지 모른다. 세르반테스가 〈햄릿〉을 쓰고, 셰익스피어가 〈돈 키호테〉를 쓰는 일이 안 일어났다는 것은 흥미로운 일이다. 또한 미소 짓게 하는 일이다.

셰익스피어를 만난다는 것은 극장에서 만나는 것보다도 먼저 책으로 만나는 게 축복일 수 있다. 공연이 되기 전의 상태의 "희곡은 말을 거르는 장르이다. 희곡 읽기는 말로 쓰인 나와 내 세계를 분석하는 일이다."[30] 안치운 교수의 말대로 희곡 읽기는 나를 둘러싼 이 세상의 참된 속 알맹이를 따져보는 일이기도 하다. 그러나 연극을 미처 모르는 교사들이 교육을 담당하는 것처럼 세상엔 다른 사정들도 있으니 어쩌랴. 안타깝다.

그러나 공연 대본이나 인쇄될 책을 위해서 수고한 번역자들은 단 한 번이라도 정중한 인사를 받을 권리가 있다. 그들은 대체로 한 시대 혹은 한 세대의 증인이며 배석자다. 그들이 원작자인 셰익스피어의 승인을 받은 것이야 아니겠지만, 아마도 대체로 원작자 셰익스피어에 대한 각별한 사랑과 존경심을 갖고 있었을 것이다. 그렇기에 최재서 교수 같은 번역자는 나중에 "병마와 싸우면서도 책과 원고지에 매달리셨다"[31]고 하니, 번역자가 번역에 바치는 시간은 오히려 축복의 시간이 될 수도 있을 것이다. 특히 영어를 언어 구조가 다른 언어로 번역하여 연극인들이나 독자들에게 전하는 그 노력을 보상조차 확실하지 않은 상태에서 종종 사명감이나 애정이 섞인 헌신을 통한 작업으로 이루어내곤 한다. 때로는 병마와 싸우면서도 애정과 존경, 또는 일종의 사명감으로 실천하게도 한다.

학문적인 저술에서는 확신이라든가 단정적인 표현이 불가능하겠지만, 내가 여기 '확신'이라는 단어를 사용하는 한 근거를 밝혀두고 싶다.

동국대 김재남 교수는 그의 열정과 집념을 셰익스피어 번역에 온통 쏟아부었다. 그의 한창때인 1950년대부터 1960년대 전반기까지는 한국 대학의 급료도 박봉이었고 도서관에 셰익스피어 영문 원서도 거의 없다시피 했다. 또한 출판계는 박한 원고료를 겨우 지불할 정도였다. 혹시 어떤 극단이 그 희곡 사용료를 지불한다 해도 대부분 적은 돈이었다. 그런 상황에서 김재남 교수는 월급을 쪼개 해외에서 원서를 구입하는 일에 썼다. 작품 원서 외에 몇몇 권의 셰익스피어 참고도서도 있었을 것이다. 1950년대나 1960년대의 대학 교수가 원서를 구하는 것은 쉽지 않은 일이었다. 원서를 구입하는 만큼 그의 처자가 경제적으로 쪼들린다는 것을 그도 모르지 않았을 것이다. 겨우 원서를 입수한 다음, 한쪽으로 자기가 거느린 식구들에게 미안하면서도, 속으로는 일종의 남모르는 성취감으로 웃었으리라. 그렇게 해서 한국 초유의 셰익스피어 전집이 출간되었다. 〈햄릿〉을 비롯한 여러 작품이 산발적으로 번역 출간되기는 했지만, 희곡 전 작품을 혼자 번역한 일은 김재남 교수가 처음이었다.

그런데 당시의 여건으로는 이런 일 자체가 거의 불가능했다. 모두 그를 우호적으로 바라본 것이 아니었다. 어느 일간지는 '번역이 군데군데 이상하고 어색한 부분이 섞여 있다'는 기사를 적기도 했다.

"혼자서 셰익스피어를 완역한다는 것 자체가 과욕이 아닌가?"라는 식의 회의적 여론도 있었다. 그 어색하고 이상한 번역 문구가 직역에서 온 융통성 없는 번역 탓인지, 혹은 편집부 직원이 윤문을 하다 보니 그렇게 된 것인지 지금은 분명히 밝히기가 어렵다. 그리고 지금에서는 당시의 평판은 그리 중요한 게 아닐지 모른다. 아주 재미있는 이야기가 있다.

콜럼버스가 아메리카 대륙을 발견하고 나서 그를 질시하는 사람들도 많았다. 그런데 콜럼버스는 별로 비판을 두려워하지 않았다. 한번은 콜럼버스를 곤란하게 하려는 사람들이 "당신은 퍽 잘난 모양인데, 어디 그럼, 잘난 사람이 이 달걀을 탁자에 한번 세워 보시오"라고 했다. 달걀을 식탁 위에 세우려면 자꾸 쓰러지기 마련이다. 결국 콜럼버스가 달걀 한쪽을 좀 깨트린 뒤에 식탁 위에 세우니까, 그 장면을 지켜 본 경쟁자는 "그렇게 하는 것이라면, 나도 달걀을 이미 세울 수 있었지"라고 했다. 아무튼 '콜럼버스의 달걀처럼' 셰익스피어를 먼저 완역한 사람은 동국대학교 영문학과의 김재남 교수였다.

그의 엄청난 집념은 응분의 환영을 받지 못한 듯했다. 출판계 한쪽에서는 아직도 일어본을 통해 중역하는 관행이 종종 있었다. 원문이 까다롭고 어려운 번역물, 러시아나 스페인 및 아랍 계통의 책들은 중역을 통한 번역이 종종 말썽을 일으키기도 했다. 이 중역의 악습은 싸구려 문화계의 독버섯들과 손잡기도 했다.

더 구체적으로 사정을 말한다면, 대학 사회에서 비교적 잘 알려진 해당 언어 담당 교수가 번역자로 출판사 의뢰로 일을 맡지만, 실지로는 그의 영향권 안에 있는 제자들에게 번역감을 나누어 맡기는 것이다. 출판계에 통하는 그 교수가 일감을 나누어주면, 제자는 자기가 받드는 교수에게 순종한다. 설령 뜻에 맞지 않아도 항명을 할 수도 흑막을 폭로할 수도 없는 관계다. 또 학비가 궁한 제자는 은근히 그런 일감을 기다리는 공생관계에 들기도 한다. 학비를 마련한다는 것은 엄숙한 것이며 웬만한 흉허물은 쉽게 덮을 수 있기 때문이다. 그런 데다가 제자는 훗날 지도 교수에게 무엇인가 다른 부탁을 해야 하는 일도 더러 있기에 지도 교수와의 비밀을 굳게 지키게 되었다. 번역료를 조금이나마 나누어 받으면 감사히 받았고 설령 안 준다 해도 호소할 방법은 없었다고 한다. 학비 마련에 쩔쩔매는 대학생이라면 번역료를 조금이라도 나누어 받게 되면 감사하게 여기기도 한다.

아무튼 이 공생관계의 칼자루는 그 교수의 손에 있다. 출판되는 책의 번역자 이름은 당연히 그 교수가 되고 그 번역물은 교수 업적 중 하나가 되는 것이 물론이다. 설령 대학 사회에서 이런 일들이 좀 알려진다 해도 큰 허물은 아니다. 일반 독자들은 모르기도 하지만 번역자로 잘 알려진 교수가 많다는 것은 그 대학의 체면에 오히려 플러스 효과를 가져오기도 한다. 교수에게 충분한 보수를 주지 못하는 학교 측은 굳이 참견할 일도 아닌 것이다.

물론 그런 잘못된 관행들은 일부에 국한된 것이긴 하다. 다만 상당히 유명한 번역자가 나쁜 관행을 따르던 일이 있었다. 이 대목을 쓰다보니, 한 출판사 오너가 필자에게 이 나쁜 관행이 없어지려면 언제쯤 되겠느냐고 묻기도 했다. 물론 지금으로부터 아주 여러 해 전의 일이다. 나중에 그 오너는 세계문학전집을 새로이 기획하고 출판을 하게 되었다. 번역 수요가 많고 일부에서 비리 현상이 심해지다 보니 부작용도 심했던 것이다.

생전에 노고를 충분히 위로받지도, 보상받지도 못한 김재남 교수는 아무튼 최초의 셰익스피어 작품들을 완역해낸 그 명예를 누릴 것이다. 나는 유명한 시인 미당 서정주 선생의 멋진 말을 인용하고 싶다.

"선생님께서는 왜 이런 고전을 번역하시죠?"

나는 서정주 선생님 댁에 인사를 드릴 일로 갔다가 마침 책상에 한 중국 고전 번역본이 새로 출판되어 놓인 것을 보고 물었다. 미당 선생의 대답이 이러했다.

"야, 이 사람아. 이런 일이 아니면 언제 서정주의 이름이 장자, 맹자 이런 대단히 훌륭한 사람들의 이름과 나란히 놓이겠나?"

미당 선생은 한동안 껄껄 웃었다. 나도 덩달아 웃고 말았다.

나는 훨씬 세월이 지난 훗날에야 김재남 교수가 그 궁핍하고 열악한 시대에 해외에서 원서를 구입하던 이야기를 알게 되었다. 그가 원서 주문을 하려고 그의 작은 월급을 쪼개어 쓰고, 그러다가 원서가 도착하면 어린애처럼 좋아했다는 이야기를 듣고 가슴이 먹먹해졌다. 김 교수는 양식과 열정의 사람이었던 것으로 보인다. 김재남 교수는 처음에 셰익스피어의 〈로미오와 줄리엣〉을 번역했으며, 이 이후 1959년에 〈한여름 밤의 꿈〉을 '양문문고陽文文庫'의 하나로 번역해냈다. 당시 한국전쟁으로 정신적 양식에 굶주림을 느끼던 독서 군중은 서점에서 값싸게 제공하는 '양문문고'에 유명한 셰익스피어의 〈한여름 밤의 꿈〉이 끼어 있는 것을 보자 반응이 뜨거워졌다. 그 문고에 대한 독자들의 반응에 크게 고무된 김 교수는 내쳐 큰 의욕을 품은 듯하다. 그러나 아마도 그것은 학문적 의욕으로 불타올랐을 것이다. 셰익스피어는 언어가 아주 다른 한국

땅에서도 복 받은 존재가 될 수 있다! 영문학을 전공해온 그의 입장에서 셰익스피어와 함께하는 세월은 학문적으로도 충분히 의미가 있을 것 아닌가.

바로 이것이다. 김재남 교수의 이름은 지금 대단한 셰익스피어의 빛나는 이름과 나란히 인쇄되는 영광을 누리고 있다. 번역자는 그 번역자의 명예를 중히 여길 수 있어야 한다.

더구나 김재남 교수의 셰익스피어 희곡 전집 완간(휘문출판사, 1964)은 하나의 촉진제가 된 듯싶다. 이어서 정음사 전집이 출간됐다. 여기에는 당시의 한국 각 대학의 유명한 영문학과 교수들이 많이 참여했다. 고석구, 김갑순, 김종출, 김주현, 김홍곤, 나영균, 노재민, 문상득, 여석기, 오화섭, 이근삼 ,이종수, 이창배, 이호근, 정병준, 정인섭, 최정우, 피천득, 한로단 등 19명이 참여한 것인데, 이것은 유례를 찾아보기 어려운 일이다. 그리고 이런 현상은 영문학에서 극작가 셰익스피어가 차지하는 비중을 잘 보여주는 일이다. 그리고 달리 표현하면 셰익스피어는 한 작가로 멈추는 것이 아니다. 오히려 하나의 문화 현상이기도 한 것이다.

연극인이 세익스피어 극에 출연한 일이 있다는 것, 영문학자가 셰익스피어를 번역했거나 강좌를 갖고 있다는 것, 그것은 하나의 문화에 깊이 참여했고 이해한다는 것이 될 것이다. 그래서 에세이스트가 그의 에세이에서 셰익스피어를 다룬다면 무한히 넓은 소재이며 하나의 세계이기도 할 것이다. 그것은 근사하고 즐거운 글 나들이가 될 것이다. 그는 그저 단순한 극작가나 영문학의 작가가 아니다. 심리학자이며 철학자이다. 아니 거기서 더 나간다. 수사학자이며, 사학자이며, 인문학자이다. 그는 그래서 하나의 문화 현상이기도 한 것이다.

셰익스피어가 각 분야의 선각자들이 단편적인 내용을 소개하거나 의견을 말해온 이래, 큰 매듭을 짓게 된 것이 바로 한국어판 전집 간행이다. 드디어 한국은 프랑스, 독일, 이탈리아, 러시아, 스페인, 일본 등 소위 선진국이 갖고 있는 셰익스피어 전집을 1964년에 이미 2가지나 보유한 나라가 되었다.

이미 한국은 경제적으로도 세계 10위권에 바싹 접근했는데, 만일 셰익스피어를 통해서 한 나라의 정신문화를 측정하는 기준이 있다면, 우리는 더 빨리 큰 성취를 올린 것이 될 것이다.

우리가 셰익스피어를 잘 향유하기 위해서는 일반적으로 적절한 번역의 관문을 거쳐야 한다. 좋은 번역을 위해 가난이나 고독을 무릅쓰고 노력해왔고, 몰이해 가운데서도 굴하지 않고 용기와 학문적 자존심을 지키려 한 분들에게 감사하는 것은 셰익스피어에게 감사하는 것과 마찬가지로 중요하다.

"그 순간까지 병마와 싸우면서 책과 원고지에 매달리셨다 하니 실로 뼈를 깎아내고 살을 저며내며 각고정려하신 학문의 순교자이시다." 이 글은 영문학자 최준기 교수가 선배 최재서 교수의 죽음을 알고 쓰는 글의 한 문장이다. 유명한 셰익스피어 학자이자 번역자인 최재서 교수의 모습에서 저명하든, 저명하지 않든 각고하는 번역자의 모습이 얼비치는 듯하다. 또한 내게는 필동 그의 집 안방에 누워 있던 최재서 교수의 모습이 오버랩되어 살아난다. 모든 학자나 번역자를 한 교수의 모습 안에 수렴하고 하나의 표준에다가 일반화시키는 것은 무리겠지만, 나는 고등학교 시절에 본 수염도 깎지 않고 침상에 누워 있던 최 교수의 모습을 다시 떠올린다.

그리고 번역자로서가 아니라 셰익스피어 연구가로 떠올리게 되는 얼굴이 있다. 서울대학교 이경식 교수다. 그는 하버드대학교와 옥스퍼드대학교, 케임브리지대학교 등의 교환교수를 역임했다. 그는 평생 셰익스피어라는 큰 바다에서 항해를 하고 투망질을 한, 몇 안 되는 셰익스피어 전문가 중 한 분이다. 나는 한 예술대학에서 희곡강의를 할 때 대뜸 그의 책부터 한 권 구입했던 기억이 있다. 그에 대한 일종의 신뢰감이 있었다. 나는 1970년대 중반에 그에게 원고 일로 한 번 만나 차를 마신 일이 있었다. 그때 그가 위장병을 갖고 있었다. 그는 학문에 꾸준히 정진하는 학자의 이미지를 갖고 있었는데, 몇 년 전 자료를 수집하던 나는 그의 방대한 역저《셰익스피어 연구》를 발견했다. 46배판 1050페이지의 방대한 그 책은 서지학적인 셰익스피어의 판본 연구를 통해 집념 어린 성과를 보인다.

최재서 교수의 번역만이 아니라 연구 그 자체에서도 그의 진정이 느껴지지만, 이경식 교수에게서도 셰익스피어에 대한 진지한 신뢰가 깊이 쌓인 것이 드러난다.

나는 이경식 교수를 만날 생각을 접었다. 그에게 뜨내기 식의 질문으로 번거롭게 하는 것은 삼가기로 했다. 또 중요한 질문과 답은 그의 책에 다 있는 것 같다.

김 한 교수는 최근에도 〈리어 왕〉의 번역(도서출판 동인, 2016)을 내놓았다. 또《그럼에도 불구하고: 셰익스피어의 인간과 세상 이야기》는 셰익스피어의 작품과 사상에 대한 폭넓고 유니크한 접근으로 주목할 성과를 보이고 있다.

셰익스피어에 평생 홀린 듯 살아온 학자나 번역자들의 깊은 한숨 소리를 들으면, 새삼스레 인생과 예술에 대한 성찰의 단계에 들어간다.

셰익스피어! 400년 전에 영국에 태어나서 38편의 희곡을 열심히 쓴 그 극작가의 무엇이 다른 어떤 사람의 일생을 매혹시키고 끌어당겨서 헌신하게 하는 것인가? 오 년이나 십 년이 아닌 인생의 대부분의 시간을 바치며 골똘히 연구하게 하는가? 그것은 일종의 착취는 아닐까? 거기에는 가혹한 운명적 돌팔매가 섞여 있는 것이 아닌가? 파우스트는 노년에 와서 지혜와 학문적 성취를 얻기는 했을지라도 젊음의 아름다움을 잃었다. 그러나 다시 그 젊음을 찾는다면 그는 무슨 꿈을 꾸고 무엇을 실현시키려 할 것인가? 여기에 마치 뫼비우스의 띠 같은 자꾸 물고 돌아가는 이상한 되풀이가 있다. 알베르 카뮈의 시지프 신화와도 닮았다.

나는 여기서 김 한 교수의 마치 연극 세리프 같은 말을 독자에게 들려주고 싶다.

난생 처음 셰익스피어 강의를 맡았던 가을처럼 지금도 여전히 수업을 끝내고 나오면, 링을 나서는 레슬링 선수처럼 녹초가 된다. 아마도 영원히 그럴 것 같다. 그러나 이 진땀나는 노동에도 불구하고 셰익스피어의 세계에 접할 수 있었던 것은 신이 내 인생에서 허락해주신 가장 가슴 뛰는 감격적인 선물이었다.[32]

주

1 김한,《셰익스피어의 인간과 세상 이야기》, 동인, 2009, 234쪽(Larogue의 말을 재인용).

2 최재서 옮김,《햄릿》 3막 1장, 사단법인 올재, 2014.

3 김한 옮김,《리어 왕》, 동인, 2016, 54쪽.

4 정정호,〈대문호 셰익스피어 문학의 위대성〉,《세계시민》 2016년 봄호, 167쪽.

5 《맥베스》 5막 5장.

6 곽승룡,《도스토예프스키의 비움과 충만의 그리스도》, 가톨릭출판사, 1998, 165쪽.

7 위의 책, 171쪽.

8 최재서 옮김,《햄릿》 5막 1장, 사단법인 올재, 2014.

9 J. D. 윌슨, 권세호 옮김,《셰익스피어 진수(眞髓)》, 이문출판사, 1986.

10 콜린 윌슨, 황종호 옮김,〈셰익스피어는 누구인가?〉,《풀리지 않은 세계의 불가사의》, 하서, 2009.

11 Janet Ware, *101 Things You Didn't Know About Shakespeare*, Adams Media, 2005, p.74.

12 김정환,〈문학으로 읽다〉,《21세기 고전에서 배우다》 제1권, 하늘연못, 2000, 49쪽.

13 위의 글.

14 김갑순 옮김, 〈한여름 밤의 꿈〉 3막 1장.

15 김한, 《셰익스피어의 인간과 세상 이야기》, 동인, 2009, 31쪽.

16 위의 책, 31쪽.

17 최재서 옮김, 《햄릿》 3막 1장, 사단법인 올재, 2014.

18 위의 7행은 〈맥베스〉 2막 2장, 맥베스의 대사를 패러디한 것임.

19 김재화, 《영미 희곡 명작론》, 한신문화사, 1998, 24~25쪽.

20 이현우, 〈햄릿〉 3막 2장, 《한국 셰익스피어 르네상스》, 동인, 201쪽.

21 위의 책, 320쪽.

22 최재서 옮김, 《햄릿》 5막 2장, 사단법인 올재, 2014.

23 이현우, 앞의 책, 379쪽.

24 위의 책, 388쪽.

25 위의 책, 401쪽.

26 M.S.배린저, 이재명 옮김, 〈햄릿〉 4막 4장, 《연극이해의 길》, 평민사, 2017, 215쪽.

27 신정옥, 《셰익스피어 한국에 오다》, 백산출판사, 1998년.

28 연극연출가 전세권의 회고.

29 신정옥, 앞의 책, 106쪽.

30 안치운, 《연극, 기억의 현상학》, 책세상, 2016, 91쪽.

31 신정옥, 앞의 책, 105쪽.

32 김한, 〈출간에 부쳐〉, 《셰익스피어의 인간과 세상 이야기》, 동인, 2009.

윌리엄 셰익스피어(1564~1616).
이 그림은 셰익스피어의 초상화 중 가장 널리 알려진 작품이다. 그림의 이전 소유자인 샨도스 공작의 이름을 따 일명 샨도스 초상화(chandos portrait)라 불린다. 현재 런던 국립초상화미술관이 소장하고 있다.

엘리자베스 1세 여왕(1533~1603).
영국 절대주의의 전성기를 이끌었으며, 연극을 비롯한 여러 문화 활동을 장려하여 셰익스피어가 작품을 쓰고 공연할 수 있는 기초를 마련하였다.

리처드 버비지(1567~1619).
셰익스피어 시대의 주인공 전문 배우이며, 〈햄릿〉, 〈오셀로〉, 〈리처드 3세〉 등을 최초로 연기했다.

크리스토퍼 말로(1564~1593).
영국의 시인. 단명하여 많은 작품을 쓰지는 못했으나, 셰익스피어에 여러 영향을 준 작가로 평가받는다.

The Spanish Tragedie:

OR,

Hieronimo is mad againe.

Containing the lamentable end of *Don Horatio*, and *Belimperia*; with the pittifull death of *Hieronimo*.

Newly corrected, amended, and enlarged with new Additions of the *Painters* part, and others, as it hath of late been diuers times acted.

LONDON,
Printed by W. White, for I. White and T. Langley, and are to be sold at their Shop ouer against the Sarazens head without New-gate. 1615.

영국 극문학에서 복수극의 효시로 꼽히는 토머스 키드의 〈스페인의 비극〉. 〈햄릿〉과 유사한 부분이 있어서, 이 작품의 일부를 셰익스피어가 썼다는 주장 또는 셰익스피어의 작품을 키드가 썼다는 주장이 제기되기도 한다.

16세기의 인쇄소 풍경.

1595년에 영국 런던에 지어진 스완 극장. 셰익스피어의 여러 희극이 공연되었다.

셰익스피어 시대의 런던 풍경.

2부

안치운

한국 연극의 셰익스피어 수용

이 글은 한국 연극의 셰익스피어 수용과 관련한 연대기 연구다. 일제강점기부터 비교적 최근까지 국내에서 이루어진 셰익스피어 작품 번역과 연극 공연을 시간 순으로 다루었으며, 관련 문헌들을 기초자료로 삼았다.[1]

1. 일제강점기 시대

1) 셰익스피어의 문학적 수용

한국 연극의 셰익스피어 수용은 일제강점기를 기점으로 한다. 셰익스피어가 한국 연극에 어떤 영향을 미쳤는지와 함께 그 유입 경로는 매우 중요한 문제이다. 유입 초기에 셰익스피어의 이름, 작품명, 그리고 단편들은 경구 형식으로 알려졌다. 셰익스피어가 희곡 작가보다는 서양 문학에서 유명한 인물로, 사상가로, 위인으로 묘사되었기 때문이다.[2] 일제 강점기에 서양 문학을 통한 '개화'는 서양 문화를 '받드는 것'에 중점을 주었다. 그러니까 당시에는 인물이나 작품에 대한 구체적인 내용보다는 서양에서 유입되었다는 사실 자체로 이목을 끄는 바가 많았다. 즉 셰익스피어 연극은 영국 연극으로 알려지기보다 서양의 훌륭한 연극의 하나로 알려졌고, 셰익스피어라는 인물 또한 서양 문학의 위인으로 소개될 수밖에 없었다.

서양 문물이 이 땅에 수입되던 당시에 '셰익스피어'라는 낯선 이름은 한국인에게 어떻게 불리고 읽혔을까? 지금은 어려움 없이 읽을 수 있는 이름이지만 당시에 "셰익스피어"라고 부르는 것이 과연 쉬운 일이었을까? 당시 《조양보》의 〈자조론〉, 《동서양역사》, 《19세기구주문명진화론》과 같은 기록에서 살펴보면, 셰익스피어는 '세이구스비아', '헐극토비이歇克土比爾', '헐극사비이歇克斯比爾', '색토비아索土比亞', '주약시피아酒若是披霞', '유염 색토비아維廉 塞土比亞', '시례구사비아時禮求射比亞' 등의 발음으로 한국인에게 불렸다. 이를 〈표 1〉에 정리했다.

이처럼 셰익스피어는 우리에게 다양한 이름으로 불렸다. 이는 외국어를 한자로 표기하는 음역音譯 과정에서 생긴 일로, 철학을 뜻하는 단어인 '필로소피아philosophia'가 '비록소비아費祿蘇非亞', '비록소비아斐錄所費亞', '비룡소비아飛龍小飛阿' 등으로 불렸던 것과 비슷하다.

표 1. 셰익스피어 이름의 표기 및 발음

연도	출처	표기
1906	스마이르스 원저, 역자 미상, 〈자조론〉, 《조양보》 제2호, 1906.7.10, 5쪽.	세이구스비아
1907	원작자 미상, 유승겸 역술, 《중등만국사》, 159쪽.	색스피어
	원저자 미상, 현채 역, 《동서양역사》 권二, 보성관(보문관), 1907.5, 121쪽.	헐극토비이(歇克土比爾)
	원저자 미상, 현채 역, 《동서양역사》 권二, 보성관(보문관), 170쪽.	헐극사비이(歇克斯比爾)
1908	신채호, 〈대아와 소아〉, 《대한협회회보》 제5호, 1908.8.25, 8, 28쪽.	색토비아(索土比亞)
	조언식, 〈정신적 교육〉, 《기호흥학회월보》 제4호, 1908.11.25, 3쪽.	색토피아(索土皮亞)
	정영택, 〈학해집성-교육의 목적〉, 《기호흥학회월보》 창간호, 31쪽.	주약시피하(酒若是披霞)
	순덕 진국용 술, 대한 이채우 역술, 《19세기구주문명 진화론 - 20년래 생계계극변론》, 우문관, 28쪽.	유염 색토비아(維廉 塞土比亞)
1909	관해생, 〈동서격언〉, 《기호흥학회월보》 제8호, 1909.3.25, 39쪽.	시례구사비아(時禮求射比亞)

셰익스피어의 이름이 이렇게 불린 것에는 일본의 영향을 무시할 수 없을 것이다. 1919년 3·1운동은 언론을 활성화시키고 서양 문물의 유입을 적극적으로 받아들일 기회를 마련해주었지만,

그럼에도 일본 제국주의의 무력이 강제했던 식민통치 상황 속에서 셰익스피어를 비롯한 서양 문학을 읽고 번역하여 알리기는 쉽지 않았을 것이다. 또한 작가와 작품의 이름을 발음하고 표기하는 데 있어서 일본식 한자 표기 방법에 영향을 받을 수밖에 없었을 것이다. 그것은 곧 셰익스피어가 우리에게 소개될 때 피할 수 없었던 외국어에 대한 제약이기도 했을 것이다.

기록을 살펴보면 셰익스피어가 당시 한국 연극에 처음 소개된 것은 1909년 일본어로 공연된 〈햄릿〉과 〈베니스의 상인〉을 통해서였다. 이 공연에 대해서 자세하게 알 수는 없지만, 일본어로 공연된 극이 얼마나 한국인들에게 가까이 다가올 수 있었는지는 의문이 아닐 수 없다. 일본어를 아는 지식인이나 문인들 외에 일반 대중에게 셰익스피어는 낯선 이름이었다. 이 당시 서양 문물을 통한 개화는 일본을 통해서 이루어졌고, 그 과정에서 왜곡된 부분들도 있었다. 따라서 연극의 특징보다는 서양 문학의 문호로서 셰익스피어를 바라보려는 태도가 선행되었을 것이다.

서양에서 셰익스피어는 계층을 불문하고 대중들에게 사랑받은 극작가이다. 누구라도 극장에서 그의 작품을 즐길 수 있었다. 하지만 외국 문물로서 유입된 한국에서의 셰익스피어는 문화적으로는 선호의 대상이었으며, 사상적으로는 우월한 지위를 지닌 인물로 받아들여졌다. 이 때문에 셰익스피어는 소수의 엘리트가 점유할 수밖에 없었을 것이다.

이렇게 한국 사회와 한국 연극에서 셰익스피어의 수용은 여러 불편한 환경 속에서 이루어졌다. 무엇보다도 일제강점기에 셰익스피어의 수용은 산발적이었고, 작품의 깊이를 온전히 깨닫고 받아들였다기보다 단순한 서양 문호로서의 소개에 그쳤다고 볼 수 있다.

〈표 2〉의 요약된 기록을 보면, 유입 시기의 초기 공연은 일본어로 이루어졌고, 연극보다는 극장에서의 영화 상영으로 더 많이 셰익스피어의 작품을 접할 수 있었음을 알 수 있다. 당시 일본에서 유학하고 있었던 이들은 셰익스피어를 접하기가 비교적 용이했고, 셰익스피어에 관한 희곡과 공연에 관한 정보를 일본어로 먼저 배울 수 있었다. 나중에 한국 문학, 한국 연극의 선구자들이 된 이들은 극장에서 공연을 통해 셰익스피어를 배우기보다는 서재에서 책을 기초로 이해했고 터득했다. 일제강점기 시대의 셰익스피어 연구의 특징은 일본 교육과 일본어에 크게 노출된 세대에 의해 주도된 것이 사실이다. 그리고 대학에서의 셰익스피어에 관한 강의를 통해 그의 연극예술에 관한 이해의 폭을 넓혀갈 수 있었다.[3]

이러한 방식의 '셰익스피어 알아가기'는 일본 서재극書齋劇(무대 상연을 목적으로 하기보다는 읽을거리로 쓴 극. closet drama, 레제드라마라고도 한다)의 영향 때문이라고 볼 수 있을 것이다. 셰익스피어의 한국 연극 유입은 셰익스피어를 공연보다는 문학적 연구 대상으로 먼저 여겼다. 그 결과 셰익스피어는 공연보다는 문학적 대상으로 더 크게 자리를 잡게 되었다. 초기 한국 연극에

표 2. 일제강점기 시대에 '개화'로의 셰익스피어

연도	내용
1909	"셰익스피어 격언 및 경구가 실려 나왔다." 육당 최남선(국사학자), 〈소년훈〉, 《소년》 제4호, 1909.2.1, 28면.
	일본어로 〈햄릿〉, 〈베니스의 상인〉 공연.
1910	셰익스피어가 거의 극작가로 언급되지 않는 가운데 가인假人 홍명희洪命熹가 독서에 관한 격언집 속에서 셰익스피어란 인물에 대해 간략하게 소개한다고 하면서 개화기에 흔하지 않은 주를 붙여 〈햄릿〉을 포함하여 4대 비극 작품을 원명 그대로 소개했다. 홍명희, 〈서적에 대하야 古人의 찬미한 말〉, 《소년》 제15호, 1910.3.15, 65쪽.
	셰익스피어를 3대 문호로 소개. 유옥겸, 《서양사교과서》, 광한서림, 1910, 164쪽.
	격언으로 〈베로나의 두 신사The Two Gentlemen of Verona〉(I. ii. 30) 인용. 〈소년금광〉, 《소년》 제18호, 1910.6.15, 43쪽.
	격언으로 〈끝이 좋으면 다 좋다All's Well That Ends Well〉(I. i. 30) 인용. 〈소화일과 격언육십삼집〉, 《소년》 제19호, 1910.7.15, 24쪽.
1914	〈햄릿〉, 〈베니스의 상인〉 주註에 소개. 최남선, 〈세계일주가〉, 《청춘》 제1호, 1914.10.1, 80~81쪽.
	정노식 역, 〈브루타스의 웅변〉. 〈줄리어스 시저〉의 한 부분 발췌.
1917	"셰익스피어의 신상에 역점을 두어 가계로부터 경력까지 그를 비교적 자세히 소개하면서 특히 셰익스피어가 배우였음을 말해주고 있다." 샤뮤엘 스마일쓰 저, 최남선 역설, 《자조론》 상, 신문관, 1917, 14~15쪽.
	"셰익스피어가 한글로 표기되며 시인으로 소개" 牧丹山人, "최선의 문명개화는 각종 산업의 발달에 재흠", 《태극학보》 제18호.
	〈맥베스〉 영화 상영.
1919	구리병 역, 〈템페스트〉, 〈쉑스피어이야기〉.

서 셰익스피어라는 대상이 연극으로서 셰익스피어가 아니라 문학으로서 셰익스피어일 수밖에 없었던 이유는 여기에 있다. 당시 일본에서 셰익스피어는 '계몽'의 명목 아래 가장 유명한 외국 문호였다. 일본식의 계몽의식은 획일화된 방식의 맹목이었던 터라, 셰익스피어도 맹목적 외국 문학 선망의 대상이 될 수밖에 없었다. 그러나 일본의 셰익스피어에 대한 맹신적 옹호 분위기와는 사뭇 다른, 독자적이고 주체적인 셰익스피어 해석이 한국문학 안에 있었다.

김우진(1897~1926)[4]의 연구에서 이를 찾아볼 수 있다. 일제강점기 때 극작가이자 연극인이었던 그의 유학시절 기록에서 당대 셰익스피어 작품에 관한 글을 찾아볼 수 있다.

> "인도印度를 잃으면 잃었지, 우리 사옹沙翁을 잃어버려서는 못 되겠다"는 말은 《영웅론英雄論》으로 유명한 토마스 카알라일의 자랑이었다. 과연 영제국英帝國의 인도만한 가치가 있는지 없는지는 나도 실은 의문이다. 교활과 간지奸智로 제국주의의 완력으로 약탈한 인도보다는 만세인萬世人에게 정신적 쾌감(?)을 주는 까닭으로 사옹이 낫다면 별 문제이지만. 하여간 18세기 괴테를 위시한 독일 낭만주의자들이 사옹을 묘지 속에서 다시 끄집어내어 펀펀하고 잔소리 많은 찬사로 천상天上에까지 추켜주기 전에는 영국인英國人 자신들까지 사옹을 믿지 못했었다. (중략) 그 결과로 영국인이 사옹의 가치(?)를 그리 알아보지 못했던 대신에 독일인이 더 즐거워했

> 고, 쇼오나 톨스토이 같은 이가 비방하는 대신에 카알라일 같은 이가 천상에까지 추켜주었던 까닭을 알았다. 즉 사옹의 작품의 지남침指南針을 정한 원동력은 시대, 즉 15~16세기의 엘리자베스 조朝의 영국이었다. 서반아西班牙의 아르마다 무적함대를 일격에 퇴각시키고, 처여왕處女王의 위풍, 평화 유락愉樂(근대적 향락의 뜻은 아니다) 속에서 살아오던 시대다. (중략) 당시의 사옹도 또한 시대의 아들로서 패금琩今 〈햄리트Hamlet〉에 나타난 고민과 초조, 〈맥베드Macbeth〉에 나타난 험참기이險參奇異한 기분, 〈오델로Othello〉에 나타난 복수, 피비린내 나는 혈쟁血爭이 있더라도, 그 고민 초조, 험참기이와 혈쟁은 근대의 그것과 같지 아니하고, 역시 어느 곳인지 경쾌하고 유쾌한 김이 서리어 있다.[5]

여기서 사옹沙翁은 셰익스피어를 말한다. 김우진의 글은 셰익스피어에 대한 단순한 일본의 식민지 개화교육의 반향과 달리, 서양 문물 유입에 관한 추종적 성격에서 벗어나는 독자적 해석 및 비평을 포함하고 있다. 김우진은 영국이 인도를 식민지로 두고 있다는 사실과 셰익스피어가 영국의 대문호라는 사실을 동시에 견주면서 제국주의의 흑심을 여과 없이 드러낸다. 무력으로 행사한 시대적 과오들은 절대로 받아들일 문제가 아니라는 것을 말하고 있다. 그러면서 셰익스피어가 영국의 식민지 '인도'와 견주어 바꿀 수 있는 것인가의 비유보다, 문학적이고 정신적인 작품으로 셰익스피어가 인정받는 것이 더 바람직하다는 데 방점을 찍는다. 김우진의 요점은 셰익스피어가 지닌 문학적 가치를 발견해야 한다는 데 있다. 또한 셰익스피어가 모국에서보다 나라 바깥에서 더욱 그 진가를 발휘하고 있다는 것을 놓치지 않고 있다. 그는 영국에서의 셰익스피어 평가보다 오히려 세계대전의 와중에 지구적으로 셰익스피어가 소개되는 바를 주목한다.

김우진은 셰익스피어는 15세기, 16세기의 대영제국의 승리자로서 격동적인 낭만주의를 누리는 것이 아닌 어딘지 모르게 '경쾌'하고 '유쾌'한 면이 살아 있다고 평가한다. 이는 제국주의적 성향을 벗어난 해석으로, 문학적이고 예술적 측면에 입각한 인간의 내적 갈등에 대한 고민과 초조, 불안, 복수, 혈쟁 등과 같은 보편성에 주목하는 해석이다. 다시 말해 셰익스피어의 작품을 보편적 대상으로 보고, 이를 통해 문학적 가치를 주시하는 태도라고 할 수 있다. 김우진은 셰익스피어의 작품의 매력은 시대적 격동의 영향과 함께할 때 더 잘 드러난다는 사실을 직시했다. 김우진의 비평에 이르러, 한국 연극은 셰익스피어 작품이 지닌 비극적 상황과 당대 우리의 현실을 비교할 수 있었다.

김우진은 일제강점기라는 시대적 환경 속에서 서재극으로서 셰익스피어를 받아들여야만 했던 바를 넘은 독자적 해석으로 문학의 이해와 더불어 비평의 힘을 보여주었다. 셰익스피어의 작품은 김우진에게 자세한 인물 묘사와 인물들 간의 관계, 인물들의 고유한 성격을 지닌 생동감 있는 텍스트였던 셈이다. 우리가 김우진에게 주목할 점은 일제강점기 시대의 제국주의 압제와 식민지 현실을 맞물리면서 셰익스피어 작품의 특징을 살펴보려 한 태도이다. 김우진은 셰익스피어 작품이 지닌 문학적 가치뿐만 아니라 당시의 시대적 상황을 문학적 텍스트를 통하여 해석하고 분석하려 했다.[6]

셰익스피어의 문학적 수용

한국 근대 연극에서 셰익스피어의 유입은 일본 제국주의의 일방적인 해석과 제국주의를 합리화하는 식민교육으로의 '개화기' 설정 아래 놓여 있었다. 김우진은 자신의 독자적 해석과 비평을 통하여 새로운 셰익스피어 해석의 길을 열어놓았다. 이를 통해 한국의 근대 연극은 초기 셰익스피어의 한국 유입이 지닌 '문학적' 특성에서 벗어나 셰익스피어 희곡이 지닌 공연성에 조금씩 다가갈 수 있었다. 셰익스피어를 문학적 수용이라는 측면에서 바라보면, 강조되었던 것은 작품의 수사적 표현과 인물 관계, 성격 묘사이고, 주제의 범위는 정치, 욕망, 인간 존재의 고뇌, 사랑, 꿈과 같은 것들에 한정되었다. 여기서 한 가지 덧붙일 것은, 당대의 비극적 현실 인식 아래에서 셰익스피어의 작품은 조국의 독립과 억압된 인간성을 회복하려는 능동적 태도로까지 이어졌다는 점이다. 셰익스피어 유입의 이념들은 무엇보다도 셰익스피어의 작품이 지닌 인간성에 대한 성찰이 근간을 이루고, 나아가 당대 현실 속에서 현실과 이상의 이념적 고립을 넘어선 갈망이라고 할 수 있다.

일제강점기라는 비극적 시대 상황이 셰익스피어라는 문학성과 결부되면서, 한국 근대 연극의 지식인들은 학문적 가치로서 셰익스피어의 작품을 두드러지게 대상화하였다. 해방 후에도 복잡한 시대 상황 아래에서 순수문학적 가치로서 셰익스피어를 중심 텍스트로 여겼다. 이러한 유입의 풍경들은 한국 현대 연극에 이르러 셰익스피어 극을 정치극으로 여기고, 다양한 해석을 통해 폐쇄된 사회를 여는 기폭제 역할로 확대될 수 있었다. 1945년 해방 이후 셰익스피어는 영미 문학의 하나에 머물지 않고 정치극으로 해석되고 공연되었다.

2) 제대로 상연된 적 없는 셰익스피어 연극

일제강점기 아래에서 주체적인 연극 활동은 어려웠다. 민속마당극이나 가면극과 같은 전통연희가 있었지만, 실상은 일본 제국주의가 용납하는 것, 당대에 유행한 어용적이거나 가벼운 극적 양식들에 불과했다. 서양 문물 유입이라는 환경적 조건과 서양 문호 유입의 선호 사상이 팽배하여 그 유입의 경로와 영향을 평가하는 것은 쉽지 않다. 그럼에도 불구하고 일제강점기 아래에서 서양의 문호가 어떻게 유입이 되었는지, 그리고 그에 대한 우리의 수용 태도, 수용 방식과 수용한 내용들이 무엇인지를 살펴볼 필요가 있다.

만연한 신파극

일제 침략기 시대의 연극 활동으로 먼저 '신파극'을 살펴보자. 신파극은 대중오락 극으로 우리나라에서는 1911년 임성구林聖九의 혁신단革新團에 의해 처음 공연되었다. 임성구의 첫 공연은 일본의 신파극에 영향을 받은 것으로, 일본의 〈뱀의 집념蛇の執念〉을 번안한 〈불효천벌不孝天罰〉 등이 있다. 하지만 내용적으로나 형식적으로나 일본 근대 연극의 영향을 받아 거의 모방극에 지나지 않았다. 작품들의 주제는 제국주의와 계몽사상을 전달하는 효, 충, 신교육, 미신 타파와 같은 내용들이었고 또 선과 악에 대한 내용들이 중심을 이루었다.

이렇게 모방극에 지나지 않았던 '신파극'은 1920년대에 이르러 상업주의 극으로 변모한다. 본래의 신파극(新: 새로운, 派: 강물이 갈려 흘러가는 가닥)은 '민중계몽'이라는 표어를 내걸었고 신파극의 목적과 대중과의 만남이 기획되었다. 하지만 유명무실한 '민중계몽'의 신파극은 실상 일제 연극 양식의 아류에 머물고 말았다. 대중들의 열광에 호응했던 신파극은 곧 상업화되면서, '스타 시스템'의 영향이 더 커지게 되었다. 신파극은 점차 인기몰이에 급급해지고 상업 연극으로 안착되었다. 신파극은 작품성보다는 상업성을 중시하는 극으로 변모하였고 연극의 의의나 목적의식은 사라지고 일본 제국주의의 영향을 받는 대중오락물로 전락하게 되었다.

소극장 운동, 극예술협회

만연한 상업주의적인 신파극에 반기를 든 운동이 극예술협회의 '소극장 운동'이었다. 기존의 대극장에서 흥행 위주로 올려진 신파극에 반하는 운동으로, 대극장이 아닌 소극장으로의 의식적 연극운동이 생겨난 것이다. 소극장 운동이라는 의식적 연극 활동은 극예술연구회의 능동적 활동을 촉발하는 데 기여했다. 이러한 연극적 운동은 근대극 운동의 발판이 되어주었다. 일본의 아류 연극 양식인 신파극에 반하는 소극장 운동은 활발하지는 않더라도 그나마 셰익스피어 작품을 연구할 수 있게 하는 근대극 운동에 영향을 끼쳤다.

> 우리나라의 소극장 운동은 1920년대에 전개된다. 신파극의 흐름에 반기를 들고 반상업주의 연극운동을 시작했던 것이다. 1920년 봄 동경東京에서 일어난 일단의 유학생들이 조직한 극예술협회는 바로 그러한 운동의 발아發芽였다. 동경 유학생들이 1920년 봄에 발족시킨 극예술협회는 동우회 순회극단과 형설회 순회극단을 조직, 구체적 소극장 운동을 벌임으로써 상업극으로 침체해있던 기성극계에 큰 반향을 불러일으켰으며, 청량제의 역할을 했다. 그리고 이들의 소극장 정신이 1930년대에 가서 동경 유학생들의 모임인 극예술연구회로 이어졌다.[7]

신파극에 반하는 연극운동은 1920년 봄 일본에서 유학생들이 '극예술협회'를 조직하면서 구체적으로 촉발되었다. 일제강점기 시기는 모든 것이 일본의 교육 지침 아래에서 이루어질 수밖에 없었던 시기였다. 셰익스피어 유입도 그랬고 연극도 그랬고 서양 문물 유입도 그랬다. 이러한 일본 교육이 중심이었던 시기에 전문적으로 극단의 효시는 1920년대 극예술협회 토월회라고 볼 수 있다. 이들은 일본 동경에서 유학한 문학도를 중심으로 하는 단체로, 문단과 저널에 셰익스피어의 전기와 희곡 작품 연구에 관한 글들을 게재함으로 셰익스피어가 연극인으로서 알려질 수 있는 계기를 만들어주었다.[8]

극예술협회 토월회는 반상업주의 운동을 기반으로 소극장 운동을 펼치며, 무엇보다 연극을 제대로 알아가고 널리 알리려는 노력을 지속적으로 하려 했다. 이들은 일본 교육에 함몰되어 있던 바에서 벗어나 독자적인 정신을 지닌 교육과 예술 활동을 구현하고자 노력하였고, 연극에 대한 왜곡된 인식과 태도를 개선하고 올바른 서양 문호 수용과 능동적 해석을 위해 다방면으로 노력하였다. 1920년대 극예술연구회가 창설되고 1930년대 본격적인 근대극 운동이 전개되면서 극예술연구회를 포함한 연극인들은 셰익스피어를 한국에 소개하고 부분적이지만 무대에 상연했다. 이러한 소극장 운동과 젊은 문학도와 연극인의 노력에도 셰익스피어 희곡이 한 편의 완성된 공연으로 등장하는 데는 더 많은 시간이 필요했다.[9]

3) 일제강점기의 셰익스피어 작품 번역과 공연

앞에서 언급한 것처럼 1900년대 초의 기록을 쫓으며 일제강점기 시대의 셰익스피어 번역과 공연사를 정리하는 일은 아주 고된 작업이다. 드문드문 기록들을 찾아 요약하고 정리하는 일이 글자를 찾아 옮기는 수고보다도 어려웠다. 역사적 사실에 대한 정렬된 기록들이지만, 이 기록들이 펼쳐놓은 당대의 풍경을 상상하는 일은 매우 어려웠다.

(1) 1920년대

앞에서 언급한 것처럼 유입 초기, 셰익스피어 희곡의 소개는 경구 형식에 지나지 않았다. 그리고 1920년대에 들어서는 산발적인 소개가 시작되는데, 문호로 소개되는 셰익스피어와 단편에 등장하는 장면 소개가 중심이었다. 이러한 영향은 1919년 3·1 독립운동에 의한 것으로 보이는데, 조선의 쇄국정책은 문제점이 많았다는 반성과 아울러 이제부터라도 신문물을 제대로 받아들이자는 적극적인 활동이 동시에 펼쳐졌다. 일제강점기 아래에서 이러한 운동을 드러내놓고 하는 것은 매우 어려웠다. 일본 제국주의의 억압이 강했기 때문이고, 일방적인 개화라는 일본의 명분 앞에서 획일적 수용이 아닌 다른 수용 방식을 취하는 일은 더더욱 어려웠다.

이러한 시대적 환경을 바탕으로, 1920년대의 셰익스피어 번역 상황이 어떠했는지 〈표 3〉을 통해 살펴보겠다.

표 3. 1920년대 셰익스피어의 극곡번역劇曲飜譯[10]

	작품명	원작자명	역자	출처	간행일	비고
1	빼니스의 상인 (법정의 막)	쉑스피어	오천원 (吳天園)	학생계 (學生界) 2~5호	1920.8.1. ~12.1.	자유自由 번역
2	소설(小說) 씸쎄린	쉑스피어	오천원 (吳天園)	서울일주년 임시호	1920.12 3.3.	Lamb의 〈쉑스피어 니야기〉에서
3	하믈레트	쉑스피아	현철 (玄哲)	개벽(開闢) 11~30호	1921.5.1. ~1922.12.1	
4	자애소설(慈愛小說) 사랑(愛)의 한(恨) (Romeo and Juliet)	쉑쓰피어	정순규 (鄭淳奎)	박문서관 (博文書舘)	1921.9.5.	Lamb 으로부터 번역
5	부인변사해성월 (婦人辨士海城月)	쉑스피어	오천경 (吳天卿)	경성(京城) 새동무사(社)	1922.9.25.	〃
6	태서비극(泰西悲劇) 막쎄스	사옹沙翁	양하엽 (梁夏葉)	조선일보	1923.2.24. ~4.2.	
7	하믈레트	섹스피어	현철 (玄哲)	박문서관	1923.4.30.	
8	여학생극(女學生劇) 이러왕(王)과 그 쌀들 이막(二幕)	쉑스페아	미상	신여성 (新女性) 2권 6호	1924.8.30.	번안
9	베니스 상인 (일명 인육재판)	쉑스피어	이상주 (李相蕎)	조선도서 주식회사 (朝鮮圖書 株式會社)	1924.9.17.	
10	오델로	쉑스피어	전영택 (田榮澤)	조선문단 (朝鮮文壇)	1924.11.1. ~1925.2.1.	Lamb 번역[11]
11	줄리어쓰 씨서	쉑스피어	이광수 (李光洙)	동아일보	1926.1.1.	
12	태풍(颱風)	쉑스피어	근춘 (槿春)	청년(靑年) 6권 3호~4호	1926.3.1. ~4.1.	Lamb번역
13	해믈렛	쉑스피어	심경산인 (心卿山人)	조선일보	1929.10.17. ~20. (4회)	

〈표 3〉을 살펴보면, 1920년 〈베니스의 상인〉이 '법정장면'을 중심으로 소개되거나 〈심벨린〉이 소설로 소개되기도 했다. 1921년에 〈로미오와 줄리엣〉이 '자애소설 사랑의 한'이라는 제목으로 읽히기도 했다. 이는 찰스 램Charles Lamb의 《셰익스피어의 이야기들》이 유입되면서 그 내용 중의 일부가 발췌되고 번역된 결과로 보인다. 이처럼 초기의 유입 형태들은 주로 셰익스피어 작품의 단편적인 장면이나 장구 위주의 번역에 의한 것이었다. 정작 공연을 위해 완성된 셰익스피어 번역본은 전무한 상태였다. 실제 공연에서 쓸 수 있는 셰익스피어의 완본은 마련되지 않았다. 그 가운데 1921년 5월과 1922년 12월 《개벽開闢》에 연재되고 1923년 4월 《박문서관博文書館》에 소개된 현철의 〈하믈레트〉[12]는 셰익스피어의 본격적 번역의 시초로 볼 수 있다.

한국어 번역은 현철의 〈하믈레트〉가 전체 번역으로 손꼽히고, 자유 번역으로 〈베니스의 상인〉의 '법정장면'이 있다. 법정장면은 1920년 오천원吳天園이 자유번역으로 시작하여 1924년 이상주李相壽가 번역했을 때는 '인육재판'이라는 부제가 붙었다. 그리고 지속적으로 일부가 번역되었는데 〈줄리어스 시저〉 외 다수가 그것이다.[13] 일제강점기에는 번역의 편 수는 많았으나 번안이 대부분이고 발췌된 내용으로 빈약했다.[14]

공연

셰익스피어 작품의 초기 시연은 영화로 상영되었다. 이후 연극을 위한 대본 작업이었던 현철의 〈하믈레트〉의 완역은 연극 시연의 계기가 되었다. 일본어로 공연된 1909년의 〈베니스의 상인〉과 〈햄릿〉 이후, 1925년에 원어(영어)로 〈줄리어스 시저〉가 연극으로 공연되었다. 〈표 4〉에 이를 정리했다.

표 4. 1920년대의 셰익스피어 공연

연도	작품	연출	내용
1920	로미오와 줄리엣		영화 상영
1923	하믈레트	현철	본격적인 번역의 자리를 차지
1925	줄리어스 시저		12월 12일, 최초의 셰익스피어 작품 원어극 공연, 경성고상 어학부, 장곡천정(長谷川町) 공회당
1929	베니스의 상인		11월, 최초의 셰익스피어 번역극 공연. 리화녀전 학생기독청년회 주최
1929	페트루키오와 카트리나: 말괄량이 길들이기	홍해성	이전(梨專) 기독청년회

이처럼 완역과 공연이 드물었던 것은 무엇보다도 당시 셰익스피어의 작품을 원문 그대로 읽을 수 있는 연극인이 극히 드물었기 때문일 것이다. 그리고 전문 극단이 없었던 탓도 있을 것이다. 외국 문물로의 셰익스피어 작품들이 연극인에게 그리고 일반인에게 받아들여지기 어려운 점은 여기에 기인한다. 그런 상황에서 신

문물에 대한 교육을 받은 젊은 학생들이 서양 근대극 도입에 더 능동적으로 앞장설 수 있었다.

> 1920년대에 소개된 셰익스피어 작품들은 대체로 무대와 연결된 것이라기보다는 문학작품으로서 부분적인 소개에 머문 것이었다. 그만큼 1920년대에는 셰익스피어의 작품을 이해하고 소화해낼 만한 극단이나 연극인이 거의 없었다고 해도 과언이 아니다. 그 당시 전문적인 극단이라야 토월회 하나밖에 없었으므로 당연한 일이었다. 다만 우리나라 신극운동의 첨병 역할을 한 학생극에서나마 어설프게 시도해본 정도이다. 따라서 이 땅에서 최초의 셰익스피어 작품 공연은 1925년 12월 12일 경성고상 어학부가 장곡천정長谷川町 공회당에서 올린 〈줄리어스 시저〉였다.[15]

경성고상 어학부는 지금의 서울대학교 경영·경제학과다. 비록 학생들의 공연은 시도에 의의가 있는 수준의 발표였겠지만 최초의 셰익스피어 원어극 공연이라고 할 수 있을 것이다. 그리고 1929년 11월 〈베니스의 상인〉이 일부 번역되어 리화녀전 학생기독청년회 주최로 공연되었다. 〈베니스의 상인〉은 법정장면 중심으로 이미 장구형식이나 단편으로 발간지에서 소개된 바가 있는 내용이었다. 법과 질서 그리고 우정이라는 의의 안에서 고찰할 수 있는 교훈적 내용이 대중들의 눈길을 끌 수 있는 대목이 되었다. 번역극으로 초연된 〈베니스의 상인〉은 부분적이었지만 그래도 한

글로 번역된 대사와 행동의 실현이 되어준 최초 번역극 형태의 공연이었다.

(2) 1930년대

폭압적인 군사정치로 시작한 일본 제국주의는 점차 문화통치로 이어졌다. 일본은 문화통치의 명목 아래 조선일보와 동아일보의 간행에 대해 첨삭과 검열을 해댔다. 문화를 명목으로 삼았지만 이렇게 해서 한국인의 정신을 파괴한 것이다. 이 즈음에 친일파 지식인들의 활동은 더욱 커졌다. 그 와중에 신극운동이 극예술협회를 중심으로 서서히 고개를 들었다. 상업주의 연극에 반해 근대극으로 극예술연구회가 연극과 사회의 개화를 위하여 앞장선 것이다. 셰익스피어 희곡들도 기존에는 번안된 공연이거나 일부만이 번역되었지만, 극예술협회의 신극운동으로 더 많은 작품이 번역되었고 내용면에서도 공연적 특성을 인식하면서 적확한 번역이 필요함을 널리 인식시켰다.

> 1930년대에 들어서서도 셰익스피어의 희곡번역은 불진상응不進狀態에 빠진다. 1930년대는 1920년대처럼 셰익스피어의 명작에 대해 맹목적이며, 무한無限의 동경에서 소개하여 독자층을 열광시키려는 자세는 사라졌던 것이다. 반면에 특히 영문학을 전공한 해외문학파들이 목적의식을 갖고 외국문학을 소개하게 된다. 연극이 아일랜드 독립운동에 촉매 역할을 했다는 사실에 자극되었음인지 셰익스피

어보다는 아일랜드극劇의 소개가 비중을 많이 차지하게 된다. 그렇다고 셰익스피어 소개가 전혀 없었던 것은 아니다.[16]

극예술연구회는 1931년 서울에서 본격적으로 취지를 갖고 창단되었으며, 동경 유학생들로 김진섭金晉燮, 서항석徐恒錫, 유치진柳致眞, 이하윤異河潤, 이헌구李軒求, 장기제張起悌, 정인섭鄭寅燮, 조희순曺喜淳, 최정우崔珽宇, 함대훈咸大勳 등 10명이 주된 구성원으로 형성되었다. 연극인으로 윤백남尹白南과 홍해성洪海星도 새롭게 영입되었다. 한국 근대 연극과 셰익스피어의 수용은 극예술연구회의 창단 의의와 활동으로 더 진취적으로 확대될 수 있었다. 이를 통해 셰익스피어 소개 및 인식도 더 개선되고 번역, 해석, 공연을 위한 능동적인 작업들이 증가했다. 극예술연구회를 통해 신극운동의 한 물결은 이전보다 개선되었고, 번역 작업뿐만 아니라 공연에도 영향을 끼쳤다.

당시 연극 공연의 양태를 살펴보면, 번역극과 번안극의 형태가 중심을 이루고 있었다. 번안극은 외국 문물의 유입과 한국 정서 사이의 간극에서 대중들의 감흥과 정서를 반영하기 위한 방편으로 이용되었다. 셰익스피어 극도 번안되어 대중에게 시연되었는데, 이러한 번안은 셰익스피어 극의 내용을 바탕으로 재해석한 것으로 원전과 비교하면 가히 새로운 것이라고 할 수 있었다. 대표적으로 극예술연구회의 유치진이 있는데, 유치진의 번안 작업은 극의 역사적 구성, 그리고 멜로와 드라마적 구성을 셰익스피어로부터 유사하게 본뜸으로 전체적으로 새로운 해석을 하였다. 유치진의 〈마의태자〉(1937), 〈대추나무〉(1942), 〈별〉(1948), 〈자명고〉(1947), 〈원술랑〉(1920) 등의 희곡이 비교된다.[17]

유치진의 저작 시기와 관련하여 일제강점기 동안 이루어진 연극 활동이 어떤 영향력을 가진 셰익스피어 연구인지를 평가하는 일은 매우 어려운 비판적 성찰을 요구한다. 번안식의 유치진 연극은 셰익스피어 작품을 한국 정서에 상응케 하는 새로운 해석이었기 때문이다. 셰익스피어의 원작이 드러나는 부분은 구성이나 소재와 같은 단편적인 면에 한정되었고, 또 다른 작가들의 구성과 전개 방식이 섞여 있기도 했다. 유지친의 셰익스피어 연구는 전반적으로 번안극으로 구분해야 할 필요가 있겠다.

공연

1930년의 공연 양태는 일본의 문화통치를 바탕으로 신파극이 우세하였다. 그럼에도 불구하고 일본의 문화통치와 구별하여 학생극, 신극운동, 극예술연구회 조직 등은 본격적으로 셰익스피어 극을 전문적 연구와 공연으로 이어지게 하는 데 큰 역할을 했다. 일본 유학생들로 이루어진 극예술연구회에 실제적인 연극인이 영입되면서 셰익스피어의 공연실천은 새로운 계기를 마련할 수 있게 되었다. 극예술연구회의 홍해성은 1931년 연출로 셰익스피어 작품을 공연으로 올리고 해방 이후 전문극단으로 셰익스피어 공연을 실천해나갔다.

표 5. 1930년부터 1945년까지의 공연

연도	작품	연출	내용
1931	페트루키오와 카트리나: 말괄량이 길들이기	홍해성	이전(梨專) 기독청년회
1932	로미오와 줄리엣		남학생이 줄리엣역 연기, 연전연희극회
1932	리어 왕		경성고상, 원어공연
1933	베니스의 상인: 법정장면		〈쉑스피어전(극예술연구회주체하에)〉, 《매일신보》, 1933.11.17. 기성극단이 셰익스피어 작품을 처음으로 공연, 그러나 실패.
1934	베니스의 상인		경성고상, 원어공연
1936	햄릿		경성고상, 원어공연
1938	햄리트 묘지 1막		신파극단 낭만좌, 동아일보 주최 제1회 연극 콩쿠르 참가, 부민관
1945	해방정국(8·15)과 한국전쟁 / 대학생 아마추어 연극		

1931년 〈페트루키오와 카트리나〉는 '말괄량이 길들이기'의 주인공들을 명시한 공연으로 홍해성이 연출을 맡았다. 홍해성은 신극新劇 수립을 이룩하는 데 큰 역할을 한 인물이고, 사실주의 극에 지대한 영향을 끼친 연극인이다. 기존의 신파조의 극 형태를 비판하며 근대극 운동으로의 신극을 주장하며 전문적인 연출 역할을 맡았던 연극인 홍해성은 셰익스피어 작품을 연출한 선구자라

고 할 수 있다. 홍해성의 연출 활동은 셰익스피어 극이 연극으로 공연되는 데 매우 중요한 전기가 되었다.

1933년 극예술연구회 주체로 '셰익스피어전'이 열려 〈베니스의 상인〉 가운데 법정 장면이 공연되었다. 이는 기성극단이 셰익스피어 작품을 처음으로 공연한 것이지만 큰 호응 없이 실패로 끝나버렸다. 1938년 2월 동아일보 주최 제1회 연극경연대회가 열렸다. 여기서 셰익스피어 원작 〈햄릿〉이 공연되었다. 이는 신우춘이 번안한 것으로 특히 '묘지' 장면이 중심이 되었다. 이 당시 조직된 신극단체들은 주로 사실주의 극을 주장하였던 터라, 셰익스피어 연구와 관여될 여지가 적게 여겨지는 것은 사실이다. 그러나 근대극으로의 도입 과정은 사실주의 극뿐만 아니라 연극 그리고 셰익스피어가 한국에 유입된 것을 상정하면 이들 단체와 셰익스피어 유입의 관계는 서로 무관하지 않다고 볼 수 있다.

(3) 1940년대, 암흑기

이 시기에 일본 제국주의는 문화정치를 빌미로 연극대본을 사전에 검열해 공연 여부를 결정했고, 자립적인 단체 조직을 제재하면서 독립 의지를 꺾으려 했다. 이러한 제국주의 만행은 세계전쟁으로 향하고 있었다.

1940년대로 들어서면서 일제의 언론강요정책이 극심하여 1945년까지 암흑시대로 들어갔으며, 1945년 8·15 해방을 맞이하여 정치적 관심 속에 휘말린 언론의 무질서가 범람하는 가운데 1947년을 고비로 잡지 단행본 등이 급증되는 현상을 보인다. 1940년대의 잡지에 실린 셰익스피어물은 김래성金來成의 〈세계 명작 이야기 '로미오'와 '쥴리엘'〉이 부인지婦人誌에 게재된다. 김래성은 머리말에서 만 죽음만이 최후의 길이요, 최선의 길일 수 밖에 없는 세계문학작품 중에서도 유례를 볼 수 없는 연애비극이라면서 이 로미오와 쥴리엘은 사랑과 죽음을 취급한 전 세계의 작품 중에서도 가장 어여쁘고 가장 엄숙한 연애비극의 대표적 작품이 아닐 수 없다고 소개했다.[18]

1940년대를 기점으로 광복 이후 한국전쟁까지 셰익스피어 연구 및 연극 활동 전체는 암흑기였다. 일제강점기 말에는 일본 제국주의의 탄압이 극도로 심해졌기 때문에 연극 활동 자체가 어려웠다. 광복 이후 나라는 분단의 고통으로 이어지면서, 문학작품으로 그리고 연극 활동으로의 셰익스피어 활동은 거의 불가능했다. 반면 이러한 암울한 시대 상황을 반영할 수 있는 대중극으로 악극이 성행했다. 대중들의 심리를 반영할 수 있는 극적 드라마와 정서 그리고 노래, 음악을 담은 연극들이 유행했고, 이를 통해 대중들은 울분과 불안을 드러낼 수 있었다. 대중극으로의 호응은 연극이 더 대중성과 관련되고 시대감성과 사건을 반영하는 예술 활동임을 각인시키게 하였다. 이 시기의 셰익스피어 연구 및 공연에 있어서도 대중성과 시대 반영의 접근은 중요한 요소가 된다.

번역

1940년대는 공연을 찾아보기 힘들다. 그나마 번역이 한노단, 최재서, 설정식, 최정우를 통해 이뤄졌다.

표 6. 1940년대의 셰익스피어 번역

연도	번역	내용
1940 이후	한노단, 최재서	
1947	설정식	하믈렛
1948	최정우	베니스의 상인

1947년에 설정식薛貞埴 역의 〈하므렡〉이 백장당白場堂에서 나왔고 1948년엔 최정우의 〈베니스의 상인〉이 傳文書□에서 나왔다. 설정식 선생은 미국 유학생이고 최정우 선생인 영국 유학생이었으며 그들은 셰익스피어에 깊은 관심을 갖고 正□的으로 연구한 첫 번째 역자譯者들이라고 할 수 있다. 그들의 번역이 원문으로부터 일차적 번역이었다는 점, 학문적 배경에 의해 정확한 해석을 시도한 점, 원작原作의 문학적文學的 □□를 번역으로 전달하려고 노력한 점 등이 해방 전의 번역과 다르다고 하겠다. 다만 그들이 번역한 햄릿과 베니스의 상인은 해방 전에 가장 많이 번역 혹은 번안 소개되었던 작품과 一□하고 있으며 아마도 작품의 知名□□ 人□□에 의해 선택한 것으로 짐작된다.[19]

2. 1945년 해방 이후, 대학 중심으로의 셰익스피어

1945년 8월 15일 제2차 세계대전 종전 이후, 한국은 분단의 아픔을 겪게 되었다. 무엇보다도 해방 이후 우리나라의 시급한 문제는 '자립'이었다. 침략 시기에 일제는 군사정치와 문화정치로 내국의 교육과 정서에 수동적 태도를 강제했다. 게다가 식민지 상태에서 문화개방이 촉구되어 일부는 무비판적으로 추종하는 태도가 강하게 자리 잡게 되었다. 해방 이후 식민지 시대의 억압에 반하는 교육과 이념에 대한 고찰이 깊어졌고, 그에 수반된 의식적 활동이 일어났다.

1) 학생극 우세

한국전쟁이 일어나기 전까지 우리나라에 공연된 셰익스피어 극은 기껏해야 20편에 불과했고 그중 학생극이 더 많은 비중을 차지하고 있었다.

> 6·25 전쟁 이전까지 우리나라에서 공연된 셰익스피어 극은 20편에 불과했다. 이 가운데 학생극이 13편이었고, 일반극단의 공연 편 수는 7편인 셈이었다. 그러니까 단연 학생극이 우세했다는 사실이다.[20]

학생극으로의 실천이 활발한 이유는 식민지 시절의 저항정신과 교육운동의 영향 덕분이라고 할 수 있다. 한국 근대극을 이끌었던 지식인들에게 연극은 단순한 서양의 문물 이상으로 정신적인 운동의 일환으로 받아들여졌다. 특히 아일랜드에서 연극이 독립운동에 영향을 끼쳤다는 사실을 잘 인지하고 있었던 당대 연극인들은 연극하는 일이 조선 민중들의 의식을 일깨우는 데 큰 역할을 할 수 있다고 믿었다. 그 결과 강점기 시절을 겪고 한민족 분단을 겪어야 했던 불안과 혼란 속에서, 연극은 진취적이고 의식적인 활동이며 대중들의 감정을 해소하는 역할을 담당하게 되었다. 이처럼 연극의 기능이 확대되면서 학생들에게 연극은 매우 인기 있는 장르가 될 수 있었다. 강제된 교육 환경, 혼란으로 가득한 전쟁 한가운데에서 지식인들과 연극인들은 연극을 통해 사라진 미래의 희망을 지니게 해줄 수 있고, 스스로 비판의식을 터득할 수 있고, 자립과 성장에 대한 열망을 키울 수 있다고 여긴 것이다. 해방 이후의 모든 면에서 학생들의 활동이 활발해지면서 연극운동은 대학에서 가장 활성화되었다. 이른바 학생극, 대학극의 새로운 등장은 셰익스피어 수용의 새로운 전기를 마련했다.

일본의 강압 아래 편협했던 교육과 언어 활동은 이제 해방 이후부터 주체적이고 자유로운 교육 회복 운동으로 다시 활기를 되찾기 시작한다. 대학극이 활발해지면서 젊은 연극인들의 활동도 증대되었고, 더불어 관객층도 확장되면서 셰익스피어라는 문호에 대한 의식도 새롭게 전개되었다. 드라마센터의 아카데미 연기과 학생들이 1964년 4월 〈오셀로〉와 〈햄릿〉을 공연으로 올리는가 하면, 서강대학교의 서강극회를 비롯한 부산대학교, 중앙대학교 등의 학생 공연은 셰익스피어의 아카데미즘으로 이어졌다.

표 7. 1964년 대학생 극 예시[21]

일시	작품	번역	연출	내용
4월 23~28일	오셀로	한노단	이원경	드라마센터 아카데미
4월 29일~5월 3일	햄릿	여석기	오사랑	드라마센터 아카데미
봄	셰익스피어의 아홉 개의 극을 음악으로 엮은 장면		퀴어리 신부 편극 및 연출	서강대 서강극회
	줄리어스 시저		서국영	부산대 극예술연구회
6월 초	줄리어스 시저			중앙대 연극영화과 4회 졸업 기념 공연, 대학극장과 국립극장

특히 영문학도들의 열성으로 셰익스피어 공연이 대학에서 많이 상연되었다. 이는 기존의 일본을 통한 편협한 수용을 넘어선 친밀하고도 활동적인 연극 활동이 될 수 있는 계기가 되었다.

각 대학에 서클이 생겨나고 학문한다는 뜻에서 원어로 공연하다 보니 셰익스피어 드라마에 보다 가까이 접하게 되어, 세계에서 가장 훌륭하다고 일컬어지는 명작품에서 보석 같은 명구절을 익혀보고,

멋진 극작술을 구사하는 셰익스피어의 세계에 탐미하였을 것이다. 53회 공연 중 영문학과에서 영어로 공연된 것이 24회인 것을 보아 새바람이 분 것만은 사실이다.[22]

대학생들이 연극으로 셰익스피어의 작품을 접하는 것은 자체로도 즐거움이 있었고, 원어로 연기를 하는 것은 언어 공부와 더불어 그들에게 큰 매력이 되었다. 서양 문물로의 연극 양식 실천, 문학적 활동으로서 무대와 대사, 그리고 의상과 조명 등이 그 효과를 더하였을 것이다. 무엇보다도 관객 앞에서 발표를 할 수 있다는 점이 교육적 장점으로 증명되었다. 대학에서 공연은 연극하는 즐거움과 더불어 셰익스피어 연극이 아카데미적으로 활성화되는 계기가 되었다.

1986년에는 대학 캠퍼스에 셰익스피어 열풍까지 일게 된다. 영문학도라면 청바지 뒷주머니에 둥글게 말린 대본이 자랑이었고, 개강과 동시에 너도나도 갈고닦은 대사연기를 선보이고자 했다.

대학 캠퍼스에서는 셰익스피어의 열풍이 불고 있었으며 방학 동안 갈고닦은 실력을 과시하려는 듯 9월 개강 첫 주에 이화여자대학교 영어영문학과가 5일과 6일 양일간 〈템페스트〉를, 연세대학교 영어영문학과가 4일서 6일까지, 그리고 고려대학교가 3일에서 6일까지 각각 〈로미오와 줄리엣〉을 공연했다. 모두 영어극으로 올려진 이 공연들은 연극적 짜임새나 전문성이 결여되었다 해도 전공과목의 특성을 살려 셰익스피어 극을 무대에 올림으로써 전공지식을 심화시켰을 뿐 아니라 선후배 간의 결속을 다지는 데 중요한 요인이 되었다고 할 수 있다.[23]

학문적 탐구 열의에 입각해 셰익스피어 극을 수용하고 실천했던 대학극은 대학의 개방성과 일치했다. 그리고 이를 통해 참여하는 젊은 대학생들은 자신들의 자유를 대변할 수 있었다. 젊음, 자유의 지적 대상으로 셰익스피어는 대학 원어극으로써 열성뿐만 아니라 서구 연극 이론의 수용 및 전통극에 대한 새로운 인식 변화 물결에 맞물려 더욱 활발하게 진행되었다.

2) 언어와 학문 대상으로서 셰익스피어에 대한 열의

대학생 연극운동이 본격적으로 일어나면서, 억압받았던 과거에 대항하듯 문헌학적 활동 또한 왕성해지기 시작한다. '책 사냥'이라고 불릴 만큼 당시 문헌학자들 사이에는 문고 신간 및 새로운 번역본을 구하려고 청계천 서점 앞에서 긴 줄을 서야만 했다는 영웅담이 전해진다.

이 궁핍의 시내에 한국의 셰익스피어 학자들인 대학교수들은 강의가 없는 때를 택하여 청계천, 종로 5가와 동대문 일대, 소공동, 명동 주위 등을 일주일에도 여러 차례 뒤지면서 막연한 책 사냥을 하였다. 별로 신통한 책이 나타났을 리 만무하지만 혹시 어떤 필요한 책

> 이 있지나 않을까 하는 그야말로 막연한 기대를 갖고 나서는 이 사냥은 아무런 성과나 소득 없이 끝나는 공치기가 대부분이었다. 따라서 이에 소모된 그 막대한 귀중한 시간과 정력을 생각하면 지금도 울화통이 터지고, 분하고, 또 연민의 정을 자아낸다. (중략) 이 당시 대학 교수들은 출퇴근길에, 적어도 하루에 한 번은 서점에 들르는 것을 규칙으로 삼고 있었다. 그래서 서점에만 나와 있으면 서울 시내의 각 대학교수들을—주로 영문학 교수들을 의미하지만—대부분 만날 수 있었다. 아마 이와 같은 풍경은 세상에 그 유례를 찾아볼 수 없을 이 당시 한국의 독특한 풍속도의 일부를 이루고 있었다.[24]

"유례를 찾아볼 수 없을 이 당시 한국의 독특한 풍속도"라고 표현한 것만큼, 문헌에 대한 열의가 가득했음을 알 수 있고 동시에 한국전쟁 이후 시기가 연구하기에 열악한 환경이었다는 것을 짐작하게 해준다. 문헌에 대한 열의가 강한 대학의 열풍에는 바로 셰익스피어가 자리 잡고 있었다. 셰익스피어에 관한 문헌은 영문학도와 교수들에게 인기가 높았고, 연극실천도 이들에 의해 활발하게 이루어졌다. 대학생을 중심으로 연극 공연이 빈번하게 실천되었고 또 교수들 사이에서 셰익스피어에 관한 연구가 이어졌다.

한국전쟁 이후 학생들이 학문에 개진하면서 학생극 중심으로 셰익스피어가 실천되는 독특한 현상이 일어난 것이다. 학문으로의 열의에 의해 거듭난 셰익스피어는 여러 교수와 학생에게 영향을 끼쳤고 연구 업적도 상당한 수준에 이르렀다.

셰익스피어에 관한 연구로 국내외에서 여러 분이 박사학위를 취득하였는데 이들의 학위 논문들 역시 한국에서의 셰익스피어 연구의 주요 부문을 차지하고 있다. 최재서 선생이 1961년에 처음 학위를 받은 이래로 1970년대로 들어오면서 수가 크게 늘어나 김종출, 문상목, 최준기, 운정은, 최영, 이성원, 송욱, 홍기창, 김용덕 회원들이 학위를 취득하였다. 권중휘, 여석기 두 회원은 셰익스피어 연구를 포함한 학적 업적과 공로로 명예문학박사학위를 받았고, 김우탁, 나영균, 김세영, 예영수 네 회원은 셰익스피어에 관한 논문으로는 아니지만 역시 박사학위를 받았다.[25]

논문 수는 수용 1기(개화기에서 1945년까지)에 135편, 2기(1945년에서 1960년까지)에 517편, 총 652편에 이른다.[26]

3) 1960~1970년대, 셰익스피어 번역과 저서

셰익스피어 연구는 1953년 7월 즈음에 이르러, 한국전쟁 이후 가장 활발해졌다. 최재서를 비롯한 김재남, 이경식, 최정우, 여석기, 권중희, 나영균 등이 셰익스피어 작품을 활발히 분석하고 번역하면서 책을 펴냈다.

표 8. 1960년대 이후 발간된 셰익스피어 저서

연도	저/역자	내용
1960	최재서	《셰익스피어 연구》
1963	최재서	《Shakespeare 예술론》(이 책의 역서 *Shakespeare's Art as Oder of Life*가 1964년 미국 Vantage Press에서 간행됨)
1964	김재남	《셰익스피어 론論》
	최정우, 한노단, 김갑순, 김주현, 오화섭, 이종수, 여석기, 이창배, 고석구, 정인섭, 문상득, 김종출, 피천득, 이근삼, 이호근, 노재민, 정병준, 나영균, 김홍곤	셰익스피어 전집 4권(정음사)
	김재남	셰익스피어 전집 5권(휘문)
1969	한국셰익스피어협회 편인	《셰익스피어 입문》
1970	김재남	《셰익스피어 문학론》
1978	이경식	《셰익스피어 본문비평》
1980	이경식	《셰익스피어 본문연구》
	이경식	《셰익스피어의 생애와 작품》
1981	이경식	《영국희곡연구: Shakespeare와 그의 동시대 작가들》
1982	이경식	《셰익스피어의 사극》

셰익스피어 연구로 발간된 저서는 대략 12편 정도인데, 이전의 부분 번역과 요약 수준의 셰익스피어 소개와는 확연한 차이를 보였다.

1960년대에는 문고본 시대로 접어들어 많은 작품이 출판되었다. 《셰익스피어 연구》가 있고, 《Shakespeare 예술론》은 *Shakespeare's Art as Oder of Life*의 역서로 1964년 미국 Vantage Press에서 간행된 책이었다. 그리고 김재남의 《셰익스피어 론論》, 김종출, 문상목, 최문기, 윤정은 최영, 이성원, 송욱 홍기창, 김용덕, 권중휘, 여석기, 김우탁, 나영균, 김세영, 예영수 등의 연구[27] 결과가 있다.

1970년대에도 많은 작품이 번역 출간되었다. 〈햄릿〉 50회, 〈로미오와 줄리엣〉 39회, 〈오셀로〉 29회, 〈맥베스〉 27회, 〈리어왕〉 26회, 〈베니스의 상인〉 30회, 〈태풍〉 12회, 〈한여름 밤의 꿈〉 10회, 〈말괄량이 길들이기〉 9회가 있다.[28]

셰익스피어 관련 저서뿐만 아니라 주석본도 많이 발간되었다(〈표 9〉 참조).

이처럼 이 시기에 셰익스피어에 대한 학문적 활동과 번역은 풍요로웠다. 반면에 많은 번역물이 출간되었음에도 불구하고 일반 관중 및 독자들의 셰익스피어에 대한 교양과 지식은 상대적으로 상식 수준에 그치고 있었다. 셰익스피어는 일반 대중보다는 일부 엘리트의 전유물이었던 셈이었다.

표 9. 셰익스피어 주석본

연도	저자/번역	내용
1950년대 후반	최정우	King Lear
	최재서	Hamlet
1964	여석기	A Midsummer Night's Dream, 영어영문학회
	김재남	Macbeth, 영어영문학회
1967	권중휘, 이경식	Hamlet, 한국셰익스피어협회
	김주현	As You Like It, 한국셰익스피어협회
	김홍곤	Henry IV, part, 한국셰익스피어협회
	김윤석	Richard II, 한국셰익스피어협회
	오화섭	Othello, 한국셰익스피어협회
	김종출	The Merchant of Venice, 한국셰익스피어협회
1968	나영균	Twelfth Night, 한국셰익스피어협회
	김재남	King Lear, 한국셰익스피어협회
	우형규	Julius Caesar, 한국셰익스피어협회
1969	여석기	Rome and Juliet, 한국셰익스피어협회
	이종수	Macbeth, 한국셰익스피어협회
	김갑순	A Midsummer Night's Dream, 한국셰익스피어협회
	고석구	The Tempest, 한국셰익스피어협회
	이호근	Antony and Cleopatra, 한국셰익스피어협회
	노재민	Measure for Measure, 한국셰익스피어협회

3. 리얼리즘과 셰익스피어

1) 1950년대 셰익스피어 공연

1945년 해방 이후 셰익스피어 공연은 '악극으로의 번안극'과 '전문극단의 공연' 그리고 '학생극'으로 구별할 수 있다. 박상진, 서항석, 이진순 등 연출가들은 셰익스피어 작품을 '악극'으로 구성하고 작품을 '번안'하여 대중들의 호응에 맞게 공연하였다. 작품 제목도 〈함열왕자전〉처럼 '햄릿'을 두거나 〈오페레타, 로미오와 줄리엣〉처럼 적극적인 번안과 악극으로 공연을 기획했다. 그밖에 〈여왕 클레오파트라〉, 〈청실홍실〉, 〈흑진주〉와 같은 독특한 공연 제목을 살펴볼 수 있다. 이를 〈표 10〉에 정리했다.

표 10. 해방 이후 1950년대까지의 공연

연도	작품	번역	연출	내용
1949	햄릿	정인섭 번역	이해랑	중앙대학교 연극부, 서울 시공관
1950	함열왕자전 -햄릿-	한노단 번안	박상진	신파극, 극단 청춘극장
	오페레타, 로미오와 줄리엣	서항석 각색	서항석	악극, 시공관 회전무대
1951	햄릿	한노단 번역 유치진 각색	이해랑	리얼리즘 앙상블. 극단 신협. 키네마극장, 대구 문화극장, 부산극장
1952	햄릿	한노단 번역 유치진 각색	이해랑	지방 순회공연

연도	작품	번역	연출	내용
1952	오셀로	한노단 번역	유치진	부산극장
	맥베스	한노단 번역	이해랑	극단 신협, 부산극장
1953	햄릿	한노단 번역 유치진 각색	이해랑	시공관, 동양극장
	여왕 클레오파트라 -안토니와 클레오파트라-	서항석 각색	이진순	악극단 희망, 시공관
1954	오페레타, 로미오와 줄리엣	서항석 각색	서항석	시공관
	줄리어스 시저	김광주 번역	이해랑	무대장치(박석인) 특출, 극단 신협, 시공관
1956	청실홍실 -로미오와 줄리엣-			임춘앵 여성국극단
1957	오셀로		이해랑	부산대학교
1958	한여름 밤의 꿈		김갑순	이화여자대학교 문리대
	햄릿		이해랑	부산대학교 연극부
1959	햄릿			극단 신무대
1960	베니스의 상인		이해랑	부산대학교
1961	흑진주 -오셀로-			임춘앵 여성국극단

1950년대에 들어서도 한국 연극의 대중들은 아직 신파극의 기억에서 크게 벗어나지 못했었다. 더욱이 전쟁과 불안으로 인해 악극의 형태와 번안 중심의 연극이 유행할 수밖에 없었다. 그럼에도 셰익스피어 연극은 등장인물들이 갖는 고뇌와 절망 그리고 역사적 서사 구성 속에서 발현되는 극적 요소들로 대중들에게 큰 영향을 끼쳤다. 이러한 특징들이 시대적 상황들과 맞물려 셰익스피어 연극은 대중들에게 가까이 다가갈 수 있었다.

2) 이해랑 연출 〈햄릿〉

해방 이후 1950년대 셰익스피어 연극은 이해랑을 비롯한 전문 연극인과 문인들의 협력 아래에 번역이 이루어졌고, 연극공연은 더 전문적이고 분석적인 면모를 갖출 수 있었다. 리얼리즘운동으로 유명했던 이해랑이 가장 우세했고, 극단 신협의 공연 활동은 셰익스피어 연극 실천에 역동적 역할을 하게 되었다.

연출가 이해랑은 1949년 정인섭 번역의 〈햄릿〉을 시작으로 1951년 〈햄릿〉, 1952년 〈햄릿〉과 〈맥베스〉, 1953년 〈햄릿〉, 1954년 〈줄리어스 시저〉, 1957년 〈오셀로〉, 1958년 〈햄릿〉, 1960년 〈베니스의 상인〉까지 총 9회의 셰익스피어 공연을 실천했다. 극단 신협을 대표하는 이해랑 연출은 셰익스피어 공연의 담임 연출을 도맡아 했으며 〈햄릿〉의 공연 횟수가 도드라지게 많았다(〈표 10〉 참조). 이해랑 연출의 공연 편 수를 따져보면 1950년대를 대표하는 근대극 전개의 선두주자는 이해랑이라고 할 수 있다.

이해랑은 극단 신협[29]을 대표하는 연출이었는데, 그들은 한국전쟁 때 최전선에까지 가서 공연을 하기도 했다. 당시 이념적 갈등으로 한국 연극은 좌·우 연극의 깊은 우울에 빠져 있었다. 이들은 연극으로 혼란한 시대를 반영하고, 그 속에서 불안을 경험해야 했던 대중들을 위로하고자 한 것으로 보인다. 이는 한국 연극의 근대적 성격을 드러내는 중요한 부분이라고 할 수 있다.

> 한국전쟁 중 극단 신협은 피난지에서 〈햄릿〉, 〈오셀로〉, 〈맥베스〉 등을 공연하였기 때문에 대중은 그 예술성에 깊이 공감했다.[30]

극단 신협의 연출가 이해랑은 당시 시대상을 반영한 텍스트를 선정하고자 노력했는데, 그 가운데 셰익스피어 극이 가장 큰 효과를 발휘해 대중들의 큰 호응을 얻어냈다. 전쟁 중에 있던 대중들을 셰익스피어 연극을 통해 위로할 수 있었기 때문이었다.

재해석 및 각색으로의 〈햄릿〉

연출가 이해랑의 〈햄릿〉은 당시 시대적 정황들을 고려하여 텍스트로 선정되었고, 전형적인 인물로서의 '햄릿'에 조금씩 해석을 덧붙이는 시도도 함께 실천했다.

> 1951년 〈햄릿〉 공연에서 햄릿을 적극적인 인물로 해석하고 극적 긴장으로 압축하고자 한 연출의 관점은 전쟁이라는 당시의 상황과 부

> 합되는 것이다. 이것은 이해랑 자신의 적극적이고 행동적이며 긍정적인 세계관이 반영된 것으로 판단된다. 또한 〈햄릿〉과 같은 번역극 텍스트에 대한 이해랑의 기본적인 연출 관점은 자신이 의도하는 텍스트의 흐름을 강조하기 위하여 어느 장면을 삭제 또는 첨가하고 장면의 앞과 뒤를 바꾼다는 것이다. 그러나 연출가가 텍스트에 수정을 가하는 것은 어디까지나 부분적인 것이며 송두리째 하는 것은 드물다고 본다.[31]

연출가 이해랑이 시도한 장면 삭제 및 첨가는 일반 번안의 작업과는 구분된다. 이해랑은 연극에서 리얼리즘의 가치를 중요하게 여겼던 터라, 셰익스피어 작품의 연출에 있어서도 텍스트에 대한 변용이 적절한지에 대한 이해가 선행되어야만 새로운 연출의 가능성을 시도했던 인물이었다.

> 이해랑의 텍스트에 대한 연출 관점은 언어중심주의 사상에 바탕을 둔 서구의 텍스트 중심주의와 맥을 같이하는 것이다. 즉 '쓰인 텍스트'가 공연의 출발점이 된다는 관점이라고 할 수 있다.[32]

예컨대 〈햄릿〉 공연을 위한 이해랑의 텍스트 분석은 작품을 쓴 작가를 중심에 놓고, 이를 통해 공연과 텍스트의 새로운 가능성을 창출하는 데 있었다. 이것은 작가에 의해 '쓰인 텍스트'를 사실적으로 공연하기 위해서는 연출이 작가의 의도에 부합해야 한다는 믿음이 선행되어야 했기 때문이다. 이런 기준에 따라 '쓰인 텍스트'를 기점으로 '재현representation', '재해석reinterpretation', '각색adaptation'에 이르게 된다고 여겼다. 이에 따라 이해랑의 〈햄릿〉은 연출가의 관점에서 해석된 것이지만, 이해랑은 무엇보다도 텍스트로부터 얻은 영감으로부터 시작하여 텍스트에 새로운 의미를 창출하는 '재해석적 관점'에 이르고, 최후에 가서야 텍스트를 비판적 관점에서 개작하는, 즉 연출가가 리라이터rewriter가 되는 '각색'의 지점에 이를 수 있다고 여겼다.[33]

등장인물 '햄릿'의 성격묘사

이해랑 연출의 특징은 시대를 반영한 연출력에 있었다. 특히 〈햄릿〉의 주인공 '햄릿'의 성격을 더 자유롭게 해석하려 한 점이 지금까지 그의 연출적 역량으로 평가받고 있다.

> 〈햄릿〉은 주인공이 회의적이고 사색적이며 우유부단한 성격이 진하게 깔려 있는 텍스트인데 그 성격을 그대로 가져가면 연극의 박력이 없을 것 같아 연출 관점을 다른 각도로 약간 바꾸기로 했다. 선왕인 아버지의 원수에 대한 불타는 복수의 정열을 강조하면서 극의 흐름을 주인공 햄릿의 정신적 갈등과 함께 극적 긴장으로 압축하였다. 이러한 의도가 관객의 호응을 받았다.[34]

일반적으로 원작 〈햄릿〉의 '햄릿'은 우유부단함으로 삼촌에 대한 복수를 실천하지도 못하고 오필리아와의 관계에도 불분명한 태도를 보이는가 하면, 어머니에 대한 원망과 질책 등으로 유약한 면을 보이는 인물로 언급된다. 하지만 이해랑은 '햄릿'의 성격을 단순하게 우유부단한 특성으로 보기보다는 '햄릿'이 처해 있는 상황에서 감정의 논리를 작용시켜 격정을 확장시킨 적극적인 인물로 연출했다.

> 1951년 초연 시 '행동하는 인물'로 형상화한 것을 좀 더 발전시킨다. 이를 통해 '인간적인 고뇌'와 함께 '적극적인 행동과 열정'을 지닌 인물로서 한순간 광기가 폭발하여 행동으로 실천하는 인물로 구축한다. (중략) 1989년 마지막 연출인 공연에서는 당시 시대적 혼란상을 반영하여 군중 장면과 포틴브라스에 비중을 두고 있다. 또 나라가 혼란에 빠졌는데도 자신의 고민에 여념이 없는 햄릿을 대비시킴으로써 포틴브라스의 영웅적인 행동을 부각시켜 햄릿의 책임 회피적 행동의 일면을 대비하기도 한다. 이처럼 이해랑의 공연에서 보이는 햄릿은 그 복수나 광기의 대상에 대한 분별력 있는 판단과 사유에 앞서 먼저 자신의 감정에 충실하게 된다. 그리고 그에 따라 광기 어린 행동이 앞서는 인물로 형상화시키고 있다.[35]

연출가 이해랑은 나라가 혼란에 빠졌는데도 자신의 고민에 여념이 없는 '햄릿'을 묘사하면서 환경과 인물 간의 관계를 형성한다. 햄릿의 책임 회피적 행동은 자신의 감정에만 충실했기 때문에 현실과 괴리가 생긴다는 근거를 둔다. 그래서 일면 책임을 회피하는 태도를 보이는 듯하나, 사실 누구보다 격정적인 감정의 요동 속에서 광기 어린 행동이 적극적으로 드러나는 현상을 '햄릿' 인물의 성격 묘사에 관계 맺도록 한 것이다. 당시 문헌을 보면 이해랑의 '햄릿' 인물은 어릿광대와 같은 모습이고 어이없는 행동을 일삼으며 돌발적이고 광기 어린 행동을 적극적으로 성격으로 형상화했다는 것을 알 수 있다.

4. 변용과 수용의 셰익스피어

1) 1960, 1970년대 셰익스피어 공연

1960년대에 들어와서 셰익스피어 공연은 다양한 연출가들의 도전에 의해 이루어졌다. 1950년대 한국 연극에서는 연출가 이해랑이 셰익스피어의 담임연출처럼 공연을 도맡아왔지만, 그 이후에는 더 많은 연출가들에 의해 다양한 접근과 적극적인 연출작업이 이루어졌다.

표 11. 1960, 1970년대 셰익스피어 공연

연도	작품	번역/번안/ 각색/원작	연출	내용
1962	햄릿	여석기 번역	이해랑 유치진	드라마센터 개관기념 공연
1962 -1963	로미오와 줄리엣	김재남 번역	이해랑	드라마센터 개관기념 공연
1963	한국셰익스피어협회 창립			
1964	베니스의 상인	김재남 번역	이진순	국립극단
	오셀로	오화섭 번역	한노단	극단 신협
	뜻대로 하셔요	김재남 번역	양광남	민중극장
	리어 왕	최정우 번역	허규	실험극장
	안토니와 클레오파트라	이효영 번역	정일성	동인극장
	말괄량이 길들이기	이효영 번역	차범석	극단 신하
1968	오셀로		이해랑	극단 배우극장
1969	맥베스	이종수 번역	나영세	실험극장
1971	실수연발	이근삼 번역 김상열 각색	이승규	극단 가교, 국립극장
	햄릿	여석기 번역	표재순	실험극장, 국립극장
1972	오셀로	오화섭 번역	김동훈	실험극장, 국립극장
1973	리어왕	안민수 번안	안민수	동랑 레퍼토리 극단, 드라마센터

연도	작품	번역/번안/ 각색/원작	연출	내용
1974	마로위츠햄릿	찰스 마로위츠 작 김윤철 번역	김효경	극단 맥토, 국립극장
1975	햄릿	여석기 번역	김상열	극단 가교, 예술극장
1976	막베뜨	외젠 이오네스코 작 전채린 번역	표재순	시민회관 별관
	하멸태자	안민수 번안	안민수	동랑 레퍼토리 극단, 드라마센터
1977	하멸태자	안민수 번안	안민수	시민회관 별관, 해외 순회공연
	햄릿	여석기 번역	김효경	현대극장, 류관순 기념관
	말괄량이 길들이기	한노단 번역	마가렛 모어	극단 가교, 시민회관 별관, 코리아극장
	햄릿 다시 태어나다	징 사르망 작 이창구 번역	정진	세종문화회관 별관
1978	로미오와 줄리엣	정인섭 번역	황은진	현대극장, 문화회관 별관, 류관순 기념관
	팔자 좋은 중매쟁이 -십이야-	민촌 번안	서민	극단 은하, 드라마센터
1979	실수연발	이근삼 번역 김상열 각색	김상열	현대극장, 세종문 화회관 별관
	이길재 모노드라마 해믈리트	이길재 편극 번안	이길재	이길재 1인극, 극단76, 하나방 소극장, 공간사랑

이 시기에 〈뜻대로 하세요〉 1편, 〈안토니오와 클레오파트라〉 1편, 〈리어 왕〉 2편, 〈말괄량이 길들이기〉 2편, 〈실수연발〉 2편, 〈로미오와 줄리엣〉 2편이 새롭게 공연으로 선보였다. 그리고 1950년대에 이어 〈베니스의 상인〉 1편, 〈오셀로〉 3편이 공연되고 〈맥베스〉는 1편 외에 〈막베뜨〉라는 제목으로 공연되었다.

〈햄릿〉은 1950년대부터 공연 편 수가 원래 많았고 1960, 1970년대에 이어서도 〈햄릿〉의 공연 인기는 높았다. 〈햄릿〉 4편이 공연되었고 〈마로위츠 햄릿〉 1편, 〈하멸태자〉 2편, 〈해믈리트〉 1편, 〈햄릿 다시 태어나다〉 1편 등 다양한 제목으로도 공연되었다. 이러한 양상은 〈햄릿〉 작품에 대한 새로운 시도들이 연출가의 관점에 따라 기획되어 이런저런 제목으로 나타난 것이라고 볼 수 있다.

2) 셰익스피어 극의 새로운 수용의 풍경

1970년대 셰익스피어 공연의 양태를 살펴보면 해외 셰익스피어극이 끼친 영형력이 두드러진다. 장 사르망Jean Sarment의 〈햄릿 다시 태어나다〉와 찰스 마로위츠Charles Marowitz의 〈마로위츠 햄릿〉 그리고 외젠 이오네스코Eugene Ionesco의 〈막베뜨〉처럼 외국 극작가의 셰익스피어 변용 작품이 한국에서 공연되었다. 이들은 셰익스피어 작품을 변용하여 해석하고 새로운 작품을 쓰는 것이 지속적으로 가능하다는 것을 한국 연극에 알려주었다.

장 사르망의 〈햄릿 다시 태어나다〉는 햄릿이 죽은 후, 왕자가 아닌 평범한 신분으로 다시 태어난다는 설정으로부터 시작한다. 장 사르망의 셰익스피어 변용은 비극적인 〈햄릿〉 작품을 현대적 관점으로 적용시키면서 가혹한 현실을 부각시키고 희극적으로 극화하였다. 작가의 이름을 본뜬 찰스 마로위츠의 〈마로위츠 햄릿〉은 현대의식과 현대감각을 살린 것이 특징이다. 현대인의 신경질적이고 정신분열적인 모습을 담아내면서, 당시 유행했던 포스트모더니즘적 관점도 드러낼 수 있었다. 부조리 극작가인 외젠 이오네스코의 〈막베뜨〉는 권력을 중심으로 배반과 권력의 허무함을 작품에 드러내[36], 한국 연극에서 셰익스피어 극의 정치적 해석을 가능하게 하는 데 큰 영향을 미쳤다.

1970년대 한국 연극은 셰익스피어 작품을 변용하여 거의 새롭게 극작을 한 서구 극작가들의 희곡으로 새로운 모습을 지닐 수 있게 되었다. 한편으로는 서구 연극 및 이론들이 새로운 방식으로 수용되었고, 다른 한편으로는 젊은 연극인들에 의해 한국 전통연극의 변용과 수용에 대한 고민이 커졌다. 이는 전통극에 대한 새로운 인식을 가져다주었고, 이를 통해 한국 연극의 스펙트럼이 크게 확장되는 계기를 마련하게 해주었다. 이 시대에 새롭게 수용한 셰익스피어 극은 한국 연극의 새로운 변화를 위한 자극이 되기에 충분했다.

앞에서 언급했지만 셰익스피어 작품의 한국어 번안 작업은 일제강점기부터 지속적으로 활발히 이루어졌다. 유치진의 작품들과 악극으로의 번안 등이 그 대표적인 예이다. 일제강점기 시대의 셰익스피어 번안 작업은 단순한 변용으로 대중들의 호감과 이해를 중심으로 한 나이브한 적용에 머물렀다. 작가와 텍스트 간의 일련의 분석적 태도와 방법 그리고 공연에 이르기까지 전문적인 연극론의 관점과 흐름 속에서 보자면, 당시 셰익스피어 공연의 텍스트와 작가 연구에 머물고 있을 뿐, 해석과 변용은 크게 확장되지 못한 채 이루어졌다. 1970년대에 들어서서 본격적으로 수용된 서구 극작가의 변용적 태도에 힘입어, 한국 연극의 극작가와 연출가들은 새로운 변용과 공연을 시도할 수 있게 되었다.

한국 작가들의 변용과 공연의 예는 1973년 안민수의 〈리어왕〉, 1976년 안민수의 〈하멸태자〉, 1978년 〈십이야〉를 변용한 민촌 번안 및 서민 연출의 〈팔자 좋은 중매쟁이〉, 1979년 김상열 연출 및 이근삼 번역의 〈실수연발〉 그리고 이길재 편극 번안의 〈이길재 모노드라마 해믈리트〉 등을 꼽을 수 있다.

3) 안민수 번안 및 연출의 〈하멸태자〉

1976년과 1977년에 공연한 〈하멸태자〉는 안민수가 번안하고 연출을 한 작품이다.

> 안민수는 1976년 〈햄릿〉을 〈하멸태자〉로 번안하는 데 있어 영어본 〈햄릿〉 비평판 한 종류(정확한 판본을 기억하고 있지 못하였음)와 국내 번역본으로는 여석기 번역본과 김재남 번역본을 저본으로 참고하여 번안한 것으로 술회하고 있다.

–안민수와의 인터뷰, 일시: 2011년 9월 9일 오후 5시~5시 30분, 장소: 동국대 연극학과 사무실.[37]

안민수는 '햄릿'을 '하멸태자'로 개명하면서 과감하게 한국적으로 도전하였다. 이러한 시도는 미국과 유럽에서 일어난 아방가르드적 실험정신과 상호문화주의적 관점에 의한 것이라고 할 수 있다.

안민수는 〈햄릿〉을 〈하멸태자〉로 개명 및 번안하면서 전체 5막과 20장—1막과 5장, 2막과 2장, 3막 4장, 4막 7장, 5막 2장 등—으로 이루어진 극적 주요 사건과 흐름의 구성에서 막과 장의 구분을 없앤다. 그리고 극의 시대적 배경과 공간을 덴마크라는 북구 유럽에 역사적으로 실존하는 국가를 배경으로 하는 허구의 왕조에서 동양 혹은 한국적인 느낌을 주는 아사라국이라는 가공의 왕조로 변형시킨다. 그리고 햄릿 전체 분량의 약 1/5 수준으로 압축한다. 이것은 기본적으로 운문과 산문 등 다양한 등장인물들의 대사로 이루어진 '언어 중심의 텍스트'를 '행위 중심의 공연텍스트'로 변화시키는 것이다. 더 나아가 서구의 고전인 〈햄릿〉을 동시대 관객들에게 원전의 사실적 재현이 아닌 자국적 수용을 통하여 재창조하고자 하는 문화상호주의적 관점을 보여주는 것이라고 하겠다.[38]

안민수의 〈하믈레트〉는 과감하게 막과 장을 없애고 전체 이야기를 1/5로 압축시켰다. 극적 규제와 양식은 별 중요성을 갖지 못한 채 행위 중심의 극으로 구성되었다. 안민수의 연출은 연극의 구성을 해체하여, 그러니까 고전적인 해석의 강박에서 벗어나 더 본질적인 물음에 다가가는 시도였다. 한국 현대 연극에서 실험이라는 단초를 이 작품에서 볼 수 있었다. 이로부터 한국 연극에서 실험정신들이 새롭게 잉태될 수 있었다. 근대극의 특징인 텍스트를 중심으로 하는 1950년대 이해랑식 연출의 〈햄릿〉과 다르게, 1970년대 안민수의 〈하믈레트〉는 텍스트 위주의 형태가 아닌 인물 행동을 중심으로 한 적극적 '해체' 작업으로서의 연출의 산물이었다. 한국식 연출, 한국 연극의 전통양식에 의거한 셰익스피어 공연의 번용은 세계화라는 흐름 속에서 한국 고유의 연극을 창출하려는 연출가들의 의지와 맞물려, 새로운 연극의 관점으로 대두되었다. 셰익스피어 작품의 일반적 번역, 수용, 번용의 역사에서 나아가 한국인의 정서에 상응하기 위한 번안, 세계 속에서 한국 고유의 특색이 드러날 수 있는 과감한 한국적 표현들의 시도가 이루어졌다. 예를 들면 다음과 같다.

곳: 아사라

하늘에는 흙비가 나리고 해가 불꼬리를 달고 나른다. 아사라의 궁정에는 선왕 지달의 죽음을 슬퍼하는 백성의 곡성이 그득한데 거상 입고 굴건한 태자 하멸이 댓돌에 쿵쿵 머리 쪼아 운다. 호려소의 슬픈 피리소리. 긴 시간이 흐르고, 하멸이 큰 숨을 모으면 댓돌 위 마

루 그 위에 미흘왕과 가희가 짝을 이루어 있다.[39]

안민수의 〈하멸태자〉는 상황들의 묘사가 원작과 사뭇 달랐고, 한국적 정서에 응하는 표현들과 함께 등장하는 인물의 호칭과 이름까지도 한국식으로 수정해 표현하였다. 선왕 지달, 태자 하멸, 미흘왕, 가희와 같이 한국 전래동화에서 묘사되는 인물들이 등장했다. 그뿐만 아니라 극적 효과를 위하여 피리소리, 곡성, 상여소리 등 우리의 감성을 잘 드러내는 소리들을 이용했다.

5. 1980년대, 정치극으로서 셰익스피어 수용

1972년 10월, 박정희 정부는 국가 안보와 사회 질서를 바로잡아야 한다는 명목으로 장기 집권을 시도했다. 한국 사회는 권위주의적인 통치로 억압과 폭력이 난무하는 지배체제 속에 있었다. 1979년 제9대 대통령 임기 초에 부산, 마산 등에서는 이러한 유신체제에 반대하여 학생들과 시민들의 시위가 계속 일어났다. 이렇게 권력 유지를 위해 유신체제에 들어선 박정희는 민주화를 이룩하기 위한 '부마항쟁'에 부딪힌다. 결국 1979년 10월 26일 독재체제를 유지하려던 박정희는 김재규에게 피살되고 만다. 한국 사회의 새로운 전기가 시작된 것이다.

1) 전문극단: 군부독재와 격렬한 민주화 운동으로의 열의

해방 이후 1970년대까지 셰익스피어 연구 및 공연은 학문 중심의 대학극, 학생극 중심이었다. 그리하여 셰익스피어 텍스트가 학문적으로 관심을 끌면서 자연스럽게 기본 교양서로 주목받고 공연 실천에서도 꾸준하게 이행될 수 있게 되었다.

> 《한국연극》과 《문예연감》에 근거해서 살펴본 공연기록에 따르면, 1980년부터 1997년 10월까지 서울에서 셰익스피어가 무대화된 것은 모두 72회이며 비극, 희극, 사극이 각각 48, 23, 1회를 차지한다. 평균을 내자면 1년에 4편 그러니까 셰익스피어는 서울 하늘 아래 석 달에 한 번꼴로 모습을 드러냈던 셈이다.[40]

1980년부터 셰익스피어 연구는 전문극단에 의해 이루어지는데, 1년에 4편 정도 그러니까 석 달에 한 번꼴로 셰익스피어의 작품들은 대중들에게 공연되었다.

1980년대 전문극단의 특징적인 면을 살펴보면, 무엇보다도 시대정신이 연극운동으로 반영된 점이 두드러진다. 연극은 시대를 반영하는 능동적인 예술 영역이기에, 당시의 시대적 사건을 반영한 연극들이 창출되고 응용되고 소통될 수 있었다. 당시의 혼란스런 상황 속에서 연극은 대중들과 가장 가까이 소통하는 예술이 되었다. 유신 통치 이후 권력에 대한 반항심은 한국 사회에 큰 파동을 일으켰고, 이에 따라 대중문화도 많은 변화를 가져올 수밖에 없었다. 이는 고스란히 연극에도 반영되었다. 특히 셰익스피어 극은 대중들의 정서 반영과 당대의 독재정권에 대항하는 기제로 쓰였다. 격동의 시기에 연극은 억압을 드러내고, 권력에 저항하는 연극 본연의 기능을 발휘했던 것이다. 1980년 이후 셰익스피어 공연을 분석한 〈표 12〉를 참고해보면, 텍스트 선정에서 '비극'이 상대적으로 많았다. 이 시기 연극은 시대를 반영하는 한 증표였던 셈이다.

표 12. 1980~1997년 비극, 희극, 역사극 공연 횟수[41]

	1980	1981	1982	1983	1984	1985	1986	1987	1988	1989	계
비극	0	4	1	2	2	2	5(1)	0	0	2	18
희극	2	1	1	4	1	0	3	0	1	0	13
역사극	0	0	0	0	0	0	0	0	0	0	0
계	2	5	2	6	3	2	8	0	1	2	31
	1990	**1991**	**1992**	**1993**	**1994**	**1995**	**1996**	**1997**			**계**
비극	4(1)	4(2)	3(1)	4(1)	2	8(1)	2	3			30
희극	1	3	4(1)	0	0	2	0	0			10
역사극	0	0	0	0	0	1	0	0			1
계	5	7	7	4	2	11	2	3			41

* ( ) 안의 숫자는 해외 극단 초청공연 횟수

〈표 12〉는 1980년을 기점으로 1997년까지의 비극, 희극, 역사극 공연 횟수를 분석한 것이다. 1980년대에는 비극 18편, 희극 13편, 역사극 0편으로 총 31편의 셰익스피어 극이 상연되었다. 그리고 1990년대에 들어서서는 비극 30편, 희극 10편, 역사극 1편으로 비극의 상연 수가 월등했다. 이렇게 비극이 많이 공연된 이유는 시대 상황과 무관하지 않다.

> 피와 억압으로 얼룩진 우리의 과거사가 아무래도 희극보다는 비극과 더 잘 맞아떨어졌음을 의미하는 것.[42]

신정옥이 연구한 셰익스피어 유입에 관련한 자료들[43]을 참고해보면, 셰익스피어 극 중 비극이 많이 상연된 점을 주목하여 분석하였는데, 이러한 분석이 가능한 근거는 시대 상황에 적극적으로 대응할 수 있었던 예술 장르가 연극이었다는 점과 그 가운데 셰익스피어 공연이 큰 역할을 했다는 점이다.

2) 자유로운 실험

1980년부터 셰익스피어의 작품은 다양한 접근 방식으로 연구가 진행되고 실험되었다. 해방 이후부터 1989년까지 셰익스피어 연구는 번창하여 수용에서 번역의 문제, 교육, 서지학, 일반론, 비평이론, 언어, 비극, 희극, 사극, 로맨스, 비교연구, 개별 작품론, 시 등 다양한 주제로 연구되고 학자들을 통해 저서로 발간되었다.[44] 그리고 연극 공연에 있어서도 여러 연출에 의해 새로운 무대 표현들이 시도되었다. 그 다양한 특징들을 나열해보면 인물성격 비평, 시적 접근(악, 갈등, 주인공의 자아인식 문제, 사랑, 아이러니, 질서 혹은 정의, 주인공의 이데올로기, 죽음, 자연, 초자연적 요소, 외양과 실제), 심상적 접근, 심리적 접근(프로이트, 라캉), 소재분석 접근, 기독교적 접근, 연극적 접근, 역사적 접근, 통전적 접근, 부조리극으로 보는 접근, 구조주의적 접근, 여성학적(메데이아) 접근, 메타드라마로 보는 접근, 민족중심주의적 접근, 비교를 통한 접근, 동양적 접근 등이다. 여기에 다양한 비평 및 무대표현이 보태졌다.[45] 이 중 윤정근, 홍기창, 전재근, 김한의 〈한국에서의 셰익스피어 연구조사(I)〉, 〈한국에서의 셰익스피어 연구조사(II)〉의 내용을 정리하면 다음과 같다.

(I): 해방 이후부터 1989년까지 한국에서 발표된 것만을 목록으로 작성한 셰익스피어 연구 업적물 조사 내용이다. 석사학위논문, 박사학위논문을 먼저 구분으로 하였고, 그 밖의 연구논문 및 저서는 극장, 수용 번역의 문제, 셰익스피어 교육, 서지학, 일반론, 비평이론, 언어, 비극론, 희극론, 사극론, 로맨스론, 비교연구, 개별 작품론, 시로 구성하여 업적물을 분류해놓았다.

(II): 연구조사 I은 셰익스피어 연구 업적물 조사 목록이라면, 연구조사 II는 업적물을 접근별로 고찰한 내용을 분류해 놓은 것이다. 성격 비평적 접근, 시적(악, 갈등, 주인공의 자아인식 문제, 사랑, 아이

러니, 질서 혹은 정의, 주인공의 이데올로기, 죽음, 자연, 초자연적 요소, 외양과 실제) 접근, 심상적 접근, 심리적(프로이트, 라깡) 접근, 소재 분석 접근, 기독교적 접근, 연극적 접근, 역사적 접근, 통전적 접근, 부조리극으로 보는 접근, 구조주의적 접근, 여성학적(메데이아) 접근, 메타드라마로 보는 접근, 민족중심주의적 접근, 비교를 통한 접근, 동양적 접근 등이다.

이를 정리하면 이 시대에 셰익스피어의 변용은 성격 비평적 접근, 주인공의 자아인식 문제, 질서 혹은 정의에 대한 문제, 이에 대한 주인공의 이데올로기 선택의 결과 등으로 크게 나눌 수 있다. 이는 당대에 소개된 어떤 외국 작가들의 작품보다도 셰익스피어 작품이 시대적 영향을 대변하고 당대의 정신 및 감성을 드러낼 수 있는 텍스트이기 때문이었다. 셰익스피어를 '동시대同時代'의 작가라고 규정할 수 있었던 근거는 여기에 있다. 같은 시대를 살아가는 이들이 서로 공감할 수 있는 사건으로 해석하고, 이를 통해 당대의 고민과 관점을 잘 드러낼 수 있는 텍스트로 셰익스피어의 작품들은 유용하고 훌륭했다. 이런 배경에 힘입어 시대 반영과 시대 저항으로서 셰익스피어의 작품은 더 과감하게 해석되고 실험적으로 공연될 수 있었다. 셰익스피어 희곡이 열린 텍스트로서 연출가들에게 다양한 관점을 제시해주는 역할을 했다는 것은 분명하다.

3) 공연

표 13. 1980년대 셰익스피어 공연

연도	작품	번역/번안/각색/원작	연출	내용
1981	햄릿1 -기국서의 햄릿-	김재남 번역 기국서 각색	기국서	극단76, 국립극장 소극장
	햄릿	이근삼 번역	표재순	서울 제3세계연극제, 101 스튜디오 오픈기념공연, 극단 현대
	마로위츠햄릿	찰스 마로위츠 작 김윤철 번역	이종훈	극단 맥토
	맥베스	유혜련 번역 각색	김승수	극단 우리극장, 문예회관 대극장
1982	리어 왕	조일도 번안	조일도	극단 집현, 인천 시민회관
	햄릿2 -광기와 테러의 역사-	김재남 번역 기국서 각색	기국서	극단 76, 문예회관 소극장
1983	한여름 밤의 꿈	주백 편저	김응수	극단 가갸
	베니스의 상인	이근삼 번역	패드릭 터커	순회공연, 한·영수교1백주년기념공연, 현대극장, 류관순기념관
	리어 왕	이태주 번역	이해랑	한·영수교 1백주년 기념공연, 극단 사조, 세종문화회관 별관

연도	작품	번역/번안/각색/원작	연출	내용
1984	리어 왕	안민수 번안	안민수	동랑레퍼토리극장, 드라마센터 대극장
	햄릿3 -햄릿과 오레스테스-	기국서 각색	기국서	극단 76, 문예회관 대극장
	분장사 -리어 왕-	로날드하우드 작 김영자 번역	문고헌	극단 춘추, 문예회관 대극장
1985	햄릿	여석기 번역	이해랑	중앙일보사 주최, 호암아트홀 개관기념공연, 호암아트홀
	우부왕 -맥베스-	알프레드 자리 작 한상철 번역	이영주	극단 현대극장, 공간 사랑 극장
1986	막베드	이태주 번역 무세중 각색	무세중	전위예술단 테아트로 무(teatromu), 문예회관 소극장
	한여름 밤의 꿈	이태주 번역	패드릭 터커	한국연극협회 주최, 호암아트홀
	86햄릿	이길재 각색	이길재	극단하나, 하나방소극장
	로젠크란츠와 길덴스턴은 죽었다 -햄릿-	톰 스토파드 작 노윤갑 번역	진길원 노윤갑	서울시립대 극예술연구회, 극단76, 창고극장
1987	웨스트사이드스토리 -로미오와 줄리엣-	아더 로렌츠 작 신정옥 번역	김상열	현대극장, 세종문화회관 대강당
	사랑앓이 대소동 -한여름 밤의 꿈-	주백 번안	권영근	극단 거론
1989	햄릿	여석기 번역	이해랑	중앙일보사 및 KBS주최, 호암아트홀

1980년대에는 총 21편의 셰익스피어 극이 공연되었다(〈표 13〉). 대표적인 〈햄릿〉에서 〈맥베스〉, 〈리어 왕〉, 〈한여름 밤의 꿈〉, 〈베니스의 상인〉, 〈로미오와 줄리엣〉까지 다양한 작품이 공연되었다. 희극 작품은 많지 않았지만, 비극 중심에서 점차 희극 공연도 가세했다. 셰익스피어 극을 새롭게 해석 혹은 연출하려는 시도들은 공연 작품의 이름에 덧붙이는 부제에서도 살펴볼 수 있다. 셰익스피어의 〈햄릿〉은 그중 9편으로 기국서, 표재순, 이종훈, 이해랑, 이길재, 진길원과 노윤갑 연출로 공연되었다. 그 가운데 기국서의 〈햄릿〉이 눈길을 끄는데, 시리즈로 부제를 두면서 조금씩 공연을 올렸기 때문이다. '기국서의 햄릿', '광기와 테러의 역사', '햄릿과 오레스테스'라는 기국서 〈햄릿〉의 부제가 그것이다. 1986년 이길재 연출의 〈86햄릿〉도 제목에서 눈길을 끄는 대목이고, 1986년 진길원과 노윤갑 공동연출의 〈로젠크란츠와 길덴스턴은 죽었다〉의 제목도 연출의 시사점이 느러나는 대목이다.

기국서[46]의 〈햄릿〉

기국서가 연출한 〈햄릿〉은 '기국서의 〈햄릿〉'이라고 별칭될 만큼 연출가 기국서만의 특색이 고스란히 담긴 공연이다. 연출가 기국서는 〈햄릿〉을 1981년, 1982년, 1984년 그리고 1990년에 걸쳐 총 햄릿을 다섯 번, 연극으로 공연했다(1990년 〈햄릿4〉는 두 차례 공연되었다). 1981년에 기국서는 김재남 번역본을 바탕으로 〈햄릿1〉 '기국서의 햄릿'을 극단76과 함께 국립극장 소극장에서 공연했다. 1982년에는 〈햄릿2〉 '광기와 테러의 역사'를 문예회관 소극장에서 공연했다. 1984년 〈햄릿3〉은 연출가 기국서가 본격적으로 각색을 하면서 '햄릿과 오레스테스'를 연출한 작품이다. 이렇게 기국서의 공연이 햄릿 시리즈가 되면서 1990년에는 기국서가 전면 창작자로 나서서 기국서 작 및 연출로 〈햄릿4〉와 〈햄릿5〉가 완성된다.

정치극

기국서의 〈햄릿〉은 작품의 해석에서 중심 기제가 정치적 행동으로서 햄릿이었다. 연출가 본인도 그러한 연출 태도와 작품의 방향에 적극적이었다.

> 나의 가장 큰 예술적 관심은 동시대에 관한 해석이다. 지금 우리 삶의 모습은 어떠하며 그것은 과연 인간적인 삶의 형태인가 하는 질문이 된다. 그리고 그것의 궁극적인 역할이 정치에 있음을 보게 된다. 그러나 또한 나의 시각은 정치 그 자체가 아니라 그것 때문에 빚어지는 정신상태에 있다.[47]

기국서는 당시의 정치적 상황을 〈햄릿〉을 통해 반영하고 비판하며 극으로 연출하였다. 이는 연극의 극적 구성뿐만 아니라 연극이 의미하고 추구하고자 하는 '정신'을 부각시키고자 하는 의도에 부합하는 것이었다. 기국서는 〈햄릿3〉에서 셰익스피어의 〈햄릿〉과 사르트르의 〈파리 떼〉의 내용을 합쳤는데, 그가 의도하고자 했던 '현대의 젊은 지성'과 '정치적 현실'의 충돌을 극화하여 보여주기 위한 시도였다.

> 셰익스피어의 〈햄릿〉(김재남 역본을 토대로 약간의 개작을 함)과 사르트르의 〈파리 떼The Flies〉가 합쳐진 것이다. 이 작품은 정치 상황을 바탕으로 하여 〈햄릿〉은 나약한 지성의 좌절을, 〈파리 떼〉는 순수한 정신의 극복으로 이 두 작품을 합하여 보여주고 있다. 문예회관 대극장 무대에서는 셰익스피어의 〈햄릿〉을, 사르트르의 〈파리 떼〉는 극장 로비에서 연속 상연됐다. 연출가 기국서는 "〈방황하는 젊은 지성〉이라는 동일 주제 밑에 〈햄릿〉은 현대의 젊은 지성이 정치적 현실 속에서 어떻게 참여하고 좌절하는가에, 〈파리 떼〉는 이 좌절을 어떻게 극복하고 행동과 실천으로 옮기는가에 중점을 두어 4시간 연속 공연이 일관적인 흐름으로 이끌어진다"고 설명했다.[48]

하지만 〈햄릿3〉은 정부의 공연 중지 명령으로 하루만 공연할 수 있었다. 당시 한국 연극계에는 정부의 검열이 있었고, 정부는 이를 통해 연극을 억압하고 있었다. 이러한 억압에 대항하여 연출가 기국서는 연극으로 그의 정치적 입장을 단호히 나타냈다. 그 과정은 신선했지만, 그 끝은 그에게 많은 고통을 안겨주었다. 1980년대 이후 한국의 기형적 정치 구조 속에서, 기국서는 다섯 번의 〈햄릿〉을 통해 햄릿 시리즈을 기획 공연했고, 이를 통해 연극의 저항정신을 드러냈다. 그의 〈햄릿〉 공연은 당대의 상황에 저항하는 연극의 매력을 보여주었고, 관객들로부터 즉각적 반응을 얻어낼 수 있었다. 1980년대는 연출가 기국서가 가장 활발하게 활동할 수 있었던 시대이기도 했고, 셰익스피어 공연은 그 정점에 놓여 있었다.

> 기국서는 〈햄릿〉의 해체적 변용을 통해 동시대의 정치 사회적인 문제와 그 속에 내재되어 있는 인간의 욕망과 갈등의 본질을 드러내고자 한다. 이는 그가 동시대의 정치, 사회적 문제점들을 어떠한 시각에서 햄릿 시리즈를 통하여 형상화할 것인가에 대한 고민이자 관점이라고 할 수 있다.[49]

기국서와 그가 연출한 햄릿 연작 시리즈는 같은 시대를 살아가는 이들에게 감동을 주면서 이어졌다. 연극을 통한 공감의 공동체를 꿈꾸었던 기국서의 〈햄릿〉은 동시대적 상황을 가장 잘 읽고 표현하는 1980년대 한국연극의 상징적 인물이 되었다. 그는 햄릿 시리즈를 통해 정치적 연극으로서의 입장과 연극하는 예술가의 정치적 태도 등을 강조했다. 기국서의 작품 배경에는 언제나 유신 이후의 쿠데타와 5·18 민주화운동과 같은 현대 한국사에 큰 분수령이 된 사건들이 고스란히 들어 있다.

> 기국서가 1980년대 시리즈를 통해 하고자 했던 작업은 당시 한국의 정치·사회적 사건들에 대한 언급이었다. 박정희의 죽음에서 시

작하여 쿠데타, 끊이지 않는 시위, 광주의 참상에 이르기까지의 사건들과 그로 인한 사람들의 불안한 심리상태를, 잘 알려진 서양의 고전인 〈햄릿〉을 통해 드러내고자 했던 것이다. '정치와 권력에 대한 인간의 욕망을 다룬 〈햄릿〉의 내용 자체가 당시와 맞아떨어'(《한겨레신문》 1996.12.14)진다고 생각했기 때문이다. 따라서 '테러와 광기의 역사'라는 부제에서도 엿볼 수 있듯이, 〈햄릿〉의 구조에서 그의 해석의 중심으로 떠오르는 것은 정치/권력/음모/폭력 등의 요소와 등장인물(특히 햄릿)의 심리가 된다.[50]

기국서의 〈햄릿〉 시리즈는 권력을 중심으로 연극적 허구와 현실 상황을 중첩시켰고 그렇게 함으로써 동시대의 문제 특히 정치적 입장을 발견하고 이에 따른 능동적인 행동을 추구했고, 관객들에게 직접 혹은 간접으로 저항할 수 있는 계기를 마련해주었다. 그의 헴릿 시리즈는 한국 현대 연극에서 가장 분명한 정치극이 되었다. 기국서는 연극을 통해 현실의 모순을 지적하고, 예술적 상상력으로 현실을 향진시키려는 시도를 셰익스피어를 통해 구체화했다. 그러한 의도는 극의 여러 표현에서 드러난다.

첫 번째는 원작에서처럼 검술시합 끝에 햄릿이 클로디어스를 찌르고 독배를 마시게 하고, 두 번째는 군복을 입은 길덴스턴이 뒤에서 클로디어스를 단도로 찌르며 세 번째는 호레이쇼가 객석으로부터 등장해서 클로디어스를 총으로 쏘고 무대 양옆에서 기관총 소리와 함께 인형 시체들이 던져진다. 잠깐 동안의 암전을 사이에 두고 이 세 장면이 펼쳐지며, 고요해지면 신중현의 '아름다운 강산'을 배경음악으로 한 젊은이(김성구)가 그 시체가 널려 있는 무대를 책을 들고 지나가는 것으로 막을 내린다.[51]

연출가 기국서는 공연에서 기관총 소리와 시체 그리고 '아름다운 강산' 배경음악 같은 표현들을 관객에게 들려주고, 현실에서의 참혹한 사건들이 지금 우리들 앞에 놓여 있다는 가정을 현실화했다. 군복을 입은 길덴스턴이나 청바지를 입고 책을 들고 지나가는 젊은이들의 행동들에서도 쿠데타에서의 폭력과 학생들의 희생과 저항정신을 표현했다. 이처럼 기국서는 동시대적 상황의 메타포들을 무대 위에서 시각적으로 보여주는 연출을 시도했고, 이를 강조했다.[52] 기국서의 〈햄릿〉은 기존의 고전성이나 사실주의, 환상장면을 중점으로 연출했던 것과 아주 거리가 먼, 정치극으로서 〈햄릿〉의 입장을 분명하게 했다. 그의 연출은 언제나 명확했고 단호했다.

당시 일련의 폭력적인 정치 상황이 전개된 것을 직시하였다. 동시대적인 희망이 좌절로 이어지고 시민들이 무참하게 학살당하는 현실문제들을 기본적으로 〈햄릿〉을 통하여 형상화하고자 한 것이다. 이러한 관점의 연장선상에서 원전의 고전성이나 문학적 언어, 고증에 의한 사실주의와 선왕 유령의 출현으로 시작되는 환상적 장면

> 그리고 햄릿과 오필리어의 사랑 등 〈햄릿〉에 대한 전통적인 관점을 배제한다. 〈햄릿〉의 모든 장면과 상황을 정치적인 상황으로 변용하였다. 다만 햄릿의 성격만은 준용하여 동시대의 한국 젊은 세대의 고뇌로 형상화하고자 하였다.[53]

햄릿의 성격

기국서의 '햄릿'은 당시 1980년대 정치 상황을 모티브로 해서 당대를 사는 젊은 세대의 고뇌를 드러냈다. 햄릿의 내용은 젊은이들의 반항심과 현실, 그들의 젊음 사이의 갈등으로 환치되었다. 그의 '햄릿' 속에서 햄릿은 청바지를 입고 코카콜라를 마시는 당대 현실의 청년들을 대표하는 인물로 구체화된다. 관객들은 '햄릿'을 통해 자신이 당대의 현실에 어떻게 반응하고 행동하는 젊은이인지 스스로 묻게 된다. 그의 연극은 관객들에게 우리는 행동하는 자인지 그렇지 않은 자인지를 고뇌하게 한다. 이러한 연출은 원작에서 드러난 우유부단한 햄릿의 태도로부터 근거한다.

> 햄릿의 고민은 살 것이냐 죽을 것이냐라는 실존적인 물음보다 행동할 것이냐 방관할 것이냐라는 보다 현실적인 물음에 가까이 있다. 그러나 정통성이 없는 통치권자와 그 하수인들이 벌이는 폭력과 감시 속에서 햄릿은 행동하기보다는 방관하는 젊은이이다. 이러한 내적 갈등이 그의 광기로 해석되므로, 햄릿은 정치적인 목적으로 미친 척하는 영리함의 소유자가 아니라 현실에 대한 갈등 속에서 미

쳐버리지 않을 수 없는 우유부단하고 나약한 청년으로 그려진다.[54]

기국서의 공연에서 행동하기보다는 방관하는 젊은이를 대변하는 모습으로 '햄릿'이 그려지고 나약한 청년으로 젊은이들이 문제의식화되는 것은 연출이 관객을 도발하는 연출적 질문이다. 관객에게 총구를 돌리며 광대의 대사를 반복하는 햄릿 연기의 연출에서도 드러나듯이 연출가 기국서는 젊은 관객들에게 총구를 겨누며 되묻는 행위를 연출한다.

> 흥분한 햄릿은 다시 총구를 객석으로 돌리며, 조금 전 배우들이 박수 속에 공연했던 수녀원 장면에서 광대1의 첫 대사(III, I. 56~89)를 극적으로 반복한다. 그러나 광대의 "살 것이냐 죽을 것이냐 그것이 문제로다(공연대본, 20)"가 햄릿의 대사에선 "이냐 아니냐 그것이 과제다(23)"로 변해 있다. 뿐만 아니라 '주변에서 "참이냐 거짓이냐?", "참여냐 방관이냐", "이것이냐 저것이냐", "있는 것이냐 없는 것이냐" "흑이냐 백이냐" 등의 말들이 소곤거리듯이 객석에 던져지고 햄릿의 대사가 계속되는 동안 이 소리들은 점차 커진다(23)'. 이 시점에서 햄릿의 광기는 극에 달하고, 그 광기는 '행동할 것이냐 방관할 것이냐' 사이에서 방황하는 햄릿의 갈등에서 비롯하는 것임이 관객에게 전달된다.[55]

기국서는 〈햄릿〉을 통해 정치에 대한 연극적 태도를 분명하게 표현했다. 기국서는 각색과 연출을 스스로 하면서 적극적으로 자신의 생각과 입장을 무대화했다. 이것은 당시 시대 상황에 대한 문제의식을 연극으로 반영하는 것이 자신의 역할이라는 것을 자각한 결과였다. 한국 연극은 이즈음 적극적으로 연극을 정치적 표현 수단으로 삼으려 했던 부류와 그렇지 않았던 부류로 이분화되어 있었다. 기국서는 당연히 전자의 입장을 대변하는 대표적 연출가로 자리매김했다. 그의 연극은 언제나 격동적 시대 상황을 외면하지 않았다. 그는 연극을 통해 대중들과 소통하고 이를 통한 반성의식이 생성될 수 있도록 노력한 연출가였다.

1986년 이길재 연출의 〈86햄릿〉 공연과 진길원과 노윤갑 공동연출의 〈로젠크란츠와 길덴스턴은 죽었다〉 공연에서도 당시 시대 상황은 고스란히 연극 속에 반영되어 있었다. 이처럼 셰익스피어의 〈햄릿〉은 격동적 상황 속에서 정신의 현현으로 젊은이들과 연극인들에게 깊은 문제의식과 행동을 촉구할 수 있는 촉매제가 되어주었다. 결론컨대, 기국서의 햄릿은 동시대적 정황을 작품에 드러낸 대표적인 정치극이라고 할 수 있다. 시대적 상황을 작품에 드러내고 권력 비판과 젊은 지식인의 각성과 행동을 유발하려는 공연 목표와 의의에 부합하도록 내용적으로 보충되고 극적 장치로 텍스트가 해체되고 재구성되었다. 기국서의 햄릿은 동시대적 상황을 적용하여 변용한 대표적인 해체적 접근 관점으로 평가할 수 있을 것이다.

6. 서구 연극 및 이론의 수용과 전통에 대한 새로운 인식

1) 서울 제3세계연극제와 새로운 시도

이 시기, 한국 연극에 영향을 미친 요소들은 88서울올림픽을 통한 우리 사회의 변화 양상들이었다. 정부는 올림픽 개최를 통해 한국의 선진국화와 서양 문명 개화를 더욱 강조하였다.

> 선진국화와 서양 문명의 개화로, 고전적인 대문호 셰익스피어의 수용이 나날이 증폭되어왔다. 영국의 BBC TV에서 제작한 셰익스피어 작품의 방영은 수준 높은 작품성과 셰익스피어 작품에 대한 이해와 감동으로 크게 기여하였고, 서울 제3세계연극제에 셰익스피어 연극계의 중진인 얀 코트Jan Kott 등 세계 연극인들의 내한과 공연이 있었다.[56]

이를 위해 개최한 것이 서울 제3세계연극제였다. 한국 연극은 정부 수립 이후 가장 많은 해외 연극인들을 맞이했고, 많은 현대 연극을 볼 수 있었다.

> 서울 제3세계연극제 기간에 공연되는 국내 연극 중 현대극장이 공연하는 〈햄릿〉을 눈여겨보겠다며, "셰익스피어 연극은 그것이 어떤 나라에서 공연되느냐에 따라 항상 새로운 〈햄릿〉, 새로운 〈리어 왕〉이 탄생되며 그 새로움의 모태는 각국의 고유한 민속"이라고 하였

다. 우리나라에서도 그의 인기가 대단하여 그의 주변에는 많은 연극인, 배우, 탤런트 들이 운집하였다고 한다.[57]

2) 원작의 적극적 해체

서울 제3세계연극제는 셰익스피어의 텍스트를 '다시 읽는' 계기를 마련해주었다. 이것은 고전과 해석 그리고 수용과 변용이란 이름으로 불렸다. 한국의 현대 연극에서 셰익스피어는 고전으로 머물지 않고 서양의 현대 연극에서도 언제나 재해석되고 연출되는 작품임을 다시금 확인할 수 있었다. 셰익스피어를 달리 새롭게 받아들이고, 서양의 현대 연극을 통해서 그들의 시도를 '다시 읽는' 가운데, 셰익스피어의 텍스트는 한국 현대 연극에 자유로운 텍스트, 자유로운 접근을 가능하게 하는 텍스트로 여겨졌다. 한국의 현대 연극에서 셰익스피어의 텍스트는 자유로운 해석이 가능하며, 시대적 상황과 그 시대의 정서를 반영하는 중심 텍스트가 되었다. 다양한 시도가 가능해졌고, 이와 더불어 한국 연극 연출가들의 독특한 상상력이 적용된 공연들이 생성되기 시작했다.

우리나라의 셰익스피어 공연이 그래서 이단적일 수밖에 없다는 것이 아니라, 반대로 그러한 점이 시인으로서의 셰익스피어를 음미하는 데는 방해일지 몰라도 공연적인 측면에 있어서는 영국의 그것보다 오히려 자유를 보장받을 수 있는 근거가 될 수도 있다는 것

이다.[58]

영미의 연극인들은 셰익스피어의 언어에 지배를 받지만 외국인들은 그렇지 않기 때문에 훨씬 더 많은 상상력을 발휘할 기회와 개작의 자유가 보장되어 번역뿐 아니라 번안/재구성 등에 자유롭다는 것이다.[59]

그즈음 한국 현대 연극에서 셰익스피어 공연은 기국서의 〈햄릿〉 이후 무세중의 〈맥베드〉 같은 작품에서 새로운 전기를 마련할 수 있었다. 정치적 상황을 비극적 상황과 연관하여 연출한 대표적인 공연이라 할 수 있는 무세중의 시도는 공연만큼 연구되거나 해석되지 못했다. 1980년대 이후 셰익스피어 공연의 특성은 텍스트에 대한 접근 방식에 따라 구분된다. 하나는 원작 그대로를 존중하는 역사적 입장으로의 학문적 태도, 즉 플롯과 의도를 충실히 따르는 방식이다. 다른 하나의 방식은 현대적 입장으로의 실험적 태도, 즉 원작을 해체하고 재구성하는 방식으로 자유롭게 도전하는 것이다. 이러한 공연 양상의 특성을 정리하자면 원전의 중시 그리고 원전의 해체, 재구성 방식이다. 후자에 속하는 연출가들이 기국서, 무세중 등이다.

해체

해체는 1960년대 프랑스 철학자인 데리다를 기점으로 시작된다.

> 서구의 예술사상과 담론의 역사에서 해체라는 용어와 함께 해체주의 또는 해체론에 대한 논의가 본격적으로 시작된 것은 1960년대 후반 프랑스의 철학자이자 교수인 데리다에 의해서이다. 이는 텍스트에 대한 읽기와 해석에 관한 예시적 이론이라고 할 수 있다. 플라톤에서 헤겔에 이르는 혹은 소크라테스 이전부터 하이데거에 이르기까지 서구 형이상학의 계보인 '이성중심주의Logocentrism'와 '음성중심주의'를 극복하고자 하는 관점이다. 그는 서구 철학의 음성중심주의가 표음문자, 즉 알파벳의 형이상학으로서 가장 강력한 민족중심주의를 나타내는 것으로 진단한다. 이러한 형이상학을 해체하려면 그 텍스트를 구조화시키는 언어, 더 나아가 그것의 토대를 구성하는 언어적 개념과 그와 관련된 모든 개념들에 대한 해체를 전제하는 것이다.[60]

철학적으로 '해체'는 자크 데리다를 중심으로 자기 비판적 운동에 근거한다. 데리다는 플라톤 이후 데카르트, 칸트, 헤겔을 차례로 해체해가면서 규범적인 진리와 관계에서 어떠한 것도 분명한 것으로 간주될 수 없음을 강조한다. 여기에 명시되는 것이 결정불가능성과 같은 명제이다. 기존의 합리주의적이고 이성이 중심이 되었던 기반을 타파하고 근본적으로 재구성하려는 시도는 현대 연극에 큰 영향을 미쳤다.

데리다의 '해체'적 개념은 작가와 텍스트 간의 새로운 반성 및 고찰을 불러일으킨다. 기존의 전지적 작가에 대한 무한한 신뢰를 넘어, 쓰인 텍스트 이상으로 무엇을 진정으로 의미해야 하는지를 검증해보아야 한다는 비판을 제시한다. 텍스트가 의존하는 언어라는 체계는 어디까지 신뢰할 수 있는 것인지, 또 우리의 이성이 어떻게 그 절대성을 확보하고 있는지를 의심하면서 본질에 더 가깝게 가고자 하는 일련의 비판 및 성찰의 단계를 중요하게 여긴다.

> 원전에 대한 해석의 문제는 그것의 핵심 사상이나 논점이 아니라 주변적 은유와 여타의 수사학적 장치들이다. 즉 어떠한 원전이 자신의 메시지를 정립하는 데 성공하고 있음을 상정하는 대신에 그것이 더 이상 작용하지 않는다는 사실을 보여주고자 한 것이다. 다시 말해 해체는 원전이 어떻게 인상작용을 만드는가의 문제를 규명하는 것이다. 또한 원전에는 이러한 착각을 교묘하게 영속화하는 수사학적 장치들이 존재한다. 해체는 이러한 사실을 발견하여 원전이 실제에 있어 얼마나 그와 반대로 작용하고 있는가 하는 문제를 해결할 수 있음을 의미하는 것이다.
>
> 따라서 해체란 철학이나 문학의 원전을 심도 깊게 읽기 위한 하나의 방법이자 전략이라고 하겠다. 이는 작가가 자신의 텍스트에서 논쟁의 여지가 없는 확고한 진리와 개념을 주장하기 위하여 무엇을

하였으며, 그 이론의 바탕을 이루는 원리나 토대를 정당화하기 위하여 무엇을 하고 있는가에 대한 물음과 답을 찾고자 하는 것이다. 이를 위해 해체는 원전의 바탕에 깔려 있는 무의식적인 전제가 무엇이며, 작가의 눈으로 볼 수 없는 것이 어떤 것인가를 발견하기 위하여 텍스트 깊숙이 파고들어가는 행위를 의미한다. 아울러 해체는 기존의 텍스트의 구조와 체계를 외부에서 파괴하고 분석하는 방식이 아니다. 반대로 내부로부터 작용하여 일정한 텍스트 내에 존재하는 개념적 구조를 드러나게 한다. 또 무의식적인 충동을 탐색하여 외부에서 볼 수 없는 구조적 맹점과 새로운 해석을 도출한다. 동시에 단순하고 완전하며 자체적으로 동일한 것처럼 보이는 기원이나 원초적 본질을 규명한다. 다시 말해 해체는 이상적인 형상화를 창출하기 위한 전략적 복귀를 도모하는 것이라고 할 수 있다.[61]

이렇게 결정 불가능성의 태도가 확장되면서 기존의 형태에 변형을 시도하는 새로운 태도가 활발하게 일어난다. 데리다 철학과 셰익스피어 수용, 변용은 매우 밀접한 관계를 지니고 있다. 현대 연극은 셰익스피어의 작품 또한 쓰인 텍스트에 권위를 부여하여 그 명분을 이어놓는 것 이상으로 셰익스피어 작품이 갖는 본질적 질문과 의의를 고민하고 연극에 반영하기 시작한 것이다. 그러한 방식으로 새로운 표현 양식들이 생겨나고 텍스트에 대한 독자의 창작 자유가 어느 정도 확보되는 태도들이 구체화되었다. '해체'는 무조건 실험적인 것도 아니고 외부적 사항들을 무분별하게 변형시키는 것을 의미하지도 않는다. 외적 조건이 바뀌는 것이 해체의 진정한 의미가 아니라는 것이다. 그럼에도 '해체'적 접근은 어떤 실험을 통해 새로운 양식적 접근들이 생겨나도록 했다. 연극에서는 텍스트가 지닌 의의와 연출의 정신이 공연의 근본이 되지만, 그 밖의 외부적 표현 양식들 또한 중요한 요소들이기 때문에 '해체'적 접근에 파생된 여러 실험과 새로운 양식들에 주목할 필요가 있다.

3) 1990년대 한국 현대 연극과 셰익스피어 공연

연극에서 해체적 관점은 구체적으로 연출가의 작업으로 연계되었다. 그리고 연출가의 작업은 연극의 표현 양식 개발로 수사적 효과 및 극장장치를 효과적으로 사용하는 것뿐만 아니라 연극의 중심인 배우의 연기 개발에도 영향을 미쳤다. 연출가만의 독특한 관점이 조명되었고, 그에 합당한 연기술까지 요구되었다. 1990년대 공연에 있어서 '해체'적 관점으로의 관심과 유행은 연극의 유희성과 놀이성에 집중하게 하였다. 유희와 놀이는 연극만이 갖는 특성으로 '기의'의 권위를 타파할 수 있는 대안이 되어주고 연극하는 즐거움 그 자체를 회복시켜주었다.

> 글-텍스트는 말에 의해 미리 만들어진 개념을 부여받는 것이 아니라 스스로 불확정성과 자유로운 놀이를 통하여 지속적으로 의미를 변화시키는 과정을 반복한다. 이에 따라 텍스트의 절대적인 진실과

의미는 항상 지연된다. 따라서 텍스트에서는 그 부재하는 진리의 자취와 그 미끄러짐에 대한 '차연'—'차이'와 '지연'—을 추적하는 끝없는 언어의 유희 내지는 놀이가 지속된다고 주장한다.[62]

텍스트 속 언어가 지닌 규범적 판단을 유보하면서, 연극 본연의 유희와 놀이를 중심으로 하는 연극은 극을 생동감 있게 하고 본질을 찾아가는 과정이기도 했다. 말의 부재 속에서 놀이의 부활을 시도하고, 이를 통해 연극 언어의 다양성을 회복하려는 시도는 새로운 무대효과와 더불어 궁극적으로 연극성을 강조하는 연극을 낳게 했다.

햄릿 공연

한국 근대 연극 이후 셰익스피어 유입에서 독특한 자리를 차지하는 것이 〈햄릿〉이다. 이 작품은 가장 많이 변용되면서 연출가의 관점이 드러나는 텍스트다. 앞서 이해랑의 〈햄릿〉과 안민수의 〈하멸태자〉 그리고 기국서의 〈햄릿〉의 특징들을 살펴본 것과 같이, 이 공연들은 연출가가 텍스트를 어떤 입장과 태도로 대하고 공연을 하는 데 무엇에 중점을 두어왔는지를 확인할 수 있는 가장 중요한 사례라고 할 수 있다.

〈표 14〉는 1990년대의 〈햄릿〉 공연을 소개한 것이다. 기국서의 〈햄릿〉은 정치극 형태로 1980년대를 대표하는 작품으로 분류하고 여기서는 설명을 줄인다. 한편 김정옥의 〈햄릿〉과 이윤택의 〈햄

표 14. 1990년대 햄릿 공연

연도	작품	번역	연출	내용
1990	햄릿4	기국서	기국서	극단 현대극장
	햄릿4	기국서	기국서	대학로 극장
	햄릿5	기국서	기국서	제14회 서울연극제 출품작, 극단 신협, 문예회관 대극장
1993	햄릿		김정옥	예술의 전당 토월극장
1996	햄릿	이윤택·김동욱 공동번역 김동욱 드라마트루기	이윤택	동숭아트센터 동숭홀, 문예회관 대극장, 러시아로스토프
1997	"초대"-1997·봄-햄릿-	임재찬 작	임재찬	신화, 형식적 실험, 문예회관 소극장

릿〉은 1990년대를 대표하는 특징을 비교할 수 있는 작품들이다. 1980년대까지의 셰익스피어 수용에 있어 변용과 해체 그리고 연출가의 독특한 관점 반영이라는 특징들이 1990년대의 세계화 무대 위에서 문화적 충돌 및 주체성에 대한 관심으로 이어지고 있다.

김정옥 연출의 〈햄릿〉

김정옥 연출 작업의 특색은 한국 연극의 제3세계 연극화를 지향하며 한국 전통 연극의 연극성을 연출의 중심기제로 삼는다. 그리고 영화에서 빌려온 몽타주 기법을 통해 극적 긴장감을 고조시키는 연출을 보여주었다. 연출가 김정옥의 연출적 기법은 〈햄릿〉 공연에도 확연하게 드러나는데, '죽음'이라는 메시지를 중심 주제로 하고 이를 우리의 전통 연희와 어법에 따라 연출했다. '죽음'이라는 메시지를 투영한 연극 〈햄릿〉은 평소 김정옥의 연출기법으로서의 몽타주 수법과 그가 이끄는 극단 "자유"의 집단창조의 방법을 통해 이루어졌다. 여기에 보태지는 것이 배우의 '광기'와 '한국적 무속'이다. 김정옥은 이것이 제3의 연극의 표현 방법이라고 여겼다.

김정옥은 〈햄릿〉을 몽타주적인 수법으로 구성하고 극의 스토리를 서술 나열식으로 전개하는 것을 지양한다. 동시에 극적 긴장감을 고조시키고자 한다. 그리고 텍스트의 시, 공간의 연대, 장소 등을 정확하게 설정하지 않는다. 다만, 불특정한 한국의 시대적 상황을 배경으로 추상적인 해체를 추구한다. 이를 구체화시키는 방법으로서 광대들이 주도하는 '극 중 극'의 이중구조와 함께 집단창조 방식을 준용한다. 또 〈햄릿〉의 주제인 '죽음'과 이를 앞에 둔 인간의 '광기'를 한국적 무속과 연계시켜 서구적 형식과의 충돌을 시도한다고 밝히고 있다. 그러나 결코 원전의 작품성을 훼손하지 않으면서 오늘의 새로운 한국적 〈햄릿〉으로 형상화하고자 하는 자신의 기본적인 연출관점을 노정하고 있다. 이러한 김정옥의 〈햄릿〉에 대한 연출관점은 자신이 추구하는 '제3의 연극'이자 '제3의 방법론'을 분명히 보여주는 것이다. 이러한 관점은 그가 원전 '5막 20장'의 극적 구조를 열여섯 개의 비연속적인 장면으로 재구성하고 있는 것에서 알 수 있다. 또 〈햄릿〉의 핵심 주제인 인간의 죽음과 광기를 몽타주적인 장면연결을 통하여 자신의 관점을 구체화시키고 있는 데서 잘 나타나고 있다.[63]

제3의 연극은 기존의 세력인 서구 연극에 반하는 제3세계를 중심으로 하는 주체적인 저항 활동이다. 그러므로 서양 연극과 동양 연극이 서로 충돌되게끔 연출하면서 주체성이 더 각성되게 하고, 양분법적 경계를 부수고 이곳저곳을 자유롭게 넘나드는 관념의 세계로 연극을 초대하고 창출한다. 연출가 김정옥은 배우 중심의 집단창조를 강조하였다. 이는 연극에서 중요한 것은 창조의 주체인 배우 스스로가 자각하고 행동하는 것임을 뜻한다. 그는 그렇게 믿었지만, 그의 공연은 오히려 연출가 자신을 도드라지게 하는 결과를 낳기도 했다.

김정옥의 '집단창조'에 의한 무대형상화 작업에 나타나는 중요한 특성 중 하나는 광대에 의하여 창출되는 극적 상황이다. 이는 극적 흐름의 놀이적 시간과 그 다양한 놀이가 펼쳐지는 시적 빈공간의 가시적인 충돌과 조화를 통해 관객들의 무한한 상상력과 연상 작용을 자극하는 것이다 이를 통해 무대와 객석 등 극장 전체를 극적인 시공간으로 극대화시키는 연출관점을 보여주고 있다.

(중략)

지나친 문학성과 사실주의에 의한 감정적 동화를 지양하는 것이다. 이는 공연의 중심에 배우를 내세워 극적인 재미와 관객의 집중을 유발한다. 그리고 배우와 관객과의 만남에서 창출되는 '연극성'을 추구한다. 그는 이러한 관점을 구체화시키기 위해 광대들의 사설, 노래, 춤 등을 차용한다. 이를 통해 표출되는 '놀이성'과 핵심주제인 죽음의 문제를 한국적 무속에서 나타나는 '제의성'을 변용적으로 수용한다. 광대들에게 무당의 성격을 부여하여 공연을 시작하고 있다. 김정옥은 이러한 광대들이 표출하는 '놀이적 요소'와 '제의적 상황'을 통하여 억울한 죽음의 진혼적인 측면을 부각시킨다. 여기서 파생되는 비극적 죽음과 그 진실을 형상화하면서 '제3의 연극성'을 창출하고자 한 것으로 판단된다. 김정옥의 이와 같은 관점은 공연 전체를 관통하여 나타나고 있다.[64]

주체적인 행동으로의 배우는 스스로 창조적 주체임을 드러내면서 그 자체로의 생명력을 발휘한다. 그리고 그 생명력은 놀이하는 인간으로 그리고 유희하는 인간으로 더욱 연극화되고 시공간의 조화와 더불어 인간의 관념세계를 펼치는 동력이 된다. 이러한 일련의 연출기법은 극적 효과를 창출하면서 연극 고유의 연극성을 발휘하게 했다.

4) 1999년 공연

표 15. 1999년 셰익스피어 공연

월	작품	번역/번안/각색/원작	연출	내용
1월~	로미오와 줄리엣	오유경,강은경/ 이희준 개작	박중현	공연기획 파파 제작, 대학로 소극장
1월	맥베스	임경식 각색	임경식	스튜디오502 제작, 예술의전당 자유소극장
3월~	찬탈-역사 블랙홀 속으로	이희준 작	김운기	햄릿이 고구려로 떠났다, 극단 닥예모 제작, 동숭아 트센터 소극장
4월~	햄릿 1999		김아라	극단 유 제작, 유 씨어터 소극장
4월	상설무대 1· 《햄릿》		원영오	극단 노뜰 제작, 여해문화공간
5월	상설무대 2· 《리어왕》	양정웅 각색	양정웅	그룹 여행자 제작. 여해문화공간
5월	오필리어	조광화 작	고인범	극단 액터즈, 부산시민회관 소강당
5월	베니스의 상인	신정옥 역	류영균	한국셰익스피어학회 제작, 광운대학교 문화관 등
5월	여름밤의 꿈 프로젝트-열병		장경민	청주대학교 연극영화학과 제작, 청주대학교 연극영화 학과 소극장
6월	상설무대 3· 《신연극 도깨비 헛소동》		김도후	희극 《헛소동》에 비극의 옷을 입히다, 극단 무연시 제작, 여해문화공간

월	작품	번역/번안/각색/원작	연출	내용
6월	리어 왕		이윤택	30년 원로배우 전성환의 고별무대, 부산시립극단 제작, 예술의 전당 토월극장
7월	상설무대 4·《노동자 보틈의 한여름 밤의 꿈》		박장렬	《한여름밤의 꿈》, 극단 연극집단 反 제작, 여해문화공간
8월	상설무대 5 《실수연발》		조한신	극 발전 연구회 제작, 여해문화공간
8월	상설무대 6 《네오 로미오와 줄리엣》		성종훈	극단 떼아뜨르 노리 제작, 여해문화공간
8월	햄릿 프로젝트	찰스마로윗츠 작 김윤철 역/ 김아라 각색	김아라	극단 무천 제작, 문예회관 대극장
9월	한여름 밤의 꿈		이종훈	서울시 뮤지컬단 제작, 세종문화회관 분수대 야회 가설무대
9월	춘천1·맥베스	H.Meyer 각색	H. Meyer	Troupe Coyote(네덜란드) 제작, 춘천문화예술회관
9월	춘천2·맥베스	Mavis Gibbs 각색	Mavis Gibbs	The Player's Theatre (영국) 제작. 춘천문화예술회관
9월	춘천3·달빛의 열기 (Moonlight)		Gusta Adolf Frank	《한여름 밤의 꿈》을 현대적으로 재구성, Thag-Theater Fellbach(독일) 제작, 춘천문화예술회관

월	작품	번역/번안/각색/원작	연출	내용
9월	춘천4·남가일몽(南柯一夢)-햄릿, 리어 왕, 맥베스-	장정식 재구성	장정식	백제연극앙상블 제작, 춘천문화예술회관
9월	화개장 -로미오와 줄리엣-	김경화 송연근 각색	현태영 강남진	마당'99 과천세계공연예술제'토리큰마당
10월	레이디 맥베스		한태숙	극단 물리 제작, 문예회관 소극장
10월~	미친 햄릿	김민호 각색	김민호	극단 청년 · 수업 합동공연, 소극장 혜화동 1번지. 충돌소극장
10월	스펙트럼 2001 -햄릿-	임도완 대본	임도완	극단 사다리, 예술의전당 자유소극장
11월~	수다쟁이 셰익스피어	이혜민 각색	이혜민	《말괄량이 길들이기》, 《한여름 밤의 꿈》, 《로미오와 줄리엣》, 바탕골 소극장
11월~	록 햄릿	조광화 작	전훈 연출	서울 뮤지컬 컴퍼니 제작, 호암아트홀
11월	태풍	이윤택 각색	이윤택	작곡, 연주, 안무, 무용수가 강조됨, 서울 예술단 제작, 예술의전당 오페라극장
11월~	겨울동화 -겨울 이야기-	신정옥 번역/조민 각색	임경식	극단 반딧불이 제작, 예술의전당 자유소극장
12월	맥베스는 잠을 죽였다	양지원 작	양지원	동숭아트센터 소극장

7. 결론: 셰익스피어와 함께한 한국 연극

1) 희곡 언어는 통찰의 언어

한국 연극은 오랫동안 셰익스피어와 함께 했다. 셰익스피어 희곡은 고전이고 좋은 희곡이다. 이런 평가를 받은 작품 속의 말들이나, 무대 위 배우에 의해 발화되는 말들은 음성과 의미가 절묘하게 어울린다. 쓰인 말과 들리는 말이 하나로 어울리는 곳이 연극이고, 극장이다. 언어학적으로 말하면, 말과 글은 기표와 기의가 결합되어 사회적 구속력을 지니게 된다. 연극과 극장의 임무는 말과 글이 지닌 계약을 중요한 것으로 여겨 이 세상을 읽는 것이다. 당대에 쓰인 희곡과 배우는 정해진 약속을 지킨다는 뜻에서 당대 사회의 대표적인 표현행위이고, 언술행위자라고 할 수 있다. 셰익스피어가 배우를 "시대의 축소판이고, 짧은 연대기(for they are the abstracts and brief chronicles)"(〈햄릿〉, 2:2:528)라고 한 것도 같은 맥락이다.

한국 연극에서 셰익스피어 희곡은 언제나 배우를 앞세운다. 셰익스피어의 희곡을 공연하면 언제나 배우가 돋보인다. 배우는 언어의 본질에 그 누구보다도 직접, 먼저 도달한 이라고 말해야 할 것이다. 그 일은 얼마나 어려운가? 배우에게 언어는 단순한 언어 소통의 수단에 머물지 않기 때문이다. 소리와 의미만을 진술하는 행위가 연기가 아니며, 그렇게 진술하는 것만으로 배우의 몫이 정해지는 것도 아니다. 기호는 소리를 싣고, 소리는 기호를 싣고 있는데, 배우(또는 배우의 말)는 소리와 기호가 따로 흩어진 채로 가도록 내버려두는 것이 아니라 그것들을 하나로 모아야 하고, 또한 그것들이 되어야 한다. 배우는 의미와 소리의 결합체일 뿐만 아니라 의미와 소리가 되어야 한다. 이것이 언어와 연결했을 때 정의할 수 있는 배우의 본질이다. 배우의 역사, 연기론의 역사는 의미와 소리를 구분하고 그것들이 각기 흩어진 역사라고 해도 좋다. 어떤 때는 소리에, 어떤 때는 의미에 기운 역사였다. 의미와 소리가 반반씩 자리를 차지하는 역사도 있었다.

셰익스피어 희곡은 한국 연극에서 번역된 많은 작가 가운데 가장 빼어난 언어의 매력을 보여준다. 그런 이유로 셰익스피어 희곡은 가장 현대적이라고 말할 수 있다. 현대 연극은 당연히 정해진 의미의 전달보다는 소리를 강조하는 쪽이다. 배우에게 의미를 강조하는 것은 배우의 몸을 의미를 담는 그릇이라고 하는 것이고, 소리를 강조하는 것은 언어의 자의성을 발견하고 의미를 넘어서서 소리에 이르고자 하는 의도라고 할 수 있다. 배우를 인형 혹은 초인형에 비유하는 것도 그런 시도의 한 예라고 할 수 있다. 셰익스피어는 〈로미오와 줄리엣〉에서 다음과 같이 이를 말하고 있다.

> **줄리엣**: 이름에 도대체 무엇이 있단 말인가? 장미라 부른 것을 다른 이름으로 부른다 해도 그것의 향기는 변함없이 감미로울 것을 What's in a name? That which we call a rose. By any other word would smell as sweet;(〈로미오와 줄리엣〉, 2:2:40-48)

이어 줄리엣은 다음과 같이 덧붙인다.

줄리엣: 로미오 역시 로미오란 이름이 아니라도, 그 이름과는 관계 없이 본래의 미덕은 그대로 남을 거예요. 로미오 님, 그깟 이름을 버리고 당신과는 아무 상관도 없는 그 이름 대신에 이 몸을 고스란히 가지세요! So Romeo would, were he not Romeo call'd, Retain that dear perfection which he owes, Without that title. Romeo, doff thy name; And for thy name, which is no part of thee, Take all myself!(2:2:40-48)

셰익스피어는 사랑에 빠져 눈을 잃은 이들의 대사를 통하여 언어의 자의성에 대하여 명쾌하게 말하고 있는 것이다.

로미오: 그 말대로 당신을 갖겠소. 그렇다면 날 사랑이라 불러주오. 난 거듭난 것이오. 이제부터 난 로미오가 아니오.I take thee at thy word. Call me but love, and I'll be new baptiz'd; Henceforth I never will be Romeo.(1:2:49-51)

한국 연극에서 셰익스피어 희곡은 언제나 연극의 현대성과 조우한다. 현대 연극은 배우의 몸이 의미와 소리를 감당하도록 하는데, 고정된 언어를 초월해서 무대 위에서 매 순간 다양한 언어를 만들어 내도록 이끈다. 현대 연극에 대한 파격, 실험과 같은 정의는 대부분 고정된 의미를 넘어 위험한 지경에 이르는 소리에 의

해서였다. 아르토가 말한 '잔혹성'이라는 것도 위험한 소리가 아닌가? 그것은 피 흘리고 가학과 피학이 교차되는 장면이 아니라, 내지르는 소리가 아니라, 지금까지 결코 들리지 않았던 소리이며 질러도 들리지 않는 소리가 아닌가? 베케트식으로 말하면 '흰 목소리voix blanche'이다. 소리는 공기의 파장으로 인해 들리는 법인데, 파장이 없는 소리로 의미를 전달하고자 하는 것이 아닐까?

한국 연극에서 셰익스피어 희곡은 연극하는 배우, 연출가를 언어학자로 비유하고 싶게 만든다. 어떤 배우와 연출가는 공연을 정해진 언어, 문자로 만든다. 그들은 언어를 사물을 담는 기호로, 문자를 언어를 담는 기호라고 여기고 있다. 대개 사실주의를 강조하는 배우와 연출가들은 전자에 기대고 있다. 그들은 언어를 담는 기호를 문자라고 할 때 그것이 기호의 기호라고는 여기지 않는다. 사실주의 연기법은 사물을 담는 기호로서 배우를 전면에 등장시킨다. 무대가 일상의 삶과 한 치도 다르지 않다는 것을 내세우기 위해 무대장치도 현실을 그대로 복사한다. 무대장치가 배우를 뒷받침할 뿐 배우 앞에 놓이는 법이 없다. 사실주의 연기와 연극은 애매한 것을 허락하지 않는다. 현실의 한 부분을 삽질해 간 무대장치와 언어는 변함없는 증거와 같다. 인물이든 무대이든 증거 없는 연극은 사실주의 연극이 아니다. 그러나 발화된 문자 즉 소리는 증거가 없다. 연기처럼 보였다 사라질 뿐이기 때문에 증거를 남기지 않는다. 사실주의를 초월하고자 했던 현대 연극이 소리에 이끌렸던 것은 증거를 남기지 않는 연극의 본질을 되찾고 싶었기 때문이고, 언어의 구속력이 아니라 언어의 자의성을 긍정하고자 했기 때문일 것이다. 현대 연극의 다양한 표현은 자의성을 긍정할 때 가능했다. 그런 면에서 셰익스피어 희곡은 현대 연극의 특성을 지녔으며, 그 분석과 공연은 현대 언어학과 같은 길을 가고 있었다. 언어의 자의성이란 언어의 계약성 이전으로 되돌아가는 일이었다. 현대 연극도 언어의 자의성으로 기울면서 셰익스피어의 희곡 같은 고전 희곡으로 향했던 것은 당연한 귀결이라고 할 수 있다.

한국 연극에서 셰익스피어 희곡은 지금까지도 큰 비중을 차지하고 있다. 셰익스피어는 언어의 천재일 뿐만 아니라, 그가 작품으로 보여주는 삶과 세상을 들여다보는 통찰력이 그 누구보다도 깊고 웅대한 작가였다. 빛나는 대사와 아름다운 비유는 이루 다 말할 수 없을 것이다. 한국 연극이 지금까지 셰익스피어 희곡을 공연하고 있는 이유는 희곡 언어, 배우의 소리언어의 유려함에 있다. 철천지 원수 집안이었던 관계를 모른 채, 로미오는 줄리엣에게, 줄리엣은 로미오에게 사랑에 빠졌다. "모르고 너무 일찍, 알고는 이미 늦었다(Too early seen unknown, and known too late)"(1:5:139)라는 짧은 탄식이 이들의 운명적인 사랑을 갈파하고 있다. 아름다운 그러나 비극적인 이들의 사랑은 알베르 카뮈가 가장 좋아해서 그의 희곡 〈정의의 사람들〉 앞에 붙여 놓았던 대사인 "오 사랑이여! 생명이요! 생명이 아니라 죽음의 사랑이다!(O love! O life! not life, but live in death!)"(4:5:58)로 끝난다. 셰익스피어의 위대성은 삶의 통찰력과 더불어 언어의 자의성을 잘 알고 있는 점이다. 현대의 많은 연출가들이 셰익스피어의 작품을 이리저리 고쳐서 오늘의 셰익스피어로 공연하는 것도 같은 맥락일 터이다.

2) 셰익스피어는 한국 현대 연극의 역사

연극의 역사는 담고 있는 이야기와 연행되었던 공간의 역사라고 할 수 있다. 나라마다 지닌 연극의 형태가 다른 이유 중 하나는 시대적인 공간의 형태에 영향을 받았기 때문이라고 보인다. 도시계획을 보아도 우리가 동서남북에 따라 땅을 구분하고 집을 짓고 문을 만든 데 반해 서양은 한 지역을 중심으로 삼아 거기서 사방으로 뻗어나가는 이른바 방사형의 공간을 만들었다. 이러한 공간을 논리적으로 짜 맞추면 기하학이 된다. 비극을 기하학에 빗대어 말하면 중심의 고수, 중심의 영구적 투영이다. 동양 연극과 서양 연극의 차이는 이와 같은 공간 사용의 차이라고 볼 수 있다. 서양 연극의 고전들은 대부분 중심에서 시작된다. 중심은 권력, 자유, 욕망, 혈연 등의 중심이다. 중심이 흔들리거나, 중심이 부재할 때 비극이 생성되고, 중심을 아예 부정할 때 비극이 새롭게 변모한다. 재미있는 것은 중심을 상정하는 한, 중심이란 지형의 안과 바깥이 구분되고, 중심의 바깥인 자연이 형이상학적인 의미를 내포하고 있다는 점이다. 근본적인 의미는 중심이 아니라 자연 속에 숨어있다. 비극의 엄격함은 "자연의 정도正道를 벗어나"(〈리어 왕〉, 1:1:244)서 근본적인 의미를 망각할 때 야기되고, 비극이 가져다주는 성찰이란 고통을 감수하면서 뒤늦게나마 이것을 깨닫는 데 있다.

한국 연극에서 셰익스피어 희곡은 자연언어의 아름다움을 보여주고 있다. 그것은 한마디로 통찰이란 단어로 바꿀 수 있는데, 인물들은 인공언어로 돌이킬 수 없는 실수를 저지르고 자연언어로 인성을 회복한다. 한 가지 예가 셰익스피어가 쓴 〈리어 왕〉이다. 장소는 안락한 궁전. 권력을 지닌 늙은 왕이 있었다. 그는 세 딸에게 나라를 셋으로 나누어주기 위해 효심과 충성심을 시험한다. "누가 과인을 가장 사랑하는가?"라고 묻는 늙은 아버지를 향한 두 딸의 온갖 교태와 아첨이 행해진다. 아버지를 위해서라면 자신들의 목숨이라도 바칠 듯이, 시인의 언어가 무색할 정도로 딸들은 아버지에 대한 사랑을 말로 표현한다.

"모든 한계를 넘어서 아버님을 사랑합니다"와 같은 이 찬란한 말들을 들은 늙은 아버지는 마냥 행복하다. 하여 세상의 해와 달까지라도 자신을 열렬히 사랑하는 두 딸에게 주겠다고 약속한다. 막내딸만이 아버지를 빛과 소금으로 비유하고, 부모에 대해서 공경할 뿐이라고 대답한다. 그러나 늙은 아버지는 이 말을 알아듣지 못한 채 "없음은 없음을 낳으리라"고 말하고, 막내딸과 근친 혈연 관계를 부인한다. 결과적으로 막내딸은 아버지로부터 쫓겨나고 만다. 두 딸은 자신들이 원했던 지위와 재산을 얻고 나서 늙은 아버지를 쫓아버린다. 아버지도 딸들에게 쫓겨난 것이다. 화려한 언어는 오래가지 못하고 배신은 배신을 낳는 법. 결국 두 딸은 자신들의 간계에 의해 자멸해버린다.

장소는 비바람 몰아치는 광야. 늙은 아버지는 딸들에게 모든 것을 준 후 버림받게 된다. 미쳐버린 그가 할 수 있는 일은 벌거숭이로 세상을 떠도는 일뿐이다. 늦게나마 진실을 깨닫고 울부짖는 아버지, 그는 리어 왕이다. 모든 것을 잃고 난 후, 리어 왕은 광야에서 딸들의 배신과 지은 죄보다 덮어쓴 죄가 더 많은 자신의 어리석음을 깨닫게 된다. '궁핍이란 천한 것을 귀하게 만들 수 있다'는 것을 알게 되기도 한다. 셰익스피어는 미친 사람, 연인, 시인은 모두 상상력으로 가득 차 있다고 했다. 그리고 상상하는 것과 착각하는 것은 원래 같아, 상상력이 발동되면 허망했던 미지의 세계가 구체적인 형태와 이름을 부여받는다고 했다. 우리가 셰익스피어를 통해서 회복해야 할 언어는 이와 같은 자연언어일 것이다.

서양의 고대 철학자들인 탈레스, 헤라클레이토스, 플라톤 등이 물질 혹은 자연이란 공간을 구성하는 요소라고 보았던 흙, 불, 공기, 물을 비극에 대입시켜 보는 것은 매우 흥미로운 일이다. 이러한 요소들은 언어로 치면 느끼는 말인 자연언어自然言語(의 공간)에 속한다. 앞서 언급했던 먼저 세워놓은 중심은 해야 하는 말인 인공언어人工言語로 채워진 공간이라고 해도 좋을 것이다. 언어는 인물들이 공간을 이동하는 지표이자 매개인 것이다. 〈리어 왕〉에서 인공언어들은 리어 왕과 딸들 사이에서 벌어지는, 나라를 삼등분하는 것, 일 개월 교대로 두 딸의 봉양을 받겠다는 것, 100명의 부하에서 50명으로, 다시 25명으로, 그리고 한 사람도 필요 없다는 리어의 부하들 같은 숫자놀음에서 볼 수 있다.

반면에 자연언어는 리어 왕이 방황하는 광야라는 터와 천둥, 비, 바람, 추운 밤처럼 인간의 몸으로는 도저히 견뎌낼 수 없는 언어이기도 하다. 이렇듯 비극은 인물들의 언어를 중심이 낳은 인공언어에서 바깥인 자연언어로 전환시킨다. 리어 왕이 광야에서 인공언어를 버리고 터득한 자연언어는 그야말로 눈부시다. 현란한 단어의 사용, 조그마한 심리의 변화마저 알아차릴 수 있도록 하는 예민한 표현들, 통찰력이 깊어질수록 그것을 나타내는 낱말은 비례적으로 늘어난다(셰익스피어의 작품으로는 〈뜻대로 하세요〉, 〈겨울 이야기〉, 〈태풍〉이 여기에 속할 것이다).

비극은 또한 중심과 자연, 인공언어와 자연언어의 경계를 오가는 인물뿐만 아니라 그 경계를 무시하는 인물을 내세운다. 그가 바로 광대일 터이다. 그는 누구보다도 먼저 미쳐버렸고, 먼저 깨달은 이라고 할 수 있다. 그에게 삶과 죽음의 경계는 없다. 비극적인 인불늘에 둘러싸여 있어도 그에게 비극은 없다. 광대처럼 아예 미쳐버린 이가 리어 왕이었고, 광대처럼 미친 척을 하는 이가 동생의 모함으로 추방당한 형인 에드거다.

공간이란 개념에 비추어보면, 비극은 중심과 같은 수직선의 의미를 좌표라는 공간 안으로 옮겨온 삶의 도형이라고 할 수 있다. 비극에 등장하는 인물들을 유형별로 나누면 중심을 고수하려는 이들과 중심에서 제거된 이들이다. 비극은 중심(의 가치)을 소유하기 위한 끊임없는 투쟁과 같다. 아울러 텅 빈 중심, 그 공허함마저 드러내는 것을 포함한다. 리어 왕의 유명한 대사인 '무nothing'

의 세계인 것이다. 그것은 "자유는 나라 밖으로 달아나고, 나라 안에는 추방이 있을 뿐"인 세계와 같다(1막 1장).

비극은 관객들에게 삶에 관한 성찰을 보여주기 위해 무無와 같은 부재의 세계에 훨씬 가까이 기대고 있다. 다시 말해 관객들에게 중심의 가치를 강조하고, 중심의 가치에 합동시키거나 닮도록 하기보다는 중심의 변화를 유도한다. 비극이 시간을 넘어 공감대를 형성하는 것은 중심이란 무한의 가치를 현실이란 삶의 공간 안으로 끌어들여 변형시키기 때문이다. "새로운 나라에서 옛 길을 열어가는" 것처럼(1막 1장).

3) 다시 셰익스피어로

셰익스피어의 비극이 현대적인 감각을 지니는 이유, 비극에 등장하는 인물들이 고지식할지라도 생명을 유지하는 것은, 여러 유형의 인간들을 포용할 수 있는 것은 비극이 지닌 무한한 공간에 힘입기 때문이다. 비극은 결코 난해하지 않다. 다만 관객들이 가까이하기 힘든 것은 등장인물들이 너무 형식적일 수 있다는 인상을 주기 때문이다. 연극의 변모는 공간의 변모라도 해도 틀리지 않다. 비극에 등장하는 인물들이 고통을 받는 것은 한 공간에 머물 수 없기 때문이다. 그 공간이란 잉여의 공간이고, 불안정한 공간이기 때문이다. 그것은 예컨대 리어 왕과 같이 나이 80을 넘어섰기 때문에 권력을 넘겨주어야 하고, 서자이기 때문에 적자인 형을 몰아내기 위하여 몸의 근친성을 부정하는 에드먼드의 혈연적 갈등이기도 하고, 권력을 행사하고자 하는 리어 왕의 딸인 고너릴과 리건의 무모한 욕망이기도 하다. 따라서 〈리어 왕〉에서 인물들은 공간의 이동을 경험해야 한다.

비극에서 등장인물들이 겪는 고통은 과잉과 지나침으로 인한 공간의 이동에서 피할 수 없는 상처와 같다. 〈리어 왕〉의 비극성은 중심에서 중심의 바깥으로 이동하는 데서 발생한다. 리어 왕으로부터 왕권을 받고자 하는 첫째와 둘째 딸 그리고 글로스터 백작의 둘째 아들 에드먼드 등은 중심으로 향하는 이들이고, 리어 왕과 막내딸, 글로스터와 첫째 아들인 에드거, 켄트 백작 등은 중심으로부터 버려진 인물들이다. 이들이 방황하는 공간은 중심으로부터 아주 멀어진 광야이다. 반면에 리어 왕으로부터 왕권의 반씩을 받은 두 딸은 서로 글로스터의 둘째 아들인 에드먼드를 사랑하게 되면서 질투를 하게 되고, 독살과 자결로 자멸하기에 이른다. 에드먼드 역시 장군이란 중심에 서지만 형과 대결하여 죽게 된다.

여기서 정신을 잃고, 잃어버리는 광기(리어 왕)와, 시선을 잃어버리는 글로스터의 실명은 곧 중심의 상실이라고 할 수 있다. 서양 연극에 있어서 등장인물들이 속해있는 사회적 신분과 더불어 중심을 드러내는 몸의 상징 부위는 정신과 눈이라고 할 수 있다. 이를 달리 말하면, 비극은 삶의 진정한 깨달음을 위하여 중심의 가치들을 희생하지 않으면 안 된다는 것을 말하고 있다. 정신을 잃고 방황하는 것과 두 눈을 잃고 앞을 보지 못하는 것이야말로 죽음의 또 다른 모습이다. 비극의 원리는 등장인물들을 죽이는 데 있지 않다. 대신 죽음을 경험하는 인물들을 등장시켜 죽음에 대하여 말하게 한다. 연극을 포함해서 모든 예술은 자연과 떨어질 수 없다. 셰익스피어의 좋은 희곡 속, 문장의 수사는 자연의 아름다움과 품위를 그대로 이어 받고 있다. 희곡 속 명대사들은 자연과의 훌륭한 조화로 태어난다. 햇살의 색깔, 새들의 울음소리, 저물어 가는 하루, 푸른빛이 감도는 구름, 높은 수목들의 그림자, 햇볕 가득한 오솔길, 노란색 수련이 드문드문 잠겨 있는 연못, 곤충들에 의해서 끊임없이 방해받는 낮잠, 딸기꽃의 무늬……. 그의 희곡에서 만나는 자연은 시골의 순박함, 꽃들, 그윽한 색조, 소박한 화려함으로 채워진 축제와 같다. 눈을 들어 그의 희곡을 읽고, 소리 내서 읽다 보면, 나도 모르는 사이 희곡 밖으로 나와 그냥 가고 있게 된다. 독자인 내가 증발되는 것 같다. 셰익스피어 희곡은 읽으면 읽을수록 참 신기하다. 눈길 가는 곳곳마다 삶에 친밀성을 가져다주는 것들이 널려 있다. 그런 이유로 셰익스피어는 한국 현대 연극과 함께 할 수 있었다. 앞으로도 계속…….

주

1 신정옥,《셰익스피어 한국에 오다》, 백산출판사, 1998;
신정옥, 〈셰익스피어의 韓國移植過程에 관한 硏究(上): 韓國近代劇에 미친 歐美劇의 影響에 관한 硏究 基 4〉,《명대논문집》 14, 1983;
신정옥, 〈셰익스피어의 韓國移植過程에 관한 硏究(II): 韓國近代劇에 미친 歐美劇의 影響에 관한 硏究 6〉《인문과학연구논총》 2, 1985;
신정옥, 〈셰익스피어의 한국수용(1): 1906년~1961년〉,《드라마연구》 23, 2005;
신정옥, 〈셰익스피어의 한국수용(2): 1962년~1979년〉,《드라마연구》 24, 2006;
신정옥, 〈셰익스피어의 한국수용(3): 1980년~1987년〉,《드라마연구》 26, 2007;
신정옥, 김동욱, 오수진, 〈셰익스피어의 한국 공연: 1999.1~1999.12〉,《셰익스피어 리뷰》 35-4, 1999.

2 신정옥, 〈셰익스피어의 한국수용(1): 1906년~1961년〉,《드라마연구》 23, 2005, 20쪽 참조; 김창호, 〈셰익스피어의 한국 문학적 수용 양식〉,《민족미학》 2, 2003, 265쪽 참조.

3 이경식,《한국의 셰익스피어 연구 : 1945~1983》, 서울대학교출판부, 5쪽.

4 김우진의 셰익스피어 연구로 〈사옹沙翁의 생활〉과 〈맥베스가 본 유령과 햄릿이 본 유령〉 논문이 있다.

5 김우진, 《김우진 전집 II: 연극비평·문학비평·수상·서간문·일기》, 전예원, 1983, 107~109쪽.

6 김창호, 앞의 글 참조.

7 신정옥, 〈셰익스피어의 한국수용(2): 1962년~1979년〉, 《드라마연구》 24, 2006, 16~17쪽.

8 오인철, 〈셰익스피어의 한국수용 약사〉, 《외국문화연구》 10, 1987, 146쪽 참조.

9 신정옥, 〈셰익스피어의 한국수용(1): 1906년~1961년〉, 《드라마연구》 23, 2005, 10~11쪽.

10 신정옥, 앞의 글, 61쪽.

11 신정옥, 〈셰익스피어의 韓國移植過程에 관한 研究(上): 韓國近代劇에 미친 歐美劇의 影響에 관한 研究 基 4〉, 《명대논문집》 14, 1983, 59~65쪽, 10~15쪽; 오인철, 〈셰익스피어의 韓國受容 略史〉, 《외국문화연구》 10, 1987, 143쪽; 이경식, 《한국의 셰익스피어 연구 : 1945~1983》 서울대학교출판부, 13~14쪽.

12 나영균, 〈우리나라에 있어서의 Shakespeare 번역〉, 《셰익스피어 리뷰》 8, 1984, 18~28쪽.

13 신정옥, 앞의 글, 65쪽.

14 나영균, 앞의 글, 14~15쪽 표 참조.

15 신정옥, 〈셰익스피어의 한국수용(1): 1906년~1961년〉, 《드라마연구》 23, 2005, 28쪽.

16 신정옥, 〈셰익스피어의 韓國移植過程에 관한 研究(上): 韓國近代劇에 미친 歐美劇의 影響에 관한 研究 基 4〉, 《명대논문집》 14, 1983, 69쪽.

17 신정옥, 〈셰익스피어의 한국수용(1): 1906년~1961년〉, 《드라마연구》 23, 2005, 32~35쪽과 김창호, 〈셰익스피어의 한국 문학적 수용 양식〉, 《민족미학》 2, 2003, 271~276쪽 참조.

18 신정옥, 〈셰익스피어의 韓國移植過程에 관한 研究(上): 韓國近代劇에 미친 歐美劇의 影響에 관한 研究 基 4〉, 《명대논문집》 14, 1983, 70쪽.

19 나영균, 앞의 글, 16쪽.

20 신정옥, 〈셰익스피어의 한국수용(1): 1906년~1961년〉, 《드라마연구》 23, 2005, 35쪽.

21 신정옥, 〈셰익스피어의 한국수용(2): 1962년~1979년〉, 《드라마연구》 24, 2006. 27~29쪽, 39~43쪽.

22 신정옥, 〈셰익스피어의 한국수용(3): 1980년~1987년〉, 《드라마연구》 26, 2007, 40쪽.

23 위의 글, 43쪽.

24 이경식, 앞의 책, 6~7쪽.

25 위의 책, 4쪽.

26 신정옥, 〈셰익스피어의 한국수용(2): 1962년~1979년〉, 《드라마연구》 24, 2006, 10쪽.

27 이경식, 앞의 책, 4~5쪽.

28 신정옥, 앞의 책, 8, 13쪽.

29 "근대극 운동이 벌어지고서도 제대로 셰익스피어 연극을 소화해서 형상화시킬 만한 극단이 출현하기까지는 20여 년을 기다려야 했다. 그것은 다름 아닌 신협의 출현이다. 국립극장 전속에서 6·25 동란을 만나 떨어져 나간 신협은 피난지 부산에서 셰익스피어 작품 공연으로 연극 운

동의 맥을 이어갔던 것이다. 1951년 9월 〈햄릿〉(한노단 역, 이해랑 연출)을 대구의 문화극장에서 공연한 신협은 10월에 부산극장에서 재공연한다. 신협은 1952년에 이 레퍼토리를 가지고 마산, 대전, 전주, 광주, 목포, 군산 등지를 순회 공연했다. 이러한 여세를 타고 신협은 〈오셀로〉, 〈맥베스〉 등을 연속적으로 올린다. 1952년 3월 〈오셀로〉(한노단 역, 유치진 연출)를 부산극장에서 올린다. 주요배역으로는 오셀로 역에 김동원, 이아고 역에 이해랑, 데스데모나 역에 최은희였다. 그리고 〈맥베스〉(한노단 역, 이해랑 연출)로 부산극장에서 1952년 5월 공연했다. 이해랑의 〈맥베스〉에서 가장 획기적인 연출은 세 마녀를 여성으로 정하지 않고, 고설봉, 장민호, 박상익 등 세 남성으로 분장시켰으며 부산에서의 공연도 대성황을 이루었다. 피난민이 부산에 많이 몰린 데다가 피난 중에는 할 일 없이 무료하게 지내는 사람들이 많았고, 어려운 여건이라 대중은 연극공연 관람에 열을 올렸을 것이다. 전시 중이지만 연극의 열정이 넘치는 신협은 총탄이 오가는 전선 위문공연도 서슴지 않고 감행했다 한다. 전쟁 중에 셰익스피어 작품을 공연했기 때문에 대중은 그 예술성에 깊이 공감했을 것이다. 따라서 셰익스피어는 동란 중에 신극의 맥을 충분히 이을 수 있었던 것이다." 신정옥, 〈셰익스피어의 한국 수용(1): 1906년~1961년〉, 《드라마연구》 23, 2005, 37~38쪽.

"한국전쟁 중 극단 신협은 피난지에서 〈햄릿〉, 〈오셀로〉, 〈맥베스〉 등을 공연하였기 때문에 대중은 그 예술성에 깊이 공감했다. 특히 스펙터클하고 박진감 넘치는 내용—음모와 복수, 사랑과 고통이 고르게 뒤섞여 있는 주제—으로 대중을 사로잡은 것인데, 피난의 고행 길에 있는 사람들에게 어려운 생활여건을 뛰어넘게 하는 수단으로서 한몫을 한 것이다." 신정옥, 〈셰익스피어의 한국수용(2): 1962년~1979년〉, 《드라마연구》 24, 2006, 10~11쪽.

30 신정옥, 〈셰익스피어의 한국수용(2): 1962년~1979년〉, 《드라마연구》 24, 2006, 10~11쪽.

31 안장환, 〈셰익스피어 〈햄릿〉의 한국공연사 연구: 이해랑, 안민수, 기국서, 김정옥, 이윤택이 연출한 〈햄릿〉(1951~1996) 공연을 중심으로〉, 중앙대학교 대학원 박사학위논문, 2012, 60쪽.

32 위의 글, 60쪽, 최치림, 〈공연과 텍스트에 관한 연구〉, 《한국연극학》 15, 2000, 386~387쪽 재인용.

33 위의 글, 62쪽.

34 이해랑, 〈남기고 싶은 이야기들: 극단 신협(34)〉, 《중앙일보》, 1978년 12월 9일.

35 안장환, 앞의 글, 66쪽.

36 신정옥, 앞의 글, 44~53쪽 참조.

37 안장환, 앞의 글, 84쪽.

38 위의 글, 91쪽.

39 위의 글, 93쪽, 동국대학교 연극영화학과 편, 〈하멸태자〉, 《연극학보》 24, 도서출판 엠애드, 1996, 196쪽 재인용.

40 이정아, 〈1980年 이후 韓國에서의 셰익스피어 悲劇公演 硏究: 〈햄릿〉 公演에 나타나는 演出家의 解析과 實驗性을 中心으로〉, 성균관대학교 대학원 석사학위논문, 1997, 17~18쪽.

41 위의 글, 17~18쪽.

42 위의 글, 17~18쪽.

43 주 1의 목록 참조.

44 윤정은, 홍기창, 전재근, 김한, 〈한국에서의 셰익스피어 연구조사(I)〉《셰익스피어 리뷰》 25, 1992, 75~115쪽; 윤정은, 홍기창, 전재근, 김한, 〈한국에서의 셰익스피어 연구조사(II)〉《셰익스피어 리뷰》 26, 1996.

45 윤정은, 홍기창, 전재근, 김한, 〈한국에서의 셰익스피어 연구조사(II)〉《셰익스피어 리뷰》 26, 1996 참조.

46 기국서(1952.9.4~)는 대한민국의 배우이자 연출가다. 1975년 연극배우로 데뷔했다. 극단 76의 대표다.

47 문예진흥원 자료실 소장 〈햄릿5〉 공연대본.

48 신정옥, 〈셰익스피어의 한국수용(3): 1980년~1987년〉, 《드라마연구》 26, 2007, 24쪽.

49 이정아, 앞의 글, 152쪽.

50 위의 글, 39-40쪽.

51 위의 글, 41쪽.

52 위의 글, 44~48쪽 참조.

53 위의 글, 156쪽, 기국서와의 인터뷰(2011년 1월 30일).

54 위의 글, 40쪽.

55 위의 글, 44~48쪽.

56 신정옥, 앞의 글, 6쪽.

57 위의 글, 12쪽.

58 이정아, 앞의 글, 21쪽.

59 위의 글, 22쪽.

60 안장환, 앞의 글, 135쪽, 자크 데리다, 김용권 옮김, 《그라마톨로지에 대

하여》, 동문선, 2004, 547~548쪽 재인용.

61 안장환, 위의 글, 187-138쪽, 이광래 편,《해체주의란 무엇인가》, 교보문고, 1990, 111~113쪽 및 피터 노에버, 김경준 옮김,《뉴모더니즘과 해체주의》, 청람출판사, 1996, 16~18쪽 재인용.

62 안장환, 위의 글, 김성곤,〈해체이론에 대한 논의〉,《현대시사상: 예일학파의 해체비평》, 고려원, 1990, 114~117쪽 재인용.

63 위의 글, 204쪽.

64 위의 글, 209, 216쪽.

참고문헌

연대기 및 번역

신정옥, 〈셰익스피어의 韓國移植過程에 관한 硏究(上): 韓國近代劇에 미친 歐美劇의 影響에 관한 硏究 基 4〉, 《명대논문집》 14, 1983.

신정옥, 〈셰익스피어의 韓國移植過程에 관한 硏究(II): 韓國近代劇에 미친 歐美劇의 影響에 관한 硏究 6〉, 《인문과학연구논총》 2, 1985.

신정옥, 《셰익스피어 한국에 오다》, 백산출판사, 1998.

번역

김동철, 〈解放前셰익스피어 書誌攷〉, 중앙대학교, 1973년.

나영균, 〈우리 나라에 있어서의 Shakespeare 번역〉, 《셰익스피어 리뷰》 8, 1984.

김재남, 〈셰익스피어 飜譯의 理論과 實際: The International Shakespeare Association Congress, Seminar: "Shakespeare in Translation"〉, 《셰익스피어 리뷰》 6, 1977.

오인철, 〈셰익스피어의 韓國受容 略史〉, 《외국문화연구》 10, 1987.

이경식, 《한국의 셰익스피어 연구 : 1945~1983》, 서울대학교출판부.

연대기

신정옥, 〈셰익스피어의 한국수용(1): 1906년~1961년〉, 《드라마연구》 23, 2005.

신정옥, 〈셰익스피어의 한국수용(2): 1962년~1979년〉, 《드라마연구》 24, 2006.

신정옥, 〈셰익스피어의 한국수용(3): 1980년~1987년〉, 《드라마연구》 26, 2007.

신정옥, 김동욱, 오수진, 〈셰익스피어의 한국 공연: 1999.1~1999.12〉, 《셰익스피어 리뷰》 35-4, 1999.

안장환, 〈셰익스피어 〈햄릿〉의 한국공연사 연구: 이해랑, 안민수, 기국서, 김정옥, 이윤택이 연출한 〈햄릿〉(1951~1996) 공연을 중심으로〉, 중앙대학교 대학원 박사학위논문, 2012.

여석기, 〈Shakespeare의 演劇的 受容〉, 《셰익스피어 리뷰》 9, 1985.

이정아, 〈1980年 이후 韓國에서의 셰익스피어 悲劇公演 硏究: 〈햄릿〉公演에 나타나는 演出家의 解析과 實驗性을 中心으로〉, 성균관대학교 대학원 석사학위논문, 1997.

문헌학

김창호, 〈셰익스피어의 한국 문학적 수용 양식〉, 《민속미학》 2, 2003.

윤정은, 홍기창, 전재근, 김한, 〈한국에서의 셰익스피어 연구조사(I)〉, 《셰익스피어 리뷰》 25, 1992.

윤정은, 홍기창, 전재근, 김한, 〈한국에서의 셰익스피어 연구조사(II)〉, 《셰익스피어 리뷰》 26, 1995.

이종숙, 〈특집: 한국의 셰익스피어 수용과 연구의 현단계; 움직이는 석상과 셰익스피어의 문화전쟁〉, 《안과 밖》 36, 2014.

표 차례

우리들의
셰익스피어

초판 1쇄 발행 2021년 2월 26일

지은이 안치운·호영송

펴낸이 김현태
펴낸곳 책세상
등록 1975년 5월 21일 제1-517호
주소 서울시 마포구 잔다리로 62-1, 3층(04031)
전화 02-704-1250(영업), 02-3273-1334(편집)
팩스 02-719-1258
이메일 editor@chaeksesang.com
광고·제휴 문의 creator@chaeksesang.com
홈페이지 chaeksesang.com
페이스북 /chaeksesang 트위터 @chaeksesang
인스타그램 @chaeksesang 네이버포스트 bkworldpub

ISBN 979-11-5931-563-3 03680

· 잘못되거나 파손된 책은 구입하신 서점에서 교환해드립니다.
· 책값은 뒤표지에 있습니다.